高等职业教育"十四五"规划教材

高职学生心理健康与调适

李俊勇　沈　颖　郝耀飞　主编

中国农业大学出版社
·北京·

内 容 简 介

本书根据 2021 年 7 月发布的《教育部办公厅关于加强学生心理健康管理工作的通知》文件精神，紧密结合当前高职学生心理健康实际状况，阐述心理健康知识及心理活动的调适方法，引导帮助学生领悟心理健康知识和技能，并积极进行自我调适，全方位促进学生心理健康发展。本书在理论知识讲解之外还编排了案例导入、心理测验、知识链接、小案例等相关内容，以加强本书的应用性和生动性。

本书既可作为高等职业院校学生心理健康教育的教材或学生课余心理健康指导读物，也可供相关科研人员和高校学生心理咨询工作人员参考。

图书在版编目(CIP)数据

高职学生心理健康与调适 / 李俊勇，沈颖，郝耀飞主编. -- 北京：中国农业大学出版社，2022.12(2025.1 重印)

ISBN 978-7-5655-2943-6

Ⅰ.①高… Ⅱ.①李…②沈…③郝… Ⅲ.①心理健康-健康教育-高等职业教育-教材 Ⅳ.①G444

中国国家版本馆 CIP 数据核字(2023)第 019068 号

书　　名　高职学生心理健康与调适
作　　者　李俊勇　沈　颖　郝耀飞　主编

策划编辑　张　玉　　　　责任编辑　陈颖颖
封面设计　郑　川
出版发行　中国农业大学出版社
社　　址　北京市海淀区圆明园西路 2 号　　　　邮政编码　100193
电　　话　发行部 010-62733489，1190　　　　编辑部 010-62732617，2618
　　　　　出版部 010-62733440　　　　读者服务部 010-62732336
网　　址　http://www.caupress.cn　　　　**E-mail**　cbsszs@cau.edu.cn
经　　销　新华书店
印　　刷　涿州市星河印刷有限公司
版　　次　2023 年 1 月第 1 版　　2025 年 1 月第 2 次印刷
规　　格　185 mm×260 mm　　16 开本　　13.25 印张　　325 千字
定　　价　49.00 元

编写委员会

本书编审人员

主　编：李俊勇　邯郸科技职业学院
沈　颖　邯郸科技职业学院
郝耀飞　邯郸职业技术学院

副主编：王彦勇　邯郸科技职业学院
刘俊提　邯郸科技职业学院
张富明　邯郸科技职业学院
李艳玲　邯郸市教育局

参　编：烟玉华　邯郸科技职业学院
段　欢　邯郸科技职业学院
王军方　邯郸科技职业学院
白美娇　邯郸科技职业学院
吕翠芹　邯郸科技职业学院
杨东方　邯郸科技职业学院
张　杉　邯郸科技职业学院
闫　爽　邯郸职业技术学院
杨宪敏　邯郸职业技术学院
董静静　邯郸科技职业学院

主　审：王振鹏

前言

良好的心理素质是人的全面素质的重要组成部分，是人才素质中的一项十分重要的内容。高职学生正处在身心发展的重要时期，随着自身生理、心理的发育和发展，社会阅历的扩展和思维方式的变化，以及竞争压力的增大，在学校、生活、人际交往和自我意识等方面可能会遇到或产生各种心理问题，有些问题如不能及时解决，将会对高职学生的健康成长产生不良的影响，严重的会使学生出现行为障碍或人格缺陷。高等职业院校需顺应国家发展的要求，加强对学生的心理健康教育工作，培育学生自尊自信、理性平和、积极向上的健康心态，助力实现中华民族伟大复兴的中国梦。因此，加强高职学生心理健康教育工作，既是学生身心健康成长的需要，也是培养高素质技术技能型人才的需要。

2021 年 7 月发布的《教育部办公厅关于加强学生心理健康管理工作的通知》要求，要加强心理健康课程建设，发挥课堂教学主渠道作用。本书紧密结合当前高职学生心理健康实际状况，针对学生在学习、生活、人际关系和自我意识等方面可能遇到的心理失衡问题，帮助学生掌握心理健康知识和技能，树立自助、互助、求助意识，学会理性面对挫折和困难；切实培养学生珍视生命、热爱生活的心理品质，增强学生的责任感和使命感；引导学生主动采取措施，及早分类疏导各种压力，避免因压力无法缓解而造成心理危机，全方位促进学生心理健康发展。本书共分 10 章：第一章是有关心理健康和心理调适的基本知识；第二至八章围绕影响高职学生自我意识、个性完善、情绪调节、学业发展、人际交往、性和恋爱心理困惑等人格成长和发展过程中常见的心理问题，讲述心理学的基本原理和一些简单实用的心理调适方法；第九章是关于高职学生生命教育与危机干预的相关知识；第十章是对心理健康教育中可能混淆的几个概念进行对比和分析，增强学生心理健康自我教育的能力。全书集知识性与实用性为一体，穿插了有趣的知识链接、小案例、心理测验等资源，趣味性和应用性较强。

本书主要由邯郸科技职业学院和邯郸职业技术学院组织编写。李俊勇、沈颖、郝耀飞任主编，王彦勇、刘俊提、张富明、李艳玲任副主编，烟玉华、段欢、王军方、白美娇、吕翠芹、杨东方、张杉、闫爽、杨宪敏、董静静参编，全书最后由李俊勇、沈颖负责统稿，王振鹏主审。本书在编写过程中，还得到了原北京电子科技学院吕秋芳老师的大力帮助，在此表示衷心的感谢。由于经验不足，学识有限，对职业院校学生心理健康的研究还有待深入，书中疏漏之处在所难免，恳请广大读者批评指正。

编　者

2022 年 5 月

目录 Contents

第一章　心理健康与调适的概念及意义 …… 1

第一节　心理健康与调适 …… 3

一、心理的概念 …… 3

二、心理学及其分支学科 …… 4

三、心理健康的概念及标准 …… 5

四、心理调适的概念及范围 …… 8

第二节　高职学生身心发展的基本特点 …… 8

一、高职学生身体发展的特点 …… 8

二、高职学生心理发展的特点 …… 9

三、高职学生常见的心理问题与障碍 …… 11

第三节　高职学生心理健康与调适的意义 …… 13

一、有助于高职学生品格的培养和完善 …… 14

二、有助于高职学生智力活动的开展 …… 14

三、有助于高职学生身心的全面健康发展 …… 15

四、有助于高职学生对美的追求和创造 …… 15

第二章　高职学生自我意识的领悟与发展 …… 23

第一节　自我意识认知 …… 25

一、自我意识的概念 …… 25

二、自我意识的构成 …… 26

三、自我意识的特点 …… 28

四、自我意识的作用 …… 29

第二节　自我意识的发展 …… 30

一、埃里克森的自我发展理论 …… 30

二、高职学生的自我意识调节 …… 33

第三节　高职学生的自我教育 …… 34

一、客观地认识自我 …… 34

二、正确地对待自我 …… 35

三、有效地调节和控制自我…………………………………………………………… 36
四、自觉地走向成熟和完善的大我……………………………………………………… 37
第三章　高职学生气质、性格的自我识别 …………………………………………… 41
第一节　高职学生气质的自我识别 ……………………………………………………… 43
一、气质的定义…………………………………………………………………………… 44
二、气质的类型…………………………………………………………………………… 44
三、气质的生理基础……………………………………………………………………… 45
四、高职学生气质的特点………………………………………………………………… 46
五、高职学生气质的扬长避短…………………………………………………………… 46
第二节　高职学生良好性格的自我培养 ………………………………………………… 49
一、性格的概念…………………………………………………………………………… 50
二、性格的形成…………………………………………………………………………… 52
三、性格的改变…………………………………………………………………………… 54
四、性格和气质的区别与联系…………………………………………………………… 55
第四章　高职学生情绪困扰的自我调节………………………………………………… 61
第一节　认知情绪的一般概念 …………………………………………………………… 63
一、情绪的性质…………………………………………………………………………… 63
二、情绪的类型…………………………………………………………………………… 64
三、高职学生常见的情绪及情绪困扰…………………………………………………… 64
四、高职学生情绪困扰的特点…………………………………………………………… 66
第二节　情绪智力和情感智商 …………………………………………………………… 68
一、情感智商概述………………………………………………………………………… 68
二、情绪智力的理论内涵………………………………………………………………… 68
三、情绪智力的组成要素………………………………………………………………… 69
四、对情商(EQ)的质疑和探讨 ………………………………………………………… 73
第三节　用理性情绪疗法进行自我心理调适 …………………………………………… 75
一、理性情绪疗法对人性的看法………………………………………………………… 76
二、ABC 理论 …………………………………………………………………………… 76
三、不合理信念及其特征………………………………………………………………… 77
四、理性情绪疗法的治疗步骤…………………………………………………………… 80
第五章　高职学生学习心理困扰的自我调适 …………………………………………… 87
第一节　高职学生学习的特点 …………………………………………………………… 90
一、学习具有较高层次的职业定向性…………………………………………………… 90

二、学习具有更大的主观能动性…… 90
三、学习途径更具多样性…… 90
四、学习具有探索和实践的性质…… 90
五、学习途径更具个性化…… 91
第二节　高职学生学习中的心理困扰 …… 91
一、所学专业与个人志向不一致带来的烦恼…… 91
二、学习动机缺乏造成的空虚和懈怠…… 92
三、学习动机过强导致的焦虑和抑郁…… 92
四、学习成绩下降造成的自尊心受挫…… 93
五、学习负担过重引起的紧张和压力…… 93
六、学习方法不当造成的学习疲劳和不适…… 93
七、考试过度焦虑导致的烦躁和失常…… 94
第三节　高职学生学习心理困扰的自我调适 …… 94
一、树立现代学习观念…… 94
二、逐步培养职业情感…… 98
三、适当调整学习动机…… 98
四、适度降低考试焦虑…… 99
五、劳逸结合讲究卫生 …… 100
六、调节自己的生物节律 …… 101
七、及时地解除心理疲劳 …… 102
第四节　森田疗法与神经症…… 104
一、神经衰弱与神经症 …… 104
二、森田疗法 …… 104
三、神经症患者的个性特征 …… 105
四、森田疗法治疗神经症的要点 …… 106
五、慢性神经性失眠症的本质与治疗 …… 107
第六章　高职学生人际交往障碍的自我突破 …… 111
第一节　建立良好人际关系的意义和作用…… 113
一、良好的人际关系有助于高职学生个体社会化的过程 …… 114
二、良好的人际关系有助于高职学生身心的健康发展 …… 114
三、良好的人际关系有助于高职学生事业的成功 …… 115
第二节　高职学生常见的人际交往障碍…… 116
一、常见的认知障碍 …… 117

二、常见的观念障碍 …… 119
三、常见的行为障碍 …… 120
第三节 人际交往的基本原则 …… 120
一、优化个人形象的原则 …… 120
二、真诚待人的原则 …… 121
三、尊重他人的原则 …… 122
四、平等待人的原则 …… 123
五、理解他人的原则 …… 124
六、不搬弄是非的原则 …… 125
七、宽以待人的原则 …… 125
八、以“平常心”处己待人的原则 …… 126
第七章 高职学生性心理发展误区的自我解惑 …… 129
第一节 高职学生性心理发展及其影响因素 …… 131
一、关于性的本质 …… 131
二、性心理发展 …… 132
三、影响性心理和谐发展的几个因素 …… 136
第二节 高职学生性心理困扰的主要表现 …… 140
一、自慰焦虑 …… 140
二、遗精焦虑 …… 140
三、性梦 …… 141
四、性幻想 …… 141
五、性倒错 …… 142
第三节 性心理健康的自我解惑 …… 143
一、走出性误区 …… 143
二、端正性态度 …… 145
三、拒绝“黄色诱惑”,预防性传播疾病 …… 145
第八章 高职学生健康恋爱心理的自我培养 …… 151
第一节 爱情的特征与发展 …… 153
一、爱情的本质属性 …… 153
二、爱情的心理结构 …… 154
三、爱情形成的三要素 …… 156
四、爱情的七大特征 …… 157
五、爱情的发展阶段 …… 158

第二节 高职学生恋爱及其影响因素…… 159
一、高职学生恋爱的意义 …… 159
二、高职学生恋爱的影响因素 …… 160
第三节 健康恋爱心理和行为的自我培养…… 162
一、树立健康恋爱观 …… 162
二、培养健康的恋爱心理和行为 …… 164
第九章 高职学生生命教育与危机干预 …… 171
第一节 生命教育…… 173
一、生命教育概述 …… 173
二、生命的意义与生活的艺术 …… 175
第二节 高职学生心理危机识别与应对…… 176
一、高职学生心理危机识别 …… 176
二、心理危机干预的模式 …… 177
三、心理危机干预的技能与要求 …… 178
第十章 高职学生心理调适相关领域 …… 183
第一节 高职学生心理调适相关领域及其差异…… 185
一、高职学生心理调适、辅导、教育、咨询、治疗的含义 …… 185
二、心理调适与辅导、教育、咨询、治疗的客体差异…… 188
三、心理调适与辅导、教育、咨询、治疗的主体差异…… 189
第二节 高职学生常见的心理障碍…… 191
一、心理障碍概念 …… 191
二、高职学生常见的心理障碍 …… 191
三、心理障碍的识别方法 …… 192
第三节 心理咨询的途径和适用范围…… 193
一、心理咨询的途径 …… 193
二、心理咨询的适用范围 …… 194
参考文献 …… 199

第一章

心理健康与调适的概念及意义

教学目标

1. 掌握心理、心理学、心理健康、心理调适的概念；
2. 能够识别心理健康的标准；
3. 了解高职学生身心发展特点和心理调适的意义、作用。

知识导图

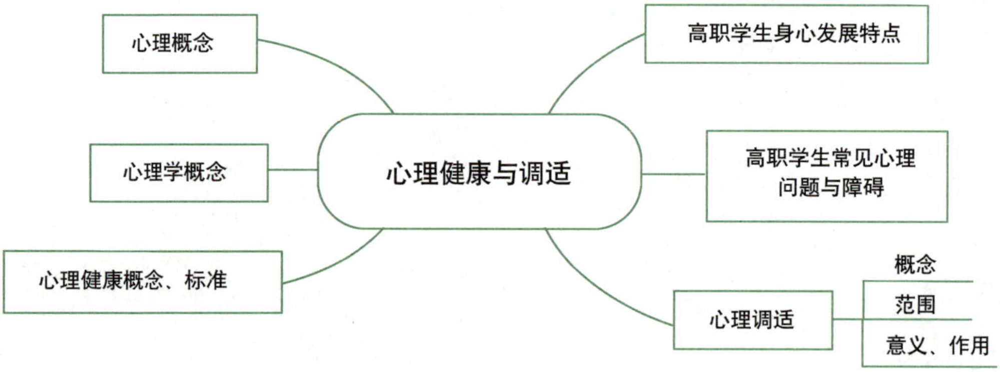

案例导入

肖欣一直对大学生活充满了憧憬，她认为大学生活没有高中那么辛苦，自由时间较多，而且大学生活最重要的就是可以锻炼自己的能力，学习成绩也就没有那么重要了。进入高职院校后，肖欣便开始报名参加各种社团，并在社团活动中认识了同专业的王磊。王磊是个长相清秀的大男孩，肖欣对他一见钟情。只要是他参加的活动，肖欣都踊跃报名。肖欣一直想找机会和王磊说话，可是肖欣一见到他就会紧张，连话都说不清楚。有一次演讲，肖欣站在台上，低着头，不敢看台下坐着的王磊，支支吾吾，不知该说什么。后来寝室的舍友一直因为这件事笑话她。从此，肖欣变得更加不敢说话了，总是一个人上课、吃饭，她害怕与别人接触，觉得所有人都在嘲笑她。

肖欣有一个高中同学叫赵佳，两人考上了同一所高职院校，肖欣读的是计算机专业，赵佳读的是会计专业。有一次两个人见面聊天，肖欣说到自己喜欢的男生，还说了自己的种种表现。赵佳也说了自己的问题，说自己一紧张就喜欢吃东西，尤其偏爱甜食，还好自己属于那种偏瘦的体质，即使吃多了，也不用担心变胖。

赵佳还对肖欣说，自己的一个舍友叫小敏，每次班级组织活动，或是到台上演讲，她就频繁想上厕所。因为这个问题，不知被同学取笑了多少回(当然，这些同学的做法并不妥)，弄得老师上课也不愿找小敏回答问题了。

这三位同学遇到的问题可能是我们每个人成长过程中都会遇到的，这些问题看似不正常，实则很正常。随着社会的不断发展，心理健康成为当前大学生成长面临的主要问题，也成为当下人们十分关注的话题。

那么，心理健康到底是什么？作为刚入学的大一新生，你是否也会像肖欣一样？面对陌生的大学生活，我们该如何去做呢？

第一节　心理健康与调适

心理是什么？心理学是什么？怎样才算是心理健康？什么是心理调适？高职学生要进行心理健康的自我调适，首先要了解一些基本的心理知识。

一、心理的概念

心理是人脑的机能，是人脑对客观事物的反映。人的一切活动都离不开心理活动。心理活动是动态的过程，主要包括认识过程、情感过程和意志过程。

当我们走进教室，看到教室里的桌子、椅子、黑板，这是我们在用视觉来感知周围的事物；

当我们听到教室里教师和同学们讲话的声音，我们是在用听觉来感知客观的世界。视觉、听觉、嗅觉、味觉、触觉、动觉、平衡觉等都属于感觉，感觉是对某个客观事物个别属性的反映。通过一段时间的学习，我们知道了高等数学有一定的难度，不下功夫很难过关；懂得了外语学习要多听、多看、多讲、多练；明白了大学的学习和中学的学习有很多不同的地方。其中，知道了、懂得了、明白了什么，就属于知觉，知觉是对某个事物整体属性的反映。为了更好地感知事物，就必须集中注意力，同时还要回忆以往的经验，进行想象和思维等，这些都属于心理活动的认识过程。

人的心理活动除了认识过程之外，还有情感过程和意志过程。人们在认识了一定的客观事物之后，就会产生一定的态度，喜欢或者是讨厌，这就是情感过程，情感过程是伴随认识过程而来的。人们对客观事物不仅要认识，还要进行相应的处理和改造，为此，就要提出目标、制订计划，同时还要克服困难，进行坚持不懈的努力，这就是意志过程。

人的心理除了一般的共性之外，还有个性，这就是人的心理的差异性。不同的需要、理想、信念、世界观，不同的兴趣、气质、能力、性格，构成了人的个性不同的心理特征，即人的心理的千姿百态。

二、心理学及其分支学科

心理学就是研究人的心理活动及其规律的科学。心理学研究的范围非常广泛，主要可以分为基础心理学、应用心理学等。心理学还有许多分支学科，人们比较熟悉的有：

1. 普通心理学

普通心理学主要研究心理活动的一般规律。它以正常人的心理状态、心理过程和个性特征为主要研究对象。

2. 社会心理学

社会心理学诞生于20世纪初期，它主要研究在不同社会环境中人的心理活动和行为规律。社会心理学十分重视社会环境对人的心理和行为的影响。

3. 发展心理学

发展心理学是研究个体生理发展过程中的心理发展规律的心理学科。

4. 教育心理学

教育心理学是研究教育教学情境中教与学的基本心理规律的科学。它主要研究教育教学情境中师生教与学相互作用的心理过程、教与学过程中的心理现象。

这些学科都是研究高职学生心理健康与调适的理论基础。研究高职学生的心理健康与调适，主要借助高职学生心理学、咨询心理学、健康心理学和医学心理学等多学科的基本理论，需要心理学多种学科的交叉研究和综合运用。

学习高职学生心理健康与调适课程，可以帮助高职学生增长心理学方面的知识，增强心理自我调适的能力，提高心理健康水平，也可以帮助高职学生更好地开发自身的潜能，促进自身人格的完善与发展。

三、心理健康的概念及标准

(一)健康的概念

健康对于人类的重要性是不言而喻的。什么是健康?健康的标志是什么?

传统的健康概念认为:健康就是一个人没有毛病。所以,一个人感冒了会去看医生,但一个人心情抑郁、沮丧,或总是人际关系紧张,或感觉生活无意义,百无聊赖,是不会去看医生的。然而,随着科技的进步和医学模式的发展,人们对传统的健康概念提出了质疑。

大量的医学实践表明:很多疾病都不是纯生物学的因素造成的,而是由紧张的社会压力所致。随着生活水平的提高和物质生活条件的改善,恶劣的生活条件导致的疾病,如结核、伤寒、痢疾等,已经大大减少,而情绪紧张、抑郁造成的疾病却大大增加,如高血压、冠心病、癌症、慢性胃炎等。

某家医院对门诊病人做了病因检查后发现:在门诊病人中,因情绪不佳而患病的达71%。例如,很多癌症病人都有生活中遇到挫折而长期心情抑郁的经历;冠心病病人大多都有长期工作紧张的经历。

随着我国社会经济的快速发展,竞争日益增强,精神疾患在我国疾病总负担的排名中居首位,已超过了心脑血管、呼吸系统及恶性肿瘤等疾患。因此,传统的健康概念已经不适应现代社会的实际情况,必须赋予其新的内涵。

世界卫生组织(WHO)对健康进行了新的解释:健康不仅指一个人身体上没有出现疾病或虚弱现象,还指一个人生理上、心理上和社会上的完好状态。因此现代人的健康内容包括躯体健康、心理健康、心灵健康、社会健康、智力健康、道德健康、环境健康等。健康是人的基本权利。健康是人生的第一财富。

世界卫生组织还提出了人的身心健康的八大标准,即“五快”“三良”。

“五快”指:

食得快:说明胃口好,不挑食,证明内脏功能正常。

便得快:说明排泄轻松自如,胃肠功能良好。

睡得快:证明中枢神经系统功能协调,内脏无病理信息干扰。

说得快:表明头脑清楚,思维敏捷,心脏功能正常。

走得快:证明精力充沛、旺盛,无衰老症状。

“三良”指:

良好的个性:即性格温和、意志坚强、情绪乐观。

良好的处世能力:即待人接物合情入理。

良好的人际关系:即遇事达观,不斤斤计较,助人为乐。

按照这样一个新的健康概念,不仅身体上的不适要去看医生,心情抑郁、人际关系紧张、情绪不稳定、喜怒无常等心理上的不佳,也要去看医生。当然,不是去看传统意义上的医生,而是要去看心理医生。现在,三甲医院要求设立心理专科门诊,高校以及很多中小学也都设立了心理咨询服务中心,并开展了心理健康教育活动,把心理健康教育纳入政府工作范畴,这些都会对推动高职学生身心健康发展起到积极的促进作用。

(二)心理健康的标准

1. 心理健康的基本标准

关于心理健康的标准,国内外有关专家进行过各种阐述,其中美国心理学家马斯洛(Maslow)和密特尔曼(Mittelman)提出过10条被认为是最为经典的标准:

①有充分的自我安全感;

②能充分了解自己,并能恰当估计自己的能力;

③生活理想切合实际;

④不脱离周围现实环境;

⑤能保持人格的完整与和谐;

⑥善于从经验中学习;

⑦能保持良好的人际关系;

⑧能适度地宣泄情绪和控制情绪;

⑨在符合团体要求的前提下,能有限度地发挥个性;

⑩在不违背社会规范的前提下,能适当地满足个人的基本需要。

若按照这一经典的标准来看高校校园,我们就会发现现实中确有一些学习成绩优异而心理不健康的人,如"伤熊事件"中的高才生刘某。刘某生在单亲家庭,亲情的缺失使他产生了一定的人格缺陷。进入大学校园后,竞争激烈,他只知道埋头读书,无生活阅历、无社会经验,远离了周围的现实生活,造成了他思想意识的狭隘和做事不考虑后果,终于酿成了悲剧。伤熊事件就是他心理错位、心灵扭曲的一次现实表现。可见,身体健康而心理不健康的人是畸形的、不完善的,也是很可悲的,心理健康对于一个人生活和生命的意义也是至关重要的。

2. 高职学生心理健康的标准

综合国内外专家学者的观点,黄希庭、马建青教授等根据我国学生这一特殊群体的年龄、心理和社会角色特征,提出了8条学生心理健康的标准,这8条标准对于高职学生同样适用。

(1)智力正常　智力正常是高职学生学习、生活的最基本的心理条件,是高职学生胜任学习任务、适应周围环境变化所需要的心理保证,因此也是衡量高职学生心理健康的首要标准。高职学生智力正常且充分发挥的标准是:有强烈的求知欲和浓厚的探索兴趣;智力结构中各要素在其认识活动和实践活动中都能积极协调地参与,并能正常地发挥作用;乐于学习。

(2)情绪健康　情绪健康的主要标志是情绪稳定和心情愉快。这是高职学生心理健康的一个重要指标。

高职学生情绪健康包括的内容如下。①愉快情绪多于不愉快情绪。一般表现为:乐观开朗、充满热情、富有朝气、满怀自信、善于自得自乐,对生活充满希望。②情绪稳定性好。善于控制和调节自己的情绪,既能克制约束,又能适度宣泄,不过分压抑,使情绪的表达既符合社会的要求,也符合自身的需要。在不同的时间和场合能够恰如其分地表达情绪。③情绪反应适度。情绪反应是由适当的情景引起的,反应的强度与引起这种情绪的情景相符合。

(3)意志健全　意志是人在完成一种有目标的活动时,所进行的选择、决定与执行的心理过程。意志健全者在行动的自觉性、果断性、坚韧性和自制力等方面都表现出较高的水平。意志健全的高职学生在各种活动中都有自觉的目的性,能适时地做出决定,并运用切实有效的方法解决所遇到的各种问题。在困难和挫折面前，能采取合理的反应方式，能在行动中控制情绪和言行，既不顽固执拗、轻率鲁莽、言行冲动，也不意志薄弱、优柔寡断、害怕困难。

(4)人格完整 人格，在心理学上指个体比较稳定的心理特征的总和。高职学生人格完整的主要标准是：人格结构的各要素完整统一；具有正确的自我意识，不产生自我同一性混乱；以积极进取的人生观作为人格的核心，并以此为中心把自己的需要、愿望、目标和行为统一起来。

(5)自我评价正确 正确的自我评价是高职学生心理健康的重要条件。每个心理健康的人对自己的认识应该是接近现实的，应该有“自知之明”。对自己的优点感到欣慰但不狂妄自大，对自己的缺点不回避，也不自暴自弃，而是善于正确地“自我接纳”。

(6)人际关系和谐 和谐的人际关系，既是高职学生心理健康的途径和条件，也是高职学生心理健康的标准。其表现为：①乐于与人交往，既有稳定而广泛的人际关系，又有知心朋友；②在交往中保持独立而完整的人格，有自知之明，不卑不亢；③能客观评价别人和自己，善于取长补短；④宽以待人，乐于助人；⑤积极的交往态度多于消极的交往态度；⑥交往动机端正。

(7)适应能力强 较强的适应能力是心理健康的重要特征之一。不能有效处理与周围现实环境的关系是导致心理障碍的重要原因。这里所讲的适应，不是被动、一味地迎合，甚至与不良风气、落后习俗“同流合污”，而是在认清社会发展趋势的基础上，主动适应社会发展的要求，不逃避现实，更不妄自尊大、一意孤行，与社会需要背道而驰。

(8)心理行为符合高职学生的年龄特征 高职学生是处于特定年龄阶段的特殊群体，高职学生应具有与自己的年龄和角色相符合的心理行为特征；若经常严重地偏离自己所处的年龄阶段和自己的角色应该具有的相应的心理行为特征，则有可能是心理异常的表现。

3. 心理健康标准的相对性

人的躯体健康一般是有客观标准的，只要医生用仪器进行内外各科的检查，就可以得出基本正确的结论。那么，心理健康有没有一个可量化的确定的标准呢？对此，有关专家指出：无论心理健康的标准是怎样的，都只是一个相对的衡量尺度，应该辩证、全面地理解和应用。因此，也可以说，心理健康有标准，但没有确定的一成不变的标准。这是因为：①身体健康的标准是标准化的、确定的、定量的分析，而心理健康的标准只是相对的、变化的、定性的考察；②心理健康是一个人较长一段时间内持续的心理状态，如果一个人偶尔出现一些不健康的心理和行为，并不意味着此人就一定是心理不健康的，要视具体情况而定；③心理健康状态并非静态的、固定不变的，而是动态的、不断变化的，既可以从不健康转变为健康，也可以从健康转变为不健康，心理健康与否只反映某一段时间内的特定状态。因此，心理健康的标准具有相对性。对此，获哈佛大学心理学博士学位的岳晓东教授提出了一个为众多学者认同的“灰色区”理论。

岳晓东认为：人的心理健康不健康，精神正常不正常，没有一个明确的界限，它是一个连续不断的变化过程。

如果将人的心理健康、精神正常比作白色，精神不正常、心理不健康比作黑色，那么，在白色与黑色之间存在一个巨大的缓冲区域——灰色区，世界上的大多数人都散落在这一灰色区域之中。

灰色区又可分为深灰色区和浅灰色区两个区域。浅灰色区的人只有心理冲突，如失恋、丧亲、工作不顺心、学习紧张、人际关系不和等造成的心理不平衡和精神压抑。深灰色区的人则患有种种精神异常之症，如偏执性人格、反社会性人格等，以及各种类型的神经症，如强迫症、恐怖症、性倒错等。浅灰色区和深灰色区也无明显的界限。

由此说来，心理健康的标准不同于身体健康，健康与不健康的界限不是泾渭分明的。生理健康的标准是确定的、相对不变的；心理健康的标准却是相对的、变化的、不确定的，有时还是大起大落的，这从某种意义上说是正常的。如果一个人面对变化了的形势和客观刺激，如面对亲人的亡故、面临考试的压力，不发生一点儿主观心理的动荡，那倒反而不正常了。

四、心理调适的概念及范围

1. 心理调适的概念

心理调适是指心理调适的主体运用心理保健的知识，对自己身边发生的引起自身心理冲突和矛盾的人和事，进行正确的分析和认识，排除心理上的困扰和不适，寻求新的心理平衡，保持身心健康的过程。

也就是说，当我们心理上出现了问题的时候，就需要进行心理上的调适，以保持心理上的平衡。那么，调适的对象是谁呢？是自己。调适的主体又是谁呢？也是自己。进一步说，高职学生进行心理健康的自我调适，也就是要自己运用心理保健的知识给自己调节，自己当自己的心理医生。

2. 心理调适的范围

从广义上讲，心理疾病可以分为四个层次，分别是心理失常、心理障碍、心理变态和精神病。心理失常和心理障碍都属于浅灰色区的范围，表现为不同程度的心理冲突，如失恋、丧亲、学习焦虑、人际关系紧张等。心理变态和精神病则属于深灰色区，如不同类型的人格障碍和精神疾病等。大中小学生的心理病症，大多属于前两个层次。高职学生心理调适的范围也是在前两个层次。后两个层次则必须求助于心理医生或精神科医生。

第二节　高职学生身心发展的基本特点

一、高职学生身体发展的特点

(一)人体生长发育的一般模式

人体的生长发育从 0 岁至成熟，是一个长达 20 余年的连续发展过程。它为客观规律所制约，并具有一定的发展模式。

人体有九大系统，包括运动系统、消化系统、呼吸系统、泌尿系统、生殖系统、内分泌系统、免疫系统、神经系统和循环系统。就人体生长发育的进程来说，各部位、各系统之间并不是均衡同步的，而是时快时慢，呈波浪式发展，有明显的阶段性。身体各个组织和机能水平的变化，也具有相对独立的发展程序。例如：在形态方面，身高的发育先于体重和胸围；在部位方面，四肢的发育领先于躯干，下肢的发育领先于上肢，骨盆的发育领先于肩部；在各器官、各系统的发育顺序方面，最先发育成熟的是神经系统，最后发育成熟的是生殖系统。

人体各个部位和各个系统发育的次序是不一致的，也是不均衡的。但人体的生长发育仍然是一个完整的统一过程，其发育曲线有明显的年龄阶段性特征。

在生理学和心理学上，人们将人体生长发育的一般模式分为"快—慢"，再"快—慢"两个阶段。第一阶段，从出生到 10 岁左右；第二阶段，从 11 岁到 25 岁左右。每一阶段都分为前期和后期，前期为快速发育的生长期，后期为缓慢发育的生长期。

第一阶段，1 岁左右出现生长高峰，然后速度逐年下降，直到 10 岁。第二阶段，从 11 岁开始生长速度加快，在 11～17 岁出现第二个生长快速期，18～25 岁逐渐发育缓慢，直至停止生长。

（二）高职学生身体发展的特点

第一阶段后期到第二阶段前期末，6～17 岁正是我国普通中小学生的适龄期。第二阶段后期，即 18～25 岁，正是我国绝大多数高职学生接受高等职业教育的时期。所以，我国高职学生身体的发展，已经经历过第二次快速生长期，进入生长的稳定期。这一生长期的特点是：骨化逐渐完成，身体形态日趋定型，各器官、各系统的机能日益完善，人体最后发育的生殖系统已经完全成熟。这一时期，正是人体机能旺盛、准备生机勃勃地步入成人阶段的时期。

二、高职学生心理发展的特点

（一）高职学生心理发展所达到的水平

我国大多数的高职学生正处于青年中期。所谓青年期，也就是指从儿童、少年发展至成人的过渡期。青年期的划分，各个国家是不一样的，一般说来，起点是 12～15 岁，终点是 23～30 岁，如日本是 12～25 岁，罗马尼亚是 14～30 岁，我国是 14～28 岁。在我国，14～17 岁为青年前期，18～22 岁为青年中期，22～28 岁为青年晚期。处于青年中期的高职学生，其心理发展水平最基本的特点是：正在迅速走向成熟而又未真正完全成熟。

一般而言，个体的成熟需要三个方面的基本条件：一是身体的长成，也就是生理上的成熟，特别是以性成熟为主要标志；二是心理发展的完善，也就是心理上的成熟，以自我意识的完善（主要是个性稳定性的形成）为主要标志；三是社会化程度的提高，即人的社会成熟，以个体对自己在社会中所处的角色及所负的社会责任的正确认识为主要标志。

由于营养条件的改善，目前青少年生理上的早熟是一个世界范围内的现象。然而又因为生活条件的改善，学习期的延长，青少年的社会生活经验欠缺，社会阅历简单，延缓了他们心理成熟的时间，表现在他们自我意识的发展还很不成熟，也很不完善。因此，处于青年中期的高职学生，心理上正在迅速走向成熟而又未真正完全成熟，或者说是生理上早熟，而心理上还未完全成熟。

(二)高职学生主要心理特点的两面性

高职学生由于生理上早熟,心理上又未完全成熟,心理的发展具有明显的两面性特征,积极心理和消极心理并存。

我国著名的发展和教育心理学家张增杰(1913—1986 年)教授生前曾经在青年心理学领域进行了开创性的研究工作,取得了一系列极有价值的研究成果。借鉴张增杰教授的《青年自我意识的发展规律》的论文成果,我们将高职学生主要心理特点的两面性归纳如下。

1. 积极面的特征

(1)精力充沛,朝气蓬勃,能持续拼搏,具有勇往直前的气魄。由于身体的成长与生理的机能都处于成熟的高峰期,高职学生精力充沛、体力旺盛,为心理活动提供了有利的条件,总觉得浑身有使不完的劲儿。在从事自己感兴趣的活动中,他们深信自己有巨大的能量,感到没有任何力量能够阻挡自己前进的步伐。在正确的理想和信念的支撑下,即使遇到十分艰难和不利的情景,他们也能全力以赴、持续拼搏、矢志不渝地奔向预定的目标。

(2)升学压力减轻,出现很多类似于成人的新的需要,对生活充满了美好的向往。由于高职学生身心的迅速发展和生活及交往领域的不断扩大,特别是升学压力减轻之后,站在人生新的起跑线上,他们接触到更为广阔的科学领域和更为丰富的知识空间,使得他们对生活充满了美好的向往,出现了很多类似于成人的新的需要。例如,自立意识增强,渴望完全独立自主地从事一切活动,要求他人对自己绝对的信任和尊重;渴求知识,信奉科学,尤其希望在自己擅长的方面、在自己的专业领域取得成就;社会责任感增强,政治参与意识增强,关心祖国的命运和前途;爱好更为广泛,要求有丰富多彩的校园文化生活;社交欲望增强,渴望与同龄人有更为广泛的交往,渴望友谊和爱情,等等。这些需要与儿童、少年时代的需要相比,已经有了很大的差异。

(3)情绪强烈,但自控力加强;情感丰富,体验内容深刻;高尚情操发展迅速。青年人特别是高职学生进入高等职业院校后,有了很多新的需要,因而也必然会产生更为丰富的情绪和情感体验。如高职学生希望获得他人的尊重、理解和信任的需要,都比中学时代更为强烈和丰富,因而当这样的需要得到或没有得到满足的时候,他们会产生更为强烈的情绪和情感体验。由于高职学生自我意识有所增强,他们的情绪和情感体验虽然比中学时代强烈,但也比中学时代更为深沉和隐蔽,可以进行适当有效的自我控制。同时,高职学校生活的丰富多彩和更高层次的文化素质教育,使得高职学生的情感和情操得到了更为迅速的发展。例如,高职学生的理智感随着高等职业院校学习生活中对事物的不断思考而更加深刻和完善;道德感随着高职学生伦理关系的复杂化、多样化而有了更为长足的进步;美感的体验也比中学时代更为多样和深刻。近年来,随着互联网技术和智能设备的发展,高职学生开始热衷于网上文学作品的交流,并对音乐、美术、舞蹈、戏剧等高雅艺术表现出较高的赏析愿望。由于高职学生有着较高的文化修养和抱负水平,他们对美的追求有了更高的品位,大多已经懂得了追求外在服饰美、仪表美以及内在情感和心灵美的和谐与统一。而且,由于受教育水平的提高,高职学生自身的社会责任感也比中学时代更为强烈。

(4)思维方式发生了很大的变化,思维水平有了很大的提高。中小学阶段,学生文化课程的学习更多地还要借助于形象思维;高职教育阶段的文化课程学习,涉及面越来越广,内容越来越复杂,这使得高职学生的思维能力得到了更加全面的锻炼。具体表现在:抽象思维能力增强，辩证思维能力得到发展，发散思维能力提高，思维活跃、好争辩，收敛性思维和发散性思维能够很好地结合。

(5)自我意识有了新的发展，自我认识得到进一步深化。高职学生是一个特殊的群体，社会和家庭都对这一群体给予了较高的期望。因此，高职学生也必然会依据社会和家庭的期望而不断地进行自我反思，这样便促进了高职学生自我意识的发展，使其对自我有了更为全面、深刻且正确的认识。

2. 消极面的特征

处于发展过渡期的高职学生，虽然迅速走向成熟而具有许多积极面，但是当这些积极因素超过一定限度或条件发生了相应变化的时候，也会出现某些消极的表现，呈现出某些消极方面的特征。

(1)精力充沛但有时滥用。精力充沛，能持续拼搏，这是处于青年时代的高职学生特有的身体和心理方面的优势，但如果不善于自我控制或不顾客观环境和条件的限制，就可能导致精力的浪费。例如，有的高职学生几天几夜不休息，迷恋电子游戏或网上聊天，以至于影响了正常的学习生活，甚至造成几门主课不及格，不得不降级或退学的严重后果。

(2)不顾客观条件是否具备，急于谋求满足需要，容易导致失败，以至于陷入沮丧或误入迷途。高职学生有了很多类似于成人的新的需要，如要求他人对自己绝对的尊重、信任的需要，对友谊、爱情的需要等。但他们毕竟还是“准成人”，而且又正处于学习时期，这些需要不可能立即全部得到满足。当这些需要得不到满足时，他们急于求成，就容易失败，以至于悲观失望，甚至做出鲁莽荒唐的事情来，使自己陷入被动的境地。

(3)情绪和情感不稳定，容易失控。高职学生的情绪和情感强烈，他们真诚、坦白，不像成人那么复杂。这本来是青年人的优点，但处于青年时期的高职学生，情绪和情感的发展尚不稳定，容易失控。

(4)思维水平提高，但不全面，容易偏激。高职学生的思维能力和水平与中学时代相比，有了很大的提高，但他们容易偏激、不全面，也不善于将集中思维和发散思维很好地结合起来，还容易形成非理性思维。

(5)自我意识的发展容易受不良因素的影响。自我意识强、情绪体验深，使得他们容易陷入“低级情绪”，有时明知不对也难以自拔。

三、高职学生常见的心理问题与障碍

大量统计数据和心理咨询实例表明，有相当一部分高职学生存在不同程度的心理问题，主要表现在如下几个方面。

1. 环境适应不良

环境适应不良，主要发生在高等职业院校新生群体之中。

从中学到大学是人生的一个重要转折。在这样一个转变的过程中，学生的生活方式、学习方式、交往方式等都会发生相应的变化，使得很多学生感觉不适应。

首先是生活方式的变化带来的不适。现在，很多学生都是独生子女，在家有父母无微不至的关怀和照顾，上大学是他们第一次离开父母，有些同学生活自理能力很差，如不会洗衣服、不会叠被子……再加上生疏的校园、生疏的老师、生疏的集体、生疏的人群，某些新生会感觉到一种难以消解的苦闷和忧愁。

其次是学习方式的变化带来的烦恼。高等职业院校教学的内容、形式和方法等，都与中学有很大的不同，致使很多学生不适应，感觉到了学习上的压力，表现在对学习无兴趣、无信心，学习方法不当，学习紧张、考试焦虑、失眠，心理上感觉失落、压抑、自卑、自责、失望等。

最后是交往方式的变化带来的忧愁。高等职业院校新生初到一个新的环境，迫切需要寻找良师益友，但由于青年期特有的闭锁心理，同学之间不愿轻易吐露真情，很难很快找到知心朋友。而且，同学们来自全国各地，由于地区政治、经济、语言和文化方面的差异，也由于家庭背景方面的差异，在交往方式上也需要一个互相了解适应的过程。因此，很多同学会自然地想家，想念中学时代的老师和同学，怀念过去的生活和朋友。同时，也会自然地产生一种孤独、寂寞的感觉，或产生难以排解的心理冲突。

高等职业院校新生在入学之初对环境的适应不良是一种相当普遍和正常的现象，因为任何人到了一个新的环境，都需要有一个适应的过程。问题在于，有的学生的这一过渡时期太长。如有的学生到了二年级，仍然适应不了；也有的学生甚至一蹶不振，产生各种生理和心理上的不良反应，如食欲不振、失眠、精神不集中、情绪低落、焦虑不安，甚至想退学等。这就需要认真地给予研究和重视。

2. 人际交往障碍

社会心理学的调查研究表明：良好的人际关系状况是一个人心理正常发展、个性保持稳定健康、生活具有幸福感的重要因素之一。处于青年期的高职学生大多都渴望友谊，迫切希望能有良好的人际关系。但高职学生缺乏社会生活的经验和阅历，再加上个性和交往知识方面的问题，使得他们在人际交往过程中也存在很多烦恼和忧愁。例如，一次对 200 名计算机专业一年级学生进行的相关调查发现，有 80%以上的人在人际交往方面存在烦恼。具体表现如下。

(1)对交往存在认知和观念上的偏差。如有的学生认为："只要学习搞好了，人际关系自然会好""人心隔肚皮，人与人之间都是尔虞我诈，交往没意思"。也有的同学谈道："我对别人真诚，别人也应该对我真诚，可我付出了真诚后，却得不到回报。"他们因而对如何与人交往感到困惑和沮丧。

(2)只有良好的交往愿望，缺乏交往的技巧。例如，有的学生想与同学交流，但感到和同学在一起时无话可说；有的学生想与异性交往，但一见到异性同学就脸红；有的学生想与老师加强友好往来，但一见到老师就紧张；有的学生在交往中遇到了麻烦、挫折，与同学产生了误会、发生了口角，不知如何解决，等等。

(3)个性发展不完善，以自我为中心，既骄傲又娇气。例如，有的学生在宿舍和班集体生活中，不能很好地处理个人与集体、个人与他人的关系，造成与同学关系紧张，以至于情绪低落、压抑、焦虑。

3. 学习焦虑和考试压力

学习是高职学生生活的主旋律。因而，学习进度的快慢，学习内容的难易，学习难度的大小，学习成绩的高低，都会引起学生心理状态的变化，从而也会在一定程度上引发学生的心理问题。具体表现为：过度的紧张、焦虑，时时感到竞争的压力。有的学生学习能力本来没有问题，也时时感到一种难以排解的不安。有的学生还会有身体上的不适感，如头痛、失眠、精神疲倦、食欲不振、思维钝化，甚至形成恶性循环。有的学生过于担心考试成绩，造成考试焦虑：考试前担心自己的成绩不理想，总觉得时间不够用；考试中紧张得心率过速、思考困难、出冷汗，甚至打开试卷后，脑中一片空白；考试后，仍然放松不下来，担心自己过不了关，毕不了业。有的学生由于对所学专业不感兴趣，对未来职业发展迷茫，失去了学习的动力和目标，产生了一种无意义的空虚感和无聊感。有的学生由于感觉到学习的难度和压力太大，对学习丧失了信心，而走向了学习焦虑的反面——破罐破摔，放任自流。

4. 性和恋爱方面的心理困扰

高职学生的性生理发育已经成熟，性的心理也有了发展，有了性的欲望和冲动，然而由于受到社会道德、法律、理智和纪律的约束，这种欲望和冲动被限制和压抑着。一般情况下，高职学生通过学习、工作和文体活动及社交等途径，可以使自身的生理能量得到正常释放，来控制性的生理冲动，使之得到某种程度的宣泄、代偿和升华。但也有的学生由于对性缺乏健康、科学的认识和态度，对自己的性心理缺乏正确的认知和评价，因而对自己的性心理感到困惑、不适，对性的欲望和冲动感到不安、羞愧和压抑。

高职学生性心理方面的问题还包括在恋爱方面的困扰。例如，因单相思而自困，因热恋影响学习而烦恼，因失恋而精神萎靡，因多角恋难以自拔而内心焦灼，因虚恋而尴尬，因看到周围的同伴成双成对而自惭形秽，甚至还有个别同学因恋爱发生越轨行为而懊恼、悔恨，因担心怀孕或已经怀孕而不知所措、内心焦灼不安等。

5. 其他方面的问题

高职学生常见的心理问题还来自家庭关系、经济拮据、职业选择、个性发展等方面，几乎涉及高职学生生活的方方面面。

第三节　高职学生心理健康与调适的意义

当前，国家要求各高等学校要把对学生进行心理健康教育工作作为全面贯彻党的教育方针、实施素质教育的重要举措。2021 年 11 月，在全国高校学生心理健康教育工作推进会上，教育部部长怀进鹏强调要全面加强和改进学生心理健康教育工作，让广大学生更加健康阳光。各高校也都将心理健康教育作为促进学生全面发展的重要途径和手段，作为高等学校德育工作的重要组成部分而更加重视。

高职学生学习心理健康与调适的理论和知识，了解心理自我调适的方法，提高心理健康的水平，对于德智体美劳全面健康发展和综合素质的提高，具有重要的意义和作用。

一、有助于高职学生品格的培养和完善

早在16世纪，德国的宗教改革家马丁·路德就曾经说过："一个国家的前途，不取决于它的国库之殷实，不取决于它的城堡之坚固，也不取决于它的公共设施之华丽，而在于它的公民的文明素养，即在于人们所受的教育、人们的远见卓识和品格的高下。这才是真正的厉害所在、真正的力量所在。"

青年学生的素质维系着国家的未来和民族的命运，品格是青年学生综合素质的核心部分。良好的品格不是与生俱来的，而是在先天遗传素质的基础之上，在环境和良好教育的影响下逐步发展起来的。其中，心理活动过程的认知、情感、意志三部分的特性，以及个性心理特征——气质、性格、能力、兴趣、志向等是一个人品格结构的内核部分，也是一个人综合素质的基础。学习心理健康与调适方面的知识，掌握心理调适的方法，可以为高职学生形成良好的品格奠定坚实的基础。

第一，学习心理健康与调适的知识，掌握心理调适的方法，可以帮助高职学生更好地了解自我，形成正确的自我意识，有效地克服自卑或自傲的偏执心理，提高自我评价的能力，正确地对待自己的过失，悦纳自己，善待自己，形成健康的自尊、自信的心理品质和自律、自强、自立的良好个性。

第二，学习心理健康与调适的知识，掌握心理调适的方法，可以帮助高职学生更好地认识他人，养成开阔的胸襟，容忍别人的缺点，对人无偏见；不苛求，不求全责备。了解人际交往的知识，接受人际交往技能的训练，还可以帮助高职学生学会创造良好的人际环境，与人交往讲原则，不固执，识时务；善于欣赏他人，也愿意帮助他人，并乐于与他人合作，善于与他人分担失败的烦恼，也善于与他人分享成功的喜悦。

第三，学习心理健康与调适的知识，掌握心理调适的方法，有利于高职学生培养科学的世界观和方法论以及积极乐观和健康的人生态度。此外，还可以帮助高职学生学会正确地看待周围的环境和事物，学会按照生活的本来面目来看生活；学会遇事能进行正确的逻辑推理，避免为主观情绪冲动所左右；学会遇事达观冷静，宠辱不惊，经得起各种挫折和考验，乐观地看待困难和人生。

总之，通过学习心理健康与调适的知识和方法，可以帮助高职学生养成健康完善的个性品质，学会正确地认识自我，全面地看待他人，辩证地分析环境，乐观地面对人生，为培养高尚的道德品质提供坚实的心理基础。

二、有助于高职学生智力活动的开展

高职学生的学习属于一种高智力的活动，良好的心理状态是保证高职学生智力活动正常进行的基础和条件。因此，高职学生提高自我心理调适的能力，有助于智力活动的正常开展。

一般说来，智力是指一般的认识活动的能力的总和，包括注意力、观察力、记忆力、思维力、联想力、想象力等。

注意力是心理活动对一定对象的指向和集中的能力，注意是智力活动的开端。观察力是指善于全面、深入、正确地发现事物各种典型特点的能力，观察是智力活动的窗口。记忆力是

人脑对经历过的事物进行识记、保持和再认的能力，记忆是智力活动的基础和仓库。思维力是人脑对客观事物进行间接的和概括的反映的能力，思维是智力活动的核心。联想力是人脑由一事物想到另一事物的能力，联想是智力活动的伙伴。想象力是人脑对原有表象进行改造和加工，建立新形象的能力，想象是智力活动的翅膀。

良好的心理状态是高职学生发展智力的基础。如果一个人情绪不佳、心情沮丧、想入非非、心事重重，就会造成注意力分散，精神不集中，记忆力下降，观察力、思维力、想象力都会受到相应的影响。如果高职学生有了较高的心理自我调适的能力，能够随时调节自己在学习生活中出现的各种心理矛盾和冲突，使自己能够经常保持一种积极、乐观、平静、稳定的心理状态，就可以提高智力活动的效率，为高职阶段复杂的高智力活动的正常进行，提供有效的保证。

高职学生在学习生活中能否学有所成，除了智力因素的影响之外，还受到非智力因素的影响，如远大的志向、广泛的兴趣、热烈的情感、稳定的情绪、坚强的意志、独立的性格、良好的学习品质和习惯等。高职学生学习了心理健康与调适相关的知识后，可以更好地了解自己非智力因素的特点，培养健康的心理品质，提高心理健康的水平，自觉地开发自己的智力潜能，从而更好地完成大学阶段的学习任务。

三、有助于高职学生身心的全面健康发展

按照世界卫生组织的健康标准，一个人的健康应该包括四个方面的内容，即生理上的健康（躯体的健康）、心理上的健康、社会行为方面的健康、道德的健康。高职学生的心理健康状况理应受到关注。

值得注意的是，那些一贯受到老师喜爱、让家长放心的优等生也可能是心理素质不良者。总在学校中受批评的所谓“差生”，反而具有较强的心理承受能力。一项调查表明：优等生普遍喜欢被表扬、被奖励，同时好表现自己、好为人头领，而怕批评、怕失去老师和同学的信任，怕失去已有的优越地位和权利。为了维护这一切，优等生容易形成一些不良心理及缺陷个性。例如：嫉妒心强，生怕别人超过自己；虚荣心强，怕暴露自己的短处，好掩盖自己的缺点；敏感多疑，对别人的议论或评价过分关注，以及以自我为中心、自命不凡等。

高等职业院校中不乏优等生，这些优等生身上容易出现的心理弱点不同程度地存在于高职学生群体之中。因此，加强高职学生的心理健康教育，提高高职学生心理健康自我调适的能力，对于高职学生身心全面健康的发展具有重要的意义。

四、有助于高职学生对美的追求和创造

美育是全面发展教育的重要组成部分。在中共中央、国务院《关于深化教育改革全面推进素质教育的决定》中指出：“美育不仅能陶冶情操、提高素养，而且有助于开发智力，对于促进学生全面发展具有不可替代的作用。要尽快改变学校美育工作薄弱的状况，将美育融入学校教育全过程。”

美育又被称为艺术教育，美育对于培养人才综合素质的作用，已经被越来越多的人所认识。人们已经感觉到：没有艺术的教育是不完整的教育，没有美的生活是不完整的生活，没有美的校园文化将是不可想象的文化荒漠。而一个人的心灵深处如果没有对美的意境的追求，

那他的情感世界将是贫瘠、荒凉而可怕的。

在我们的生活中，美或艺术无处不在，它给我们以力量，给我们以向往，丰富我们的情感，美化我们的环境，抚慰我们的心灵。没有空气我们就不能呼吸，没有水我们就不能生长，而没有美或艺术就没有人类的灵魂、智慧和情感。高职学生的心理健康是高职学生追求美、享受美、创造美的心理基础和条件。

这是因为，高职学生的学习生活不可能是一帆风顺的，可能会遇到各种各样的矛盾和问题。例如，学习中可能会遇到阻力，生活中可能会遇到困难，交往中可能会遇到误会，求职中可能会遇到障碍。这些矛盾和障碍如果处理不好，就会成为心理上的“垃圾”，给正在成长中的高职学生造成心理上的伤害。当高职学生心理上的“垃圾”清除不掉时，也必然会妨碍他们对美好生活意境的体会和追求。试想，如果一个高职学生神情沮丧、心灰意冷，他还有心情去欣赏音乐、诵诗抒情吗？因此，高职学生学习心理健康与调适的理论和知识，掌握心理调适的方法，有助于高职学生清除心理“垃圾”，陶冶情操，美化心灵，可为高职学生自觉地接受美的教育，主动地追求美、欣赏美、创造美，提高鉴赏美的能力，提供和谐、健康的心理环境。

思考与练习

1. 心理是什么？心理学是什么？怎样才算是心理健康？什么是心理调适？
2. 高职学生心理健康的标准是什么？
3. 阅读案例，回答问题：

刘昊是某高职院校二年级的学生，他高大帅气，身体十分健康，吃饭、睡觉等也都基本正常。但是每次上课时，他的注意力总是不自觉地就转移到周围的事物上。比如讲台上放一个水杯，他就会一直注意这个杯子，就算盯着老师，视线的余光也会关注到这个水杯，甚至闭上眼睛都能感觉到杯子的存在。有时候，他的注意力还会集中在老师的衣服纽扣上，或者坐在前面的同学的头发上等。对于这种情况，刘昊一直认为是自己自制力差，可是无论怎么自我控制都不见好转。长期下来，他的这一习惯不仅没有改变，还扩大到其他地方，严重影响了他的生活，令他感到十分苦恼。

问：刘昊遇到的是什么问题？如果你遇到这样的问题该如何解决？

心理测验

症状自评量表

指导语：症状自评量表(SCL-90)由美国心理学家德若伽提斯(L. R. Derogatis)于 1975 年编制，是世界著名的心理健康测试量表之一，是当前使用较为广泛的精神障碍和心理疾病门诊检查量表，可以协助参与者从 10 个方面来了解自己的心理健康程度。该量表包括 90 个项目，涉及感觉、思维、情感、行为、人际关系、生活习惯等内容。表 1-1 中列出了有些人可能有的症状或问题，请仔细阅读每一条，然后根据该句话与您自己的实际情况相符合的程度(最近一个星期或过去)，选择一个适当的数字填写在后面的答案框中。

表 1-1　症状自评量表

1—从无；2—很轻；3—中等；4—偏重；5—严重

序号	问题	选项
1	头痛	
2	神经过敏，心中不踏实	
3	头脑中有不必要的想法或字句盘旋	
4	头晕或晕倒	
5	对异性的兴趣减退	
6	对旁人责备求全	
7	感到别人能控制您的思想	
8	责怪别人制造麻烦	
9	忘性大	
10	担心自己的衣饰整齐及仪态的端正	
11	容易烦恼和激动	
12	胸痛	
13	害怕空旷的场所或街道	
14	感到自己的精力下降，活动减慢	
15	想结束自己的生命	
16	听到旁人听不到的声音	
17	发抖	
18	感到大多数人都不可信任	
19	胃口不好	
20	容易哭泣	
21	同异性相处时感到害羞、不自在	
22	感到受骗、中了圈套或有人想抓住您	
23	无缘无故地突然感到害怕	
24	自己不能控制地大发脾气	
25	怕单独出门	
26	经常责怪自己	
27	腰痛	
28	感到难以完成任务	
29	感到孤独	
30	感到苦闷	
31	过分担忧	

续表 1-1

序号	问题	选项
32	对事物不感兴趣	
33	感到害怕	
34	您的感情容易受到伤害	
35	旁人能知道您的私下想法	
36	感到别人不理解您、不同情您	
37	感到人们对您不友好，不喜欢您	
38	做事必须做得很慢以保证做得正确	
39	心跳得很厉害	
40	恶心或胃部不舒服	
41	感到比不上他人	
42	肌肉酸痛	
43	感到有人在监视您、谈论您	
44	难以入睡	
45	做事必须反复检查	
46	难以做出决定	
47	怕乘电车、公共汽车、地铁或火车	
48	呼吸有困难	
49	一阵阵发冷或发热	
50	因为感到害怕而避开某些东西、场合或活动	
51	脑子变空了	
52	身体发麻或刺痛	
53	喉咙有梗塞感	
54	感到前途没有希望	
55	不能集中注意力	
56	感到身体的某一部分软弱无力	
57	感到紧张或容易紧张	
58	感到手或脚发重	
59	想到死亡的事	
60	吃得太多	
61	当别人看着您或谈论您时感到不自在	
62	有一些不属于您自己的想法	
63	有想打人或伤害他人的冲动	
64	醒得太早	

续表 1-1

序号	问题	选项
65	必须反复洗手、点数	
66	睡得不稳不深	
67	有想摔坏或破坏东西的想法	
68	有一些别人没有的想法	
69	感到对别人神经过敏	
70	在商店或电影院等人多的地方感到不自在	
71	感到任何事情都很困难	
72	一阵阵恐惧或惊恐	
73	感到在公共场合吃东西很不舒服	
74	经常与人争论	
75	单独一人时神经很紧张	
76	别人对您的成绩没有做出恰当的评价	
77	即使和别人在一起也感到孤单	
78	感到坐立不安、心神不定	
79	感到自己没有什么价值	
80	感到熟悉的东西变成陌生或不像是真的	
81	大叫或摔东西	
82	害怕会在公共场合晕倒	
83	感到别人想占您的便宜	
84	为一些有关性的想法而很苦恼	
85	您认为应该因为自己的过错而受到惩罚	
86	感到要很快把事情做完	
87	感到自己的身体有严重问题	
88	从未感到和其他人很亲近	
89	感到自己有罪	
90	感到自己的脑子有毛病	

计分标准：

一、项目和评定标准

本量表共有90个项目，包含较广泛的精神症状学内容，从感觉、情感、意识、行为直至生活习惯、人际关系、饮食睡眠等，均有涉及。它的每一个项取5级评分制，具体说明如下。

1—从无：自觉无该项症状。

2—很轻：自觉有该项症状，但对受检者并无实际影响，或影响轻微。

3—中度：自觉有该项症状，对受检者有一定影响。

4—偏重：自觉常有该项症状，对受检者有相当程度的影响。

5—严重：自觉该症状的频度和强度都十分严重，对受检者的影响严重。

这里所指的“影响”，包括症状所致的痛苦和烦恼，也包括症状造成的心理社会功能损害。“轻”“中”“重”的具体定义，则应由自评者自己去体会，不必做硬性规定。

二、统计指标

SCL-90的统计指标主要为两项，即总分和因子分。

1.总分

总分为90个项目单项分相加之和，能反映其症状严重程度。

总均分：总分/90，表示从总体情况看，该受检者的自我感觉位于1～5级的哪个分值程度上。

阳性项目数：单项分≥2的项目数，表示受检者在多少项目上呈现有“症状”。

阴性项目数：单项分=1的项目数，表示受检者“无症状”的项目有多少。

阳性症状均分：(总分-阴性项目数)/阳性项目数，表示受检者在“有症状”项目中的平均得分，反映该受检者自我感觉不佳的项目，其严重程度究竟介于哪个范围。

2.因子分

共包括10个因子，即所有90个项目分为10大类。

各因子名称、所包含项目及简要解释如下。

(1)躯体化(somatization)　包括1、4、12、27、40、42、48、49、52、53、56和58，共12项。该因子主要反映主观的躯体不适感，包括心血管、胃肠道、呼吸等系统的主诉不适，以及头疼、背痛、肌肉酸痛和焦虑的其他躯体表现。

(2)强迫症状(obsessive-compulsive)　包括3、9、10、28、38、45、46、51、55和65，共10项。它与临床强迫症表现的症状、定义基本相同，主要指那种明知没有必要，但又无法摆脱的无意义的思想、冲动、行为等表现；还有一些比较一般的感知障碍，如脑子“变空”了，“记忆力不好”等，也在这一因子中反映出来。

(3)人际关系敏感(interpersonal sensitivity)　包括6、21、34、36、37、41、61、69和73，共9项。它主要指某些个人不自在感和自卑感，尤其是在与他人相比较时更突出。自卑、心神不宁，以及在人际关系中明显相处不好的人，往往是这一因子获高分的对象。

(4)抑郁(depression)　包括5、14、15、20、22、26、29、30、31、32、54、71和79，共13项。它反映的是与临床上抑郁症状群相联系的广泛的概念。抑郁苦闷的感情和心境是代表性症状，还以对生活的兴趣减退、缺乏活动愿望、丧失活动力等为特征，并包括失望、悲观、与抑郁相联系的其他感知及躯体方面的问题。该因子中有几个项目包括了死亡、自杀等概念。

(5)焦虑(anxiety)　包括2、17、23、33、39、57、72、78、80和86，共10个项目。它包括一些通常在临床上明显与焦虑症状相联系的精神症状及体验，一般指那些无法静息、神经过敏、紧张以及由此而产生的躯体症状。那种游离不定的焦虑及惊恐发作是该因子的主要内容，该因子还包括一个反映“解体”的项目。

(6)敌对(hostility)　包括11、24、63、67、74和81，共6项。主要从思维、情感及行为三方面来反映受检者的敌对表现。其项目包括从厌烦、争论、摔物，直至争斗和不可抑制的冲动爆发等各个方面。

(7)恐怖(phobia anxiety)　包括13、25、47、50、70、75和82，共7项。它与传统的恐怖状

态或广场恐怖所反映的内容基本一致。引起恐怖的因素包括出门旅行、空旷场地、人群、公共场合及交通工具等。此外，该因子还有反映社交恐怖的项目。

（8）偏执（paranoid ideation）　包括8、18、48、68、76和83，共6项。偏执是一个十分复杂的概念。该因子只是包括了一些基本内容，主要指思维方面，如投射性思维、敌对、猜疑、关系妄想、被动体验与夸大等。

（9）精神病（psychoticism）　包括7、16、35、62、77、84、85、87、88和90，共10项。其中有幻听、思维播散、被控制感、思维被插入等反映精神分裂样症状的项目。

（10）其他　包括19、44、59、60、64、66及89，共7个项目，主要反映睡眠及饮食情况。

知识链接

全国大学生心理健康日

每年的5月25日是全国大学生心理健康日，取谐音“我爱我”，意在提醒大学生关爱自我心理成长，促进自我身心健康。

它的核心内容是：关爱自我，了解自我，接纳自我，关注自己的心理健康和心灵成长，提高自身心理素质，进而爱别人，爱社会。

大学生处于青年期，这个阶段是人生中最宝贵的黄金时期，同时也是心理发展的关键期。在这个时期，我们可能会面对来自学习、就业、交友等各方面的压力，出现各种各样的心理问题和心理困扰，影响着我们的心理健康和发展。让我们一起从了解心理健康的小知识开始，爱自己从了解自己开始，用信任、友爱、宽容、尊重的态度与人相处，能分享、接受、给予爱和友谊，让自己的大学生活充实快乐。

小案例

2021年6月篮球比赛，作为体委的她给暗恋的男生递水，看到他没接，认为是对方瞧不起自己，觉得自己是因为不可爱而被拒绝的，于是她买了一瓶250毫升的百草枯，准备自杀。9月开学后她仍感觉生活没有希望。2021年9月13日下午1点半，她喝下了百草枯之后给男生发了两条信息，一条是表明心意——我很想你，我无法控制，我是不是有病了？一条是约男生出来，但男生均没有回信息。之后，她给男生打了一个电话，但没说话就挂断了，男生给她回了信息。但最后，她还是因抢救无效死亡。

她的死与她急于求爱、偏激求爱、爱情至上有关，也是由她投射自我与现实自我不一致造成抑郁无法排解而导致的。

第二章

高职学生自我意识的领悟与发展

教学目标

1. 明确自我意识的概念、构成、特性及作用；
2. 了解埃里克森的自我意识发展理论；
3. 掌握高职学生自我意识调节的五种类型；
4. 重点掌握高职学生的自我教育，并付诸实践。

知识导图

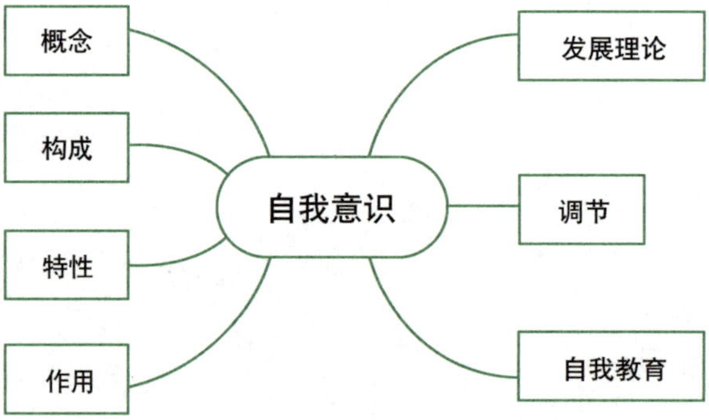

案例导入

白雪是一个聪明、漂亮、能歌善舞，还精通演讲、主持，在各方面都很优秀的女生。父母一直把她捧为掌上明珠，呵护有加。虽然白雪在高考中失利，只进入一所高职院校，但她在学校里充分发挥自身的特长，很快通过参加各项活动脱颖而出，受到老师的肯定、同学的欢迎，同时担任班内、系内、学院的多项职务。老师将她视为不可多得的骨干，很器重她，让她参与多项学生活动的组织管理。慢慢地，白雪越来越自命不凡，与同学之间的矛盾也越来越多，同学们在她眼里不是“太笨”“不会说话”，就是“能力太差”。结果，在年度评选“优秀班干部”全班无记名投票时，她落选了，连同宿舍女生也没有投她的票。她看到结果后哭了，想不明白像她这样优秀的学生干部，整日忙于各项学生工作，为什么没有评上。

于是，她走进了辅导员的办公室，老师通过介绍自我意识相关的知识，对她的平日表现进行了剖析，帮她重新建立自我，完善自我。渐渐地，她和同学们的关系又融洽了，学生干部的各项工作也有了很大的进步！大家都说：“以前那个聪明、漂亮、能力又强的小雪回来了！”

第一节　自我意识认知

古今中外，人们都在提醒“自我意识”的重要性。古人云，人贵有自知之明；春秋末期思想家、哲学家老子的《道德经》中说“知人者智，自知者明；胜人者有力，自胜者强”；法国哲学家笛卡尔曾说过“用心灵的眼睛去注意自身”；古希腊的思想大师也将“认识你自己”五个字镌刻在阿波罗的神庙上警示后人。自我意识，即自己对自己的认识。如何认识自己会影响人的一生，年轻的高职学生千万不要忽视自我认识的重要性。事实上，认识自己并非易事，它是一个非常漫长的过程，更是一个人心理成熟的重要标志。我是谁？我是一个什么样的人？我为什么要活着？生命的意义是什么？我想做什么？我能做什么？我应该做什么？这些问题都和自我意识有关。高职学生正处于人生关键时期，要在学校不断完成学习任务，学会人与人之间的交往，通过对人生的思索、对自己的认识，不断给出上述问题的答案，逐渐认识自己，完善自己，逐渐走向成熟。

一、自我意识的概念

谈到自我意识，人们一般都比较敏感，担心“自我”“我”和“个人主义”的关系太密切。一听到“自我表现”“自我发展”“自我教育”“自我完善”“自我价值”“自我实现”等词汇，就担心是在宣扬“我”，宣扬“个人”，宣扬“个性”，担心与我们社会主义国家倡导的集体主义价值观相悖。其实，这种担心是对“自我意识”这一词汇的误解和偏见。

在心理学领域，自我有两种译法：一是译为 ego；二是译为 self。前者是精神分析理论的核心概念之一；后者则是指个体的反省意识或自我意识(self-consciousness)。西方绝大多数心理学家关于自我的讨论，如詹姆斯(James，1890)、米德(Mead，1934)、罗杰斯(Rogers，1951)、格根(Gergen，1982)等人的观点，都是在 self 的意义上进行的。我国心理学界对于自我的讨论和理解，也是在 self 的意义上进行的，与 self 的意义相似，并普遍认为“自我”和“自我意识”从含义上看是同义的，只是“自我”更加口语化而已。

“自我意识”是心理学和创造领域的一大突破，也是 20 世纪最重要的心理学发现。自我意识是人的意识活动的一种形式，指人对自己的身心活动以及自己同客观世界的关系的意识和觉察。自我意识包括认识自己的生理状况，如自己的身高、体态、相貌是怎样的；也包括了解自己的心理特征，如了解自己的兴趣、爱好、气质、性格、能力等；还包括了解自己与周围环境及他人的关系等，如了解自己与周围人相处的关系以及自己在集体中的位置和作用等。它是左右人们个性和行为的主控因素，是高职院校学生自我教育、自我提高的基础。现在我国正处于百年未有之大变局时期，社会飞速发展，社会现象日新月异。人们的各种价值取向，尤其是传统的集体主义价值取向，正在发生深刻而巨大的变化。因此，研究高职学生自我意识的深层内涵，具有很重要的现实意义。

二、自我意识的构成

自我意识不是一个孤立的心理机能，而是一个多层次、多侧面、多维度的心理系统。依据不同，自我意识的结构也有所不同。

(一)自我意识的构成——依据形式

自我和非我相对，有主体我和客体我之分。主体我即对自己身心活动的觉察者；客体我即被觉察到的自己的身心活动。米德把前者称为“I”，把后者称为“Me”。

在日常生活中，我们经常说：“我认为我是一个性格开朗的人”“我相信我一定能成功”“我感觉我的记忆力越来越差”等。句子开头的“我”，是句子的主语部分，是主体的我，就是英语中主格的“I”，即对自己身心活动的觉察者；句子中后面的“我”，是客体的“我”，也就是英语中宾格的“Me”，即被觉察到的自己的身心活动。因此，自我意识包含“主我”和“客我”两个对立的部分。自我意识是主体的我对客体的我的意识和觉察。从知、情、意三个层面分析，自我意识可以分为自我认识、自我体验和自我调节三个层次(表 2-1)。

(1)自我认识　是自我意识的认知的部分，即主体我对客体我的认知与评价，包括自我感觉、自我观察、自我概念、自我评价等内容。其中，自我评价是其核心的部分，也是自我体验和自我调节的基础。

(2)自我体验　是自我意识中情感的部分，即自己对自己怀有的一种情感体验，也就是主体的我对客体的我所持有的一种态度。自我体验反映了主体我的需要与客体我的现实之间的关系。客体我满足了主体我的要求，就会产生积极肯定的自我体验，否则，就会产生消极否定的自我体验。

(3)自我调节　又称自我控制，是自我意识中意志的部分，即自己对自身行为与思想言语的控制，也就是主体我对客体我的制约作用。

表 2-1　自我意识的构成

自我意识	自我认识	自我感觉	我是怎样一个人
		自我观察	
		自我概念	
		自我评价	
	自我体验	自尊、自信	我对自己是否满意
		自卑、自负	
		内疚、自责	
		自豪感、成功感	
		自我效能感	
	自我调节（自我控制）	自制	我能否节制我自己
		自主、自立	
		自我监督	
		自我控制	
		自我教育	

(二)自我意识的构成——依据观念

从自我观念上看，自我意识可以分为现实自我、理想自我和镜中自我。

(1)现实自我　是个体从自己的立场出发，对现实生活中的自我的认识，也就是对实在自我的认识，涉及的根本问题是“我实际上是个什么样的人”。

(2)理想自我　是个体从自己的立场出发，对将来的我的认识，其涉及的根本问题是“我应该是一个怎样的人”或“我想成为一个什么样的人”。

(3)镜中自我　又称投射自我，是指从别人的眼中映照出的自我形象，也就是个人对别人怎样看待自己的看法，其涉及的根本问题是“别人认为我是个什么样的人”。

大量研究表明，当现实自我和镜中自我统一时，个体会促进自我发展的速度，反之，个体会感到困扰，感觉没有人理解自己，或者试图进行现实自我的改变。

当理想自我建立在个体实际发展情况之上，并且符合社会预期与要求，它就会促进现实自我积极适应，并积极作用于内、外环境，以促使自我意识高速发展。反之，如理想自我、现实自我与社会预期要求三者之间产生矛盾，则会引起个体内心的混乱，更有甚者可能引起可怕的心理疾病。

(三)自我意识的构成——依据内容

从内容上看，自我意识可以分为物质自我、精神自我和社会自我。

(1)物质自我　物质自我中包含着生理的自我，是个体在躯体和物质条件的基础上对自己的认识、体验和调节。物质自我包括对自己的身体、外貌、衣着、风度、家庭、所有物等的认识，并以此为基础产生的自豪感、自卑感，以及为追求自己身体的外表、满足物质欲望、维持家庭利益等而进行的自我调节与控制等。

(2)精神自我　精神自我中包含着心理的自我,也有人称之为灵魂的自我,即个体对自己内在的精神活动和心理特点的认识。例如,对自己的气质、性格、智力、情绪、情感、态度、理想等的认识,并以此为基础产生的自豪感、自卑感,以及为了追求信仰、遵守行为规范、要求发展智慧和能力的自我调节和控制等。

(3)社会自我　是指个体对自己在社会关系、人际关系中的角色的认识。具体包括对自己在团体中的名望、地位、拥有的亲友及经济条件等的认识,并以此为基础产生的自豪感、自卑感,以及为追求名誉地位与他人竞争、争取得到他人好感等而进行的自我调节和控制等。

在现实中,高职学生的自我意识可分为生理自我、心理自我和社会自我三个层次(表 2-2)。

表 2-2　高职学生自我意识的构成

<table>
<tr><td rowspan="13">高职学生的自我意识</td><td rowspan="3">生理自我</td><td>身高</td><td rowspan="3">个人对自己身高、体重、相貌等生理特点的认识、态度和调节</td></tr>
<tr><td>体重</td></tr>
<tr><td>相貌</td></tr>
<tr><td rowspan="4">心理自我</td><td>智力</td><td rowspan="4">个人对自己智力、气质、性格、情绪等心理特点的认识、态度和调节</td></tr>
<tr><td>气质</td></tr>
<tr><td>性格</td></tr>
<tr><td>情绪</td></tr>
<tr><td rowspan="6">社会自我</td><td>班级</td><td rowspan="6">个人对自己在班级中的地位、作用及在社团组织和同伴中情况的看法;个人对自我的道德水平、人际交往行为的评价;个人对自己家庭情况的看法等</td></tr>
<tr><td>社团</td></tr>
<tr><td>同伴</td></tr>
<tr><td>道德</td></tr>
<tr><td>人际行为</td></tr>
<tr><td>家庭</td></tr>
</table>

三、自我意识的特点

自我意识是个体对自己身心状态及对自己同客观世界的关系的意识。自我意识不只是个体对自我的认识与反映,个体发展离不开外界环境,特别是人与人相互关系的影响与制约,因此,自我意识也反映了人与社会现实之间的关系。自我意识具有意识性、社会性、能动性、同一性等特点。

(1)意识性　意识性是指人类个体对自我及自我与周围世界的关系有着清楚、明晰的认识和自觉的态度,而不是无意识或者潜意识。从马克思主义哲学的观点来看,此种自我意识是主体我针对客体我产生的所有主观能动的反映。

(2)社会性　自我意识是个体逐步、长期适应社会的产物。自我意识是在社会实践中产生的,是个体社会化属性的反映。对自我本质的意识,不只是停留在个体的生理特性,而是逐步发展到个体的社会特性。意识到个体的社会分工与社会角色,意识到个体在一定的人际关系与社会关系中的作用和地位,这标志着自我意识已发展成熟。

(3)能动性　自我意识的能动性对个体的发展起到了积极的作用。这不只表现在个体能根据他人态度、社会评价及自己实践经验逐步形成自我意识，而且表现在个体依靠自我意识调节、控制自己的心理和行为，不断完善自我，提高自我意识。

(4)同一性　自我意识的形成不是一朝一夕之事，稳定、成熟的自我意识通常需要 20 多年不同时期的发展，直至青年中后期才逐渐形成。尽管这种自我意识有可能会因个体发展的成败及他人、社会的评价改变而发生一定的变化，但在青年期之后，个体对自我的根本态度和认识保持同一性。这种自我意识的同一性，会使自己和其他人的个性区分开来，保证个体心理面貌表现的前后一致性。

四、自我意识的作用

1. 保持个体行为的一致性

自我意识的统合性使得一个人在一定情景下的行为，并不单由当时的情景所决定，而一个人处在不同的情景下，又总能保持其行为的一贯性特征，避免发生前后不一致的情景。因此，自我意识具有保持个体行为前后一致的功能。其中，个人怎样理解自己，是内在一致性的关键部分。因为，一个人具有按照与自己对自己的看法相一致的方式行动的需要。例如，一个长期以来一直认为自己是“好学生”的学生，就可能会一贯地自觉不自觉地按照好学生的标准来严格要求自己；而一个长期以来一向认为自己是“差等生”的学生，就可能会一贯地有意无意地放松对自己的要求。

2. 影响个体对事物的看法

对同样一件事情，不同的人会做出不同的解释，这与个人的自我意识有很大的关系。一般地说，对同样一件事情，具有积极的自我意识的个体，倾向于做出积极的分析和解释；具有消极的自我意识的个体，倾向于做出消极的分析和解释。正所谓，雨过天晴之后，从同一个窗口望去，有人看到的是绚丽的彩虹，有人看到的是满目疮痍的泥泞。

3. 影响个体的期望水平

几乎每个在校的高职学生都会对自己的学习生活和未来的发展有一个预期的目标，而每个人的预期目标又很可能不一样，有高有低，有远有近。我们可以将这些预期目标称为期望水平。也就是说，每一个学生个体的期望水平都可能不同。心理学的研究表明：学生个体学习成绩的高低，在一定程度上与学生本人的期望水平有很大的关系，个体的学习成绩是其自我期待的结果，而学生自我期待的水平与学生的自我意识是一致的。心理学上将自我意识对期望水平的这种作用称为自证预言，简单解释就是人会不自觉地按自己内心的期望来行事，最终令自己当初的预言发生。

第二节　自我意识的发展

个体的自我意识不是与生俱来的，而是在与周围环境长期相互作用的过程中逐渐形成和发展起来的。自我意识的发生和形成有着不同的确定指标，新精神分析理论的代表人物埃里克森关于人格形成与开发的理论，实质上就是自我意识形成与发展的理论。

一、埃里克森的自我发展理论

埃里克森的自我发展理论中涉及的诸如“自主感”“羞耻感”“主动感”“内疚感”等概念，都是个体自我意识的重要内容。埃里克森把个体自我意识的形成与发展划分为8个相互联系的阶段。

1. 第一阶段：婴儿期（0～1.5岁）获得基本信任感而克服基本不信任感

0～1.5岁是婴儿期。这是获得基本信任感而克服基本不信任感的阶段。所谓基本信任，就是婴儿的需要与外界对他需要的满足保持一致。这一阶段婴儿感到所处的环境是个安全的地方，周围的人是可以信任的，由此就会扩展为对一般人的信任。

婴儿如果得不到周围人们的关心与照顾，他就会对外界环境特别是对周围的人产生害怕与怀疑的心理，影响到下一阶段的顺利发展。

2. 第二阶段：儿童早期（1.5～3岁）获得自主感而避免疑惑感与羞耻感

1.5～3岁是儿童早期。这是获得自主感而避免疑惑感与羞耻感的阶段。个体在第一阶段处于依赖性较强的状态，什么都由成人照顾。到了第二阶段，儿童开始有了独立自主的要求，如想要自己穿衣、吃饭、走路、拿玩具等，他们开始去探索周围的世界。这时候，如果父母及其他照顾他们的成年人，允许他们独立地去干一些力所能及的事情，并且表扬他们完成的工作，就能够培养他们的意志力，使他们获得一种自主感，能够自己控制自己。相反，如果成年人过分爱护他们，处处包办代替，什么也不需要他们动手，或过分严厉，这也不准那也不许，稍有差错就粗暴地斥责，甚至打骂，使孩子一直遭遇许多失败的体验，他就会产生自我怀疑与羞耻之感。

3. 第三阶段：学前期（3～6岁）获得主动感而克服内疚感

3～6岁是学前期，或称游戏期。这是获得主动感而克服内疚感的阶段。个体在此阶段的肌肉运动与语言能力发展很快，能参加跑、跳、骑小车等运动，能说一些连贯的话，还能把自己的活动扩展到超出家庭的范围。除了模仿行为外，个体对周围的环境充满了好奇心，知道了自己的性别，也知道了动物的公与母，常常就此问这问那，提出问题。

这时候，如果成年人对于孩子的好奇心以及探索行为不横加阻挠，让他们有更多的机会去自由参加各种活动，并耐心地解答他们提出的各种问题，而不是嘲笑、禁止，更不是指责，那么，孩子的主动性就会得到进一步发展，表现出很大的积极性与进取心。反之，如果父母对儿童采取否定与压制的态度，就会使他们认为自己的游戏是不好的，自己提出的问题是笨拙的，自己在父母面前是讨厌的，进而产生内疚感与失败感，这种内疚感与失败感还会影响下一阶段的发展。

4. 第四阶段：学龄期（6～12岁）获得勤奋感而避免自卑感

6～12岁是学龄期。这是获得勤奋感避免自卑感的阶段。在此阶段，儿童的智力得到不断发展，特别是逻辑思维能力发展迅速，他们提出的问题很广泛，而且有一定的深度。他们的能力也日益进步，参加的活动已经扩展到学校以外的社会。该阶段，对他们影响最大的已经不是父母，而是同伴或邻居，尤其是学校中的教师。他们也很关心物品的构造、用途及性质，好奇心特别强，对于工具技术也很感兴趣。

埃里克森劝告家长和教师，不要轻视甚至责怪孩子的勤奋行为，否则孩子会形成自卑感，认为自己不如别人，“一个人感到无价值的倾向不断增强，可以成为性格发展的致命因素”。教师和家长应该鼓励孩子努力获得成功，让孩子在完成任务的过程中体验到快乐，还要鼓励他们努力与周围的人发生联系，主动进行社会交往，要让他们相信自己是有能力的，是聪明的，可以把事情做得很好。

总之，儿童学习成绩的领先，教师和同伴的认可、赞赏和接纳，可使儿童产生勤奋感、成功感和自尊感。反之，如果儿童缺乏主动性又没有努力掌握知识技能，成绩落后，不符合父母和教师的期望，就会对自己感到失望，体验到不胜任感和自卑感。

5. 第五阶段：青年期（12～18岁）获得统一性而克服同一性混乱

12～18岁是青年期。这一阶段的核心问题是自我意识的确定和自我角色的形成，发展的任务是建立自我统一性（或称同一感）和克服同一性混乱。

“同一性”这一概念是埃里克森自我发展理论中一个非常重要的组成部分，具有非常广泛的含义。它可以理解为社会与个人的统一，个体的主我与客我的统一，个体的历史性任务的认识与其主观愿望的统一；也可理解为在任何情况下都能够全面认识到意识和行动的主体是自己，或者说在任何情况下，都能够抓住自己，能成为“真正的自我”，或能把握住“核心的自我”。

青年期的自我同一性必须在以下7个方面取得整合，才能使人格得到健全发展：①时间前景对时间混乱（如急躁、拖拉）；②自我肯定对冷漠无情（如缺乏信心）；③角色实验对消极同一性（如不能认识自己，或出现一种超人感）；④成就感预期对工作瘫痪（如对成就不抱希望）；⑤性别同一性对性别混乱（如疏远异性或性生活随便）；⑥领导的极权化对权威混乱（如盲目反上或盲目服从）；⑦思想的极端化对观念混乱（如找不到文化、哲学方面的真正意义，即我们通常所讲的信仰危机）。

同一性形成的过程，大部分是在潜意识下发生的。上述7个方面要完成整合，对于青年人来说，绝不是一件轻松的事情。因此他们常常会感到要做出的决断太多、太快，会感到自己无力承担持久的义务，而且每一个决断的做出都要付出相应的代价。因此，他们需要一个合理的延缓期，在延缓期内，青年人可以通过学习、接受各种教育，为最终能够服务于社会和职业做必要的准备。

6. 第六阶段:成人早期(18～25 岁)获得亲密感而避免孤独感

18～25 岁是成人早期。该阶段是建立家庭生活的时期,是获得亲密感而避免孤独感的阶段。

经过了第五阶段自我同一性的形成,青年男女已经具备了一定的独立能力,并自愿准备分担相互信任、工作调节、生儿育女和文化娱乐等生活,以期待充分而满意地进入社会。此阶段,青年男女需要在巩固自我同一性的基础上获得"共享的同一性",才能产生美满的婚姻而感受亲密感。如果一个青年人未能确保自己的自我同一性,他或她就无法与他人体会到真正的共享。例如:一个青年人过于注重自己的男子汉气魄,过于注重自己的一举手一投足,他就很难专注而温柔地对待自己的爱人,难以达到真正的感情共鸣。过分自我专注的结果是导致孤独感。

埃里克森认为,有些青年人在建立自我同一性之前就结了婚,本意是想在婚姻生活中发现自己,但事实上,他们很少能达到目的,"一个人在身心都处于正常状态以前,是不能期望与他人亲密地共同生活的"。真正的亲密性意味着两个人都愿意共享和相互调节他们生活中的重要的方方面面。

7. 第七阶段:成人中期(25～50 岁)获得创造力感而防止"自我专注"

25～50 岁是成人中期,即中年期与壮年期。该时期是成家立业的时期,是获得创造力感而防止"自我专注"的阶段。这一阶段有两种发展的可能:一种是向积极的方向发展,个人除了关怀家庭成员以外,还会扩展到关心社会上其他人,关心下一代的幸福,他们在工作上勇于创造,追求事业上的成功,而不是仅仅满足于个人的需要;另一种可能性是向消极的方向发展,即"自我关注",就是只顾自己和家人的幸福,不顾他人的困难和痛苦,即使有创造,也完全是为了自己的目的。

8. 第八阶段:成人后期(50 岁以后)获得完美感而避免失望感

50 岁以后是成人成期,即老年期,亦即成熟期。这是获得完美感而避免失望感的阶段。埃里克森认为,如果前面 7 个阶段积极的成分多于消极的成分,就会在老年期汇集成完美感,回顾一生感觉自己的一生过得非常有意义,很有价值。反之,则会产生失望感,感觉自己的一生错过了很多机会,想要重新开始却为时已晚,于是就产生了一种失望或绝望的感觉,精神萎靡不振,马马虎虎地混日子。该阶段,老年人应该努力对自我进行新的整合,辩证地总结自己的人生,获得一种对生命超然的哲学智慧。

埃里克森在分析自我意识发展每个阶段的特点和任务时,也提出了一些积极的建议。例如,他认为,儿童应该建立基本的信任感,但一个人不应该对任何人都信任,不信任感也有其作用,可以帮助人们对外界的危险有必要的心理准备。在人际关系中,信任感与不信任感应有一定的比例,信任感应该多于不信任感,以有利于心理的发展。又如,自主感的形成对儿童是很重要的,但儿童的自主感也不能无限制地发展,也必须有一定的怀疑感与羞耻感,如果过分相信自己,就会变得独断专行,难以适应社会准则。当然自主感应该多于怀疑感与羞耻感。儿童的勤奋感中也应该有一点失败的体验,这样有利于他们提高适应挫折的能力,但也不应一味地让儿童体验失败,因为经常失败又会使人产生自卑感。

埃里克森关于自我意识发展 8 个阶段的论述,是他本人临床经验的总结,尚缺乏严格的科学事实作为依据。但与弗洛伊德强调本能的生物学观点相比，他侧重强调社会文化因素在自我意识形成和发展中的作用，有相对的合理性，在西方心理学界也有相当大的影响，对于我们研究高职学生自我意识的形成和发展具有很好的借鉴作用与价值。

二、高职学生的自我意识调节

由于个体的情况不同，自我的再调整和同一可能是积极的，也可能是消极的，表现为以下五种不同的类型。

1. 自我肯定型

自我肯定型是自我意识在同一过程中积极的类型。其特点是正确的理想自我和进步的现实自我通过积极的矛盾和斗争达到了新的对立统一，在自己的内心深处，充满了乐观和自信，自我意识总体上呈现出积极进取、奋发向上的态势。

2. 自我矛盾型

自我矛盾型是自我意识在同一过程中比较困难的类型。其特点是高职学生内心深处理想自我和现实自我的矛盾冲突的强度大、持续时间长，新的自我久久不能确立，积极的自我难以产生，自我调节缺乏稳定性和确定性。

3. 自我否定型

自我否定型是自我意识在同一过程中一种消极的类型。其特点是对现实自我评价过低，理想自我和现实自我的差距过大，心理上常处于一种不平衡的消极防卫状态。为了缓解理想自我和现实自我的矛盾，有的人一定程度上采取放弃理想自我的方式，常常用自我安慰的方式来原谅现实的自己；也有的人心情沮丧，放弃发自内心需求的理想自我，不求进取，自我意识的发展处于一种消极应付的状态。

4. 自我扩张型

自我扩张型也是自我意识在同一过程中一种消极的类型，并带有一定的危害性。其特点是对现实的自我评价过高，虚假的理想自我占优势，典型者的自我常表现为白日做梦，在自吹自擂、虚幻之中度日。这种类型的人极少，但严重者可能会违法犯罪。

5. 自我萎缩型

自我萎缩型是自我意识在同一过程中带有危害性的一种消极类型。其特点是理想自我极度缺乏或丧失，对现实自我又深感不满，自卑心理非常严重以至于产生自我拒绝的心理，甚至产生理想自我和现实自我之间的对抗。这种类型的人也是极少数，但严重者可以导致精神分裂或因绝望而轻生。

高职学生的自我意识已经初步形成，已经具备了自我认识、自我分析和自我评价的能力。在社会化和自我意识再同一的过程中，高职学生不仅是教育的客体，也是教育的主体。高职学生有能力进行有效的自我教育。正在成长和发展中的高职学生，积极主动地进行自我教育，是其发展积极的自我观念，形成良好、完善、和谐的个性的必要途径。最佳的自我教育，应以社会发展的必然规律为准绳，正确地认识、对待和改造自我，使自我不断地走向完善和成熟。

第三节　高职学生的自我教育

对于高职学生个体来讲,高职阶段是自我意识发展的关键期,自我意识的培养、自我教育的提高对其个体的成长与发展起着至关重要的作用。处于成人早期的高职学生,自我意识正处于初步形成的时期。旺盛的精力,强烈的求知欲,交往面的扩大,需求的增多,促使高职学生不断地在内心深处对自我进行新的审视和调整,处于观察者地位的理想自我不断分析处于现实状态的现实自我,并力求达到更高层次的自我同一。因此,我们要十分重视高职阶段对个体的自我教育。

一、客观地认识自我

古人云,人贵有自知之明。其中,“贵”字表达了两种含义:其一是说,一个人具有自知之明非常重要;其二是说,个人要具有自知之明也是很困难的一件事情,正所谓“旁观者清,当事者迷”。

认识自我,包括认识自己的身体、相貌等生理方面的特点(生理自我);也包括认识自己的气质、性格、能力、兴趣、爱好、意志、品质等心理方面的特质(心理自我);还包括认识自己在高职学生群体心目中的位置,了解自己在周围人际交往环境中的形象,了解自己的职业理想(社会自我)等。

认识自我可以参考以下的方法。

1. 20 问法

这是帮助你认识自己的一种方法,分两个步骤进行。

步骤一,问你自己 20 次:我是谁?请你把头脑里浮现出来的答案一一写出来。例如:我是××(姓名),我是××学校的学生,等等。由于这是自我分析的材料,可以不给别人看,想到什么就回答什么,不要有什么顾虑。回答每次提问的时间为 20 秒,如果写不出来,可以略去,继续往下写。

步骤二,对自己的答案进行分析,分析的内容包括以下几个方面:

(1)答案的数量和质量。即一共写出几个答案,答案中哪些方面的内容为多。如果能写出 9～10 个答案,则大体上可以认为没有特别的障碍。如果只能写出 7 个或更少的答案,则可以认为是过分压抑自己。回答时,会以感到无聊、感到害羞、时间不够等为借口,不能回答更多的问题。

(2)回答内容的表现方式。有三种情况:符合客观的情况,如“我是大女儿”“我是小学生”等;主观解释的情况,如“我是老实人”“我胆小”等;中性的情况,即谁都不能做出判断的情况。

如果主观评价和客观评价都有，可以认为取得平衡；如果倾向于主观或客观，则不能取得平衡。在主观评价中，最好是既说到自己好的一面（令人满意的特征），也说到自己的不足之处（不令人满意的特征）。如果只做好的评价，会使人觉得是自满；只做不好的评价，又令人感到没有信心。

(3)回答的内容是否涉及自己的未来。哪怕只有一个答案涉及未来（如“我是未来的高职学生”），也说明自己有理想、有抱负，生活中生机勃勃，能量满满。若没有一个涉及未来的答案，则可能反映出自己对未来没有要求、缺欠考虑。

2. 敏感性训练法

敏感性训练法是借助于群体的力量来认识自我，这种训练需要在指导者的帮助下进行。敏感性训练又称为感受性训练，从自我认识的角度看，是在如下的假设和理论的基础上形成的（表 2-3）。

表 2-3 自我意识的 4 种情况

		自己本身	
		发觉	未发觉
别人的观察	发觉	A	C
	未发觉	B	D

A 部表示自己所发觉的以及由于自己的表现别人也发觉的部分，也就是自己和别人对自己本身看法一致的部分（I 和 Me）。A 部占的面积大，则表示一个人的自我是健康的、自由的，也是能够积极向上的。B 部是自己虽已发觉但别人尚未发觉的部分，应尽可能把它表现出来。C 部是别人发觉而自己未发觉的部分（如虚荣心、自卑感等），在感受性训练中由别人指出来。D 部是自己和别人都未发觉的部分。

高职学生在指导者的帮助下，积极参加敏感性训练，可以帮助自己更好地认识自我，形成正确的自我意识。

二、正确地对待自我

正确地对待自我主要包括如下几个方面：

1. 接受自我、悦纳自我

接受自我就是要面对现实，接受现实的自己，包括自己的体态、相貌、家庭背景、就读的学校等。不要总是嫌自己长得丑、衣着不入时、家境贫寒、学校的牌子不够理想等。悦纳自己就是要在接受自我的基础上喜欢自我，要相信天生我才必有用，觉得自己有独一无二的价值，只要正直做人，尽心尽力，就可以自豪为人，充满了愉悦感和满足感。

2. 理智而冷静地对待自我

理智而冷静地对待自我，就是要求高职学生能够用全面、发展的眼光来分析自我，平静、理智地看待自己的长处和短处，辩证地看待生活中的矛盾，冷静地对待自己的得与失。胜不骄，败不馁，宠辱不惊。既不以虚幻的自我补偿内心的空虚，也不以消极回避的态度漠视现实，更不以无休止的怨恨、自责以至厌恶来拒绝自己。

3. 积极而乐观地对待自我

积极而乐观地对待自我，就是要求高职学生要树立远大的理想和志向，培养自己开朗的性格和乐观的生活态度，在困难面前不低头，对未来充满美好的憧憬。要相信道路是曲折的，前途是光明的。要不断地对自己说："我是一个好学生！""我行！""我一定可以做得更好！"

三、有效地调节和控制自我

有效地调节和控制自我，是健全自我意识，完善自我概念的重要途径。高职学生应怎样对自我进行有效的调节和控制呢？

1. 确立合理的学习与发展目标

大学时期正是青年人富有理想的时期，几乎每一个高职学生都会为自己编织一个理想的梦，这个理想的梦实际上就是对自己理想自我的设计和展望。在设计理想自我的时候，高职学生应注意面对现实，不要把目标定得太高，要"跳而可得"。同时，还应注意要将远大理想分解成一个个具体的"远近高低各不同"的子目标，每一个子目标也要恰当、合理，经过努力可以达到，否则容易丧失信心。

2. 培养顽强的意志和坚强的品格

高职学生培养自我意识的真正目的，是为了正确地认识自我，为了更好地改造自我，战胜自我，超越自我，从而不断地创新自我，使自我达到一个新的更高的水平。其中，培养顽强的意志和坚强的品格是非常重要的。有很多高职学生改不掉旧我，创造不了新我的主要原因，不是没有认识问题，而是意志不够。目标很明确，计划也很科学，就是不落实、不执行、不坚持，在原地踏步，一切都等于零。现在有不少高职学生，从小到大一直是在父母和老师的精心呵护下长大，没有吃过苦，也缺少应对困难和挫折的锻炼和考验，不知道或不懂得节制自己以及如何节制。他们习惯于我行我素，为所欲为，要求别人服从自己，而不允许别人限制自己，更缺乏自我控制和调节的能力。这对于改造和摒弃自我的不良方面，培养良好的个性品质是非常不利的。

因此，高职学生对自我进行有效的调节，还必须注意培养自己顽强的意志品质和坚强的品格。一旦有了正确的自我认识及科学的自我发展目标和计划，就要持之以恒，坚持到底。

3. 培养健康的自尊心和自信心

培养健康的自尊心和自信心，对于正在成长中的高职学生非常重要。自尊心是自我意识的一个重要组成部分。自尊心就是尊重自己的人格和荣誉，不向别人卑躬屈膝，不容别人歧视侮辱，是维护自我尊严的自我情感体验。所谓健康的自尊心，就是要自尊但不要虚荣，不要追求那些表面的风光和虚华，要脚踏实地地追求真才实学。

自尊与自卑特性分析如下（表 2-4）：

表 2-4　自尊与自卑特性分析

自　尊	自　卑
1.喜欢自己,正确评价自己	1.自暴自弃,通过迎合他人来获得他人对自己的肯定
2.喜欢被人喜欢的感觉。但如果他人不喜欢自己也无所谓,他们深知希望每个人都喜欢自己是不现实的	2.需要被人喜欢
3.有积极的心中私语	3.有消极的心中私语
4.接受自我	4.嫌弃自己
5.相信自己	5.否定自己
6.如犯了错,不会苛求自己,只就事论事	6.犯了错便“痛打”自己,批评自我本身
7.能坦然接受批评	7.被批评摧毁,因为这进一步让他们坚信自己无用、无望、愚蠢、浅薄
8.注意力集中是他们的强项	8.注意力集中是他们的弱项
9.很果断,支持自己	9.处于被动地位,让自己“踩在他人脚下”,或攻击他人
10.是独立的人	10.是依赖他人的人

所谓健康的自信心,是对自己力量的正确估计,从而对自己产生的一种信心,它也是自我意识的重要组成部分。自信心是一个人成长和成才的过程中不可缺少的一种重要的心理品质。“自信心对一个人一生的发展所起的作用,无论在智力上还是在体力上或是处世能力上,都具有基石性的作用。一个缺乏自信心的人,便缺乏在各种能力发展上的主动积极性,而主动积极性对刺激人的各种感观与功能及其综合能力的发挥起着决定性的作用。”要成为一个合格的新时代的高职学生,都应该认识到这一点,尤其是在遇到困难和挫折时,一定不要丧失信心。

当然,我们还必须懂得:一个人的自尊心和自信心不是在封闭的自我意识的冥思苦想中自然而然形成的,而是在与人交往的过程中“以人为镜”形成的。他人眼中反映了当时社会规定的角色要求和团体的价值体系,从他人对自己的态度中,可以验证自己的行为方式和品质是否能得到社会的肯定,并逐渐内化为自我评价的内在依据。所以,要培养健康的自尊心和自信心,高职学生应自觉打破自我封闭的状态,换句话说:“要主动把心儿打开,让阳光进来。”主动与人交往,主动投入丰富多彩的校园文化生活中去,主动参加各种社会实践活动,在实践活动的锻炼中培养自己健康的自尊心和自信心。

四、自觉地走向成熟和完善的大我

高职学生成为自己的过程,是高职学生自我同一的过程,也是高职学生自我不断更新、不断完善的过程,更是高职学生从个体的“小我”不断地走向社会的“大我”的过程。每一个新时代的高职学生都应该明确这一点,努力自觉地将“小我”和“大我”统一起来。既立足于自我,又不封闭自我,既要有自己的主体意识,又要尊重别人的主体地位;既要实现自我价值,又要鼓励和帮助他人实现自我价值,还要和众人共同实现社会价值。总之,完善是一个过程,是一种蜕变,更是一种境界。当代的高职学生必须能够坚持正确的方向,积极投身于现实的社会实践之中，主动地去学习、实践、交往、创造，并在实际生活中不断地反思。这样，才能够不断地进步，才能够促使自己学会辩证地认识社会，全面地认识自我，更好地把握自我，不断地超越自我，逐步走向完善和成熟。

思考与练习

1. 什么是自我意识？自我意识的特性及作用是什么？
2. 自我意识的构成有哪些？
3. 高职学生自我意识调节的类型有哪些？
4. 高职学生自我教育的方法有哪些？
5. 阅读案例，回答问题：

小李，男，某高职院校一年级学生。因为自己1.65米的身高，他总感到矮人一头，总是无精打采的样子。再加上同学中盛传“男生1.70米以下属于三等残废”，让他更觉得抬不起头，自信全无。他内心也非常羡慕那些高大威猛的男生，希望自己能长得高一点，为此，他偷偷地吃过增高药，用过增高鞋，但依然没有出现他希望的结果。因此，他十分苦恼，甚至影响了学习。

问：你能用学过的自我意识的理论帮助他吗？应该怎么做？

心理测验

并自我认识20问

请先问你自己20次：我是谁？并以“我是……”开头完成20个句子，记录在下面：

1. ______________________
2. ______________________
3. ______________________
4. ______________________
5. ______________________
6. ______________________
7. ______________________
8. ______________________
9. ______________________
10. ______________________
11. ______________________
12. ______________________
13. ______________________

14. ____________________

15. ____________________

16. ____________________

17. ____________________

18. ____________________

19. ____________________

20. ____________________

完成之后，用自我评分表(表2-5)中的7个标准来判断自我认识是否清晰。例如，这样一个句子："我是一个漂亮的女生。"这个句子中的"漂亮的"符合标准1中的"外表"特征，就在"外表"这一栏中加1分。此外，这句话中的"女生"符合标准2中的"共性"特征，此项也加1分。评分举例见表2-6。20个句子都评定完以后，在评分表中算出总分。如果左列总分高，表示个体自我意识不清晰、不稳定；右列高则相反。

表2-5 自我评分表

标准	左列	得分	右列	得分
1	外表		内在	
2	共性		个性	
3	抽象		具体	
4	消极		积极	
5	虚幻		现实	
6	未来		现在	
7	矛盾		肯定	
	总分		总分	

表2-6 评分举例

标准	左列	举例	右列	举例
1	外表	我是一个矮个子	内在	我是热爱足球运动的人
2	共性	我是北方人	个性	我是性格细腻敏感的人
3	抽象	我是好人，我是天才	具体	我是乐于助人的人
4	消极	我是没脑子的人	积极	我是组织能力很强的学生
5	虚幻	我是奥特曼，我是神	现实	我是奥特曼的超级粉丝
6	未来	我是科学家	现在	我是某某社团的负责人
7	矛盾	前后表达有出入	肯定	前后表达没有出入

知识链接

自我激励的8种方法：

1. 把握好情绪　2. 加强紧迫感　3. 做好调整计划　4. 直面困难
5. 立足现在　6. 敢于竞争　7. 内省　8. 重视今天

小案例

一个高职二年级女生小艺，3月份来做心理咨询。她说自己很纠结，既想努力复习准备专升本，又想争取考过英语四级，但犹豫不决，不知道如何选择。心理咨询老师说不管选哪一个都是很有意义的，关键在于果断决策。小艺说要先努力专升本。5月份她再次来做咨询时，说还是一直很纠结，以至于自己无心全力复习准备，专升本考试确定没希望后，决定用心攻克英语四级。6月份来咨询时，她说因为总想着期末考试，英语基本没复习，肯定不可能通过，她很痛苦，自己错过了所有机会。心理咨询老师告诉她，你失去的只是自己未曾努力的，并不意味着所有，争取把期末考试考好。她表示赞同。结果考试后，她又一脸沮丧地说期末考试“挂”了两科。原因是她一直没有行动起来，想很多，但做得很少，自己潜不下心来专心做事。

这是一个典型的自我控制能力较差的例子，一般而言，大学生自我控制的独立性和自觉性是明显增强的，自我控制的水平是显著提高的。案例中的小艺有满满的想法与追求，却始终没有付出行动，最后只能以失败告终。她对自己的行为不能进行有效控制，最终致使自信心降低，学习效果低下。高职学生应学会对自己一定阶段内想完成的事情进行合理有效的规划，有计划、有重点、有目的地逐个完成。

第三章

高职学生气质、性格的自我识别

教学目标

1. 熟悉气质的定义、类型和生理基础；
2. 了解高职学生气质的特点和扬长避短之处；
3. 掌握性格的定义、特性、表现、类型、形成和改变；
4. 掌握性格与气质的区别和联系。

知识导图

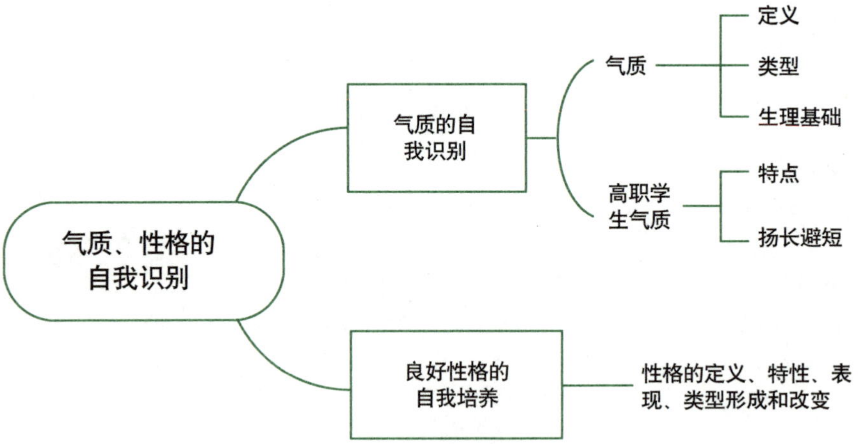

案例导入

小明从小就在良好的环境中长大，过着衣食无忧的生活。小明的父母都是高中老师，工作比较忙，就把他送到乡下的爷爷奶奶家抚养。虽然在乡下条件比不上城里，但只要他要什么，爷爷奶奶总能满足他。父母也定期来看他，而且每次来总能拿上很多好吃、好玩的东西和好看的衣服，还给他不少的零花钱。因此当时在乡下的很多小孩眼里，小明是最幸福的，小伙伴们都很羡慕他，这样的生活一直持续到他走进了大学。

刚进大学时，对于小明来说一切都是陌生的，离开了父母的呵护，他有些迷茫了。小明参加了学校和系里的各类学生干部、干事的竞选，结果都失败了。长这么大，第一次体会到如此"沉重"的打击，一向好胜的他陷入了自我否定的"泥潭"。也是因为这种争强好胜的性格，他在寝室里好与人争执，又很少忍让。一段时间之后，寝室的同学都不敢"惹"他了。他的人际关系也开始出现了危机，他总怀疑别人在背后议论他，对每个室友都充满了敌意。每次看到别人高兴地在一起玩或学习时，他内心充满了孤独感。

雪上加霜的是，爱情也对小明的心理产生了影响。一天中午小明在睡觉，手机突然响了，他打开一看是女朋友的短信，上面写着"小明，我们分手吧！"几个醒目的大字顿时充斥了他的心，脑子嗡嗡作响。他回过电话去，得到的仍然是同样的结果。躺在床上，他越想越觉得委屈："女朋友怎么能这样对我呢？"他想到了死，于是就跑了几家药店，终于买到了20多片安眠药。回到寝室后，他一口气把安眠药吃下去，躺在床上睡了过去。后来多亏室友的及时发现，他被送到医院抢救才脱离了危险。

想一想

1. 小明的气质特点和类型是什么？
2. 从小到大，小明的性格发生了哪些改变？
3. 小明的气质和性格之间有什么区别和联系？

高职学生要培养良好的心理品质，必须要学习一些相关的心理学知识，并在此基础上对自己的心理特点有一个正确的认识。下面就让我们从认识自己的气质和性格的特点开始吧。

第一节　高职学生气质的自我识别

平时，大家在评论一个人时经常说："这个人气质真好，风度翩翩、潇洒倜傥。"这里所说的气质，其实更多的是指这个人的风度、举止、外貌、修养等。而心理学上所讲的气质，是有特定含义的，相当于日常生活中人们所说的脾气、秉性、本性等。

一、气质的定义

气质反映的是人们心理活动动力方面的特征，是指人的心理过程的强度、速度、稳定性、灵活性等方面的特点。

心理过程的强度，是指情绪和意志力的强度。如有的人情绪强度大，性急，稍有冒犯便暴跳如雷、大喊大叫；有的人情绪强度小，性子慢，遇事不急不慌。有的人意志坚强，百折不挠，愈挫愈强；有的人意志薄弱，一次考试失败就一蹶不振，甚至离家出走，更极端的还会选择轻生。

心理过程的速度，是指知觉的速度，也就是我们经常说的“反应的快慢”。

心理过程的稳定性，是指注意力集中时间的长短。有的人能很持久地关注一件事情；有的人则兴趣不稳定，经常转移。

心理过程的灵活性，是指思维的灵活性。有的人能举一反三、立体思维、辩证思维、变通思维；有的人则认死理，直线思维，保守僵硬。

二、气质的类型

气质可以大致分成四种类型，每种类型都有比较典型的特征。

1. 胆汁质

胆汁质类型的人被称为性情急躁之人。其特点是精力充沛，情绪发生快而强，言语快而难以自制，热情、直爽、胆大、易怒、急躁，具有外倾性。

2. 多血质

多血质类型的人被称为活泼好动之人。其特点是活泼好动、敏感，情绪发生快而多变，注意兴趣容易转移，思维敏捷、乐观、亲切、善于交际，但也表现出轻率、不真挚，具有外倾性。

3. 黏液质

黏液质类型的人被称为安静沉稳之人。其特点是安静、沉稳、情绪发生慢，语言动作比较迟缓，稳重、坚韧，但执拗、淡漠。

4. 抑郁质

抑郁质类型的人被称为性情孤僻之人。其特点是孤僻、情绪发生慢而强，言语行动迟缓无力，胆小，善于细心察觉别人不易察觉的事物和人际关系。

知识拓展

四种气质类型的由来

气质是一个古老的概念。早在公元前 5 世纪，古希腊医生希波克拉特（Hippocrates）假设人体内有四种体液：血液、黄胆汁、黏液和黑胆汁。人体的液体就是这四种体液按一定比例组合而成的混合液。他将这种混合液称为克拉西斯(crasis),译成现代汉语就是气质。

由于这四种体液在人体内的比例是不同的,人的气质就分为四大类:多血质——人体内的血液占优势;胆汁质——人体内的黄胆汁占优势;黏液质——人体内的黏液占优势;抑郁质——人体内的黑胆汁占优势。

当然,希波克拉特的说法是不科学的,但人们在日常生活中确实能看到这四种类型的人的典型表现。因此,他所使用的四种气质类型的名称也就流传至今,为众多学者所采用。

在现实生活中,一个人往往同时具有不同气质类型的特点,如并不一定是典型的胆汁质或典型的多血质,可能是胆汁质和多血质的混合,也可能是多血质和黏液质的混合。所以,这四种气质类型的分类仅仅是一种理论抽象,在现实生活中,更多的人还是属于混合型。

三、气质的生理基础

现代心理学研究认为,气质与人的高级神经活动的类型密切相关,或者可以说,人的大脑神经活动的类型是气质的生理基础。

关于这一机制,最早是由俄国的生理学家巴甫洛夫揭示的。巴甫洛夫在对高级动物的条件反射的实验研究中,发现了大脑皮层神经活动过程的三种基本特性,即强度、平衡性和灵活性。

1. 强度

强度即大脑神经活动过程的工作能力,指的是大脑兴奋和抑制过程的强度。

大脑皮层神经细胞有两种工作状态,一种叫作兴奋状态,一种叫作抑制状态。一般情况下,兴奋状态与外界刺激物的强度是相适应的,即强刺激引起强兴奋,弱刺激引起弱兴奋。但当刺激物过强时,并不是每一个有机体都能发生相应强度的兴奋反应。

(1)强型的人,对很强的刺激仍能做出反应,耐受性高。如景阳冈上的武松,面对猛虎仍能做出反应;关云长虽利刃刮骨,也仍能与人对弈,谈笑风生。他们都属于神经类型非常强的人。

(2)弱型的人,在强的刺激下,不仅做不出反应,反而会出现抑制现象,所谓“呆若木鸡”,就是指的这种情况。

2. 平衡性

平衡性即神经活动过程的平衡性,指的是兴奋过程和抑制过程的平衡程度,即兴奋和抑制之间的力量对比关系。如果兴奋和抑制过程二者比例相等,则为平衡;如果一方占优势,则为不平衡。

3. 灵活性

灵活性即神经活动过程的灵活性,指的是兴奋过程和抑制过程的灵活性,即两者相互转化的速度。

人与人神经活动过程的灵活性是不同的,灵活的人可以很快地形成新的条件反射,不灵活的人条件反射的形成和改变都相应地比较慢。巴甫洛夫依据高级神经活动过程三种基本特性不同的结合方式，把动物高级神经的活动分为四种类型，由此可揭示气质的生理机制。

(1)强而不平衡型　兴奋过程强，抑制过程弱，为不可遏制型，属胆汁质。

(2)强且平衡而灵活型　兴奋和抑制过程都很强，平衡且灵活，为活泼型，属多血质。

(3)强且平衡而不灵活型　兴奋和抑制过程强，平衡，但不灵活，为安静型，属黏液质。

(4)弱型　兴奋和抑制过程均很弱，为抑郁型，属抑郁质。

气质是人与生俱来的先天的心理活动动力方面的特征，不是后天形成的。由于气质的作用，每个人的心理活动都带有个人独特的色彩。气质对人的心理活动的影响，不会因活动的性质而变化。例如，一个气质属于胆汁质类型的人，不论他做什么事，都能体现出急躁的特征：走路步伐快，吃饭狼吞虎咽，说话快言快语，作业完成得快但不仔细和圆满，遇到不顺心的事沉不住气、一定要爆发出来，做事不考虑后果等。

四、高职学生气质的特点

人的气质有四种类型，但是有人用气质测量表测过自己的气质之后便会发现，自己的气质似乎哪一种都对不上号。这是因为，除了多血质、胆汁质、黏液质和抑郁质这四种类型之外，很多人是属于复合型气质的类型，如多血-胆汁质型，抑郁-黏液质型等。

那么，高职学生的气质类型又是怎样的呢？有没有什么规律？我国心理学者黄希庭、吴小玲等人对此进行了进一步的研究，现归纳如下。

1. 复合型多于单一型

黄希庭等人用“内田-克列别林精神检查表”对大学生进行气质测定调查，结果表明我国大学生中属于复合型气质类型的人多于单一气质类型的人，前者占65.93%，后者占34.07%。

2. 文理科高职学生气质类型的比较

将文理科高职学生的气质类型进行比较，发现文科高职学生中属于胆汁质、胆汁-黏液质、多血质、多血-黏液质、抑郁-多血质、抑郁-黏液质的人数多于理科学生，其中胆汁-黏液质的人数居多。理科高职学生中属于胆汁-多血质、多血-胆汁质、黏液质、黏液-胆汁质的人数多于文科学生，其中以胆汁-多血质的人数居多。

3. 高职学生男女性别气质类型的差异

我国心理学家吴小玲对大学生气质类型和性别差异进行比较后发现，属于多血质和黏液质气质类型的女生多于男生，属于胆汁质和抑郁质气质类型的男生多于女生。

4. 总体情况

从总体情况看，我国高职学生气质的类型以多血质最多，而抑郁质最少。

五、高职学生气质的扬长避短

由上面的分析我们可以知道，高职学生的气质类型是多种多样的。而且，每一个人的气质都具有极其稳定的特点。

那么，哪一类气质好？哪一类气质差呢？

心理学家们认为四种气质类型各有所长，也各有所短，各种气质类型本身没有优劣之分。

或者说，气质只能做事实判断，不能做价值分析，没有好坏之分，不能做好坏评价。各种气质类型的高职学生都可以成为优秀的高职学生。重要的是各种气质类型的高职学生，都应该清楚自己气质类型的优点、缺点，努力发挥自己气质的优点，弥补自己气质的不足。

例如，胆汁质类型的学生，热情高、待人真诚，但容易急躁，说话有时过于直率，容易在无意之中伤害别人的情感，在学习上接受得快，但有时粗心、马虎。多血质类型的学生，为人随和，善于交往，办事灵活，但耐心不够，在学习上容易不求甚解，学习的兴趣容易转移。黏液质类型的学生，稳重、耐心，但不善言辞，热情不足。抑郁质类型的学生，观察问题仔细，情感体验深刻，但主动性和灵活性均欠缺。

在我国目前高校学生管理的体制之下，一个班级里往往汇集了各种气质类型的高职学生，同学之间应该互相取长补短。如果一个班级里的学生，同是一种气质类型，那么活动也不可能开展得很好。因此，各种气质类型的学生应注意自己气质的不足。胆汁质类型的学生，应注意克服急躁情绪，培养耐心、细心的品质，学会克制和忍耐。多血质类型的学生，应注意克服兴趣容易转移的缺点，努力培养自己的耐力、意志力、坚持性、持久性，还要注意方向性和深刻性。黏液质类型的学生，应注意增强参与活动的主动性、交往和工作的灵活性，并注意锻炼自己的表达能力。抑郁质类型的学生，应注意克服封闭和孤独心理，主动与人交往，培养自己乐观、开朗的性格。

心理测验

气质的测定

测定气质，主要使用气质测量的量表。心理学家制定了许多测定气质的量表，下面介绍的是陈会昌气质量表，测量者可以按表的要求，自行测定自己的气质类型。

气质类型自测量表——陈会昌气质量表

下面60道题可以大致地确定一个人的气质类型。在回答这些问题时，要如实。你认为符合自己情况的记2分，比较符合的记1分，介于符合与不符合之间的记0分，比较不符合的记－1分，完全不符合的记－2分。

（一）气质类型自测量题

1. 做事力求稳妥，不做无把握的事。
2. 遇到可气的事就怒不可遏，想把心里话全说出来才痛快。
3. 宁肯一个人干事，不愿和很多人在一起。
4. 到一个新环境很快就能适应。
5. 厌恶那些强烈的刺激，如尖利噪音、危险镜头等。
6. 和人争吵时，总是先发制人，喜欢挑衅。
7. 喜欢安静的环境。
8. 善于和人交往。
9. 羡慕那种善于克制自己感情的人。
10. 生活有规律，很少违反作息制度。

11. 在多数情况下情绪是乐观的。
12. 碰到陌生人觉得很拘束。
13. 遇到令人气愤的事，能很好地自我克制。
14. 做事总是有旺盛的精力。
15. 遇到问题常常举棋不定，优柔寡断。
16. 在人群中从不觉得过分拘束。
17. 情绪高昂时，觉得干什么都有趣；情绪低落时，又觉得什么都没意思。
18. 当注意力集中于一事时，别的事很难使我分心。
19. 理解问题总比别人快。
20. 碰到危险情境，常有一种极度恐怖感。
21. 对学习、工作、事业怀有很高的热情。
22. 能够长时间做枯燥、单调的工作。
23. 合兴趣的事情干起来劲头十足，否则就不想干。
24. 一点儿小事就能引起情绪波动。
25. 讨厌做那种需要耐心、细致的工作。
26. 与人交往不卑不亢。
27. 喜欢参加热闹的活动。
28. 喜欢看感情细腻、描写人物内心活动的文艺作品。
29. 工作、学习时间长了，常感到厌倦。
30. 不喜欢长时间谈论一个问题，愿意实际动手干。
31. 宁愿理直气壮、侃侃而谈，不愿窃窃私语。
32. 别人说我总是闷闷不乐。
33. 理解问题常比别人慢些。
34. 疲倦时只要短暂地休息就能精神抖擞，重新投入工作。
35. 心里有话宁愿自己想，不愿说出来。
36. 认准一个目标就希望尽快实现，不达目的誓不罢休。
37. 学习、工作同样一段时间后，常比别人更疲倦。
38. 做事有些莽撞，常常不考虑后果。
39. 听别人讲授知识、技术时，总希望他讲得慢一些，多重复几遍。
40. 能够很快忘记那些不愉快的事情。
41. 完成一件工作总比别人花的时间多。
42. 喜欢运动量大的剧烈体育活动，或参加各种文艺活动。
43. 不能很快把注意力从一件事情转移到另一件事情上去。
44. 接受一个任务后，就希望把它迅速完成。
45. 认为墨守成规比冒风险强。
46. 能够同时注意几件事物。
47. 当我烦闷的时候，别人很难使我高兴起来。
48. 爱看情节起伏跌宕、激动人心的小说。
49. 对工作抱认真严谨、始终一贯的态度。

50.和周围人的关系总是相处不好。
51.喜欢复习学过的知识，重复已经掌握的工作。
52.喜欢做变化大、花样多的工作。
53.小时候会背的诗歌，我似乎比别人记得清楚。
54.别人说我“出口伤人”，可我并不觉得这样。
55.在体育活动中，常因反应慢而落后。
56.反应敏捷，头脑机智。
57.喜欢有条理而不麻烦的工作。
58.兴奋的事常使我失眠。
59.老师讲新概念我常常弄不懂，但是弄懂以后就很难忘记。
60.假如工作枯燥无味，马上就会情绪低落。

（二）气质类型自测量计分表（表 3-1）

表 3-1　气质类型自测量计分表

胆汁质	2	6	9	14	17	21	27	31	36	38	42	48	50	54	58	总分
多血质	4	8	11	16	19	23	25	29	34	40	44	46	52	56	60	总分
黏液质	1	7	10	13	18	22	26	30	33	39	43	45	49	55	57	总分
抑郁质	3	5	12	15	20	24	28	32	35	37	41	47	51	53	59	总分

（三）气质类型测量计分方法

1.把每题按“气质类型自测量计分表”题号相加，算出各栏总分。

2.如果某一栏得分超过 20 分，而其他三栏得分较低，则为该栏的典型气质类型。如果某一栏得分在 10～20 分，其他三栏得分较低，则一般认为属于该栏气质类型。如果有两栏得分明显超过另外两栏的得分，且二者分数较接近，则为两种气质混合型。

第二节　高职学生良好性格的自我培养

俗话说，天下没有一个毫无性格特征之人；即使有一个，那么，毫无性格也就成了他的性格特征。

每个人都有自己的性格，有的人喜欢自己的性格，有的人不喜欢自己的性格。那么，性格到底是什么？什么样的性格是受人欢迎的？性格能不能改变？怎样才能形成良好的性格？这就是本节要讨论的问题。

一、性格的概念

(一)性格的定义

性格是一个很复杂的问题,它的心理机制至今也没有被完全搞清楚,好像人人都知道,但又都讲不清楚。性格这个词最早是由著名的古希腊学者提奥夫拉斯塔(Theophtastus)提出来的,其意思是人的特征、标志、属性、特性等。现代心理学家对性格的定义各不相同,有的心理学家认为性格就是人格,也有的心理学家认为性格就是个性。不论是性格、人格还是个性,比较一致的看法是,性格是一个人较稳定的对现实的态度以及与之相应的习惯化了的行为方式。

一个人的性格是日积月累逐渐形成的,一经形成,就比较稳定,改起来很难,但也不是不可改变的。

(二)性格的特性

性格有四个方面的特性:

1. 独立性

每个人的性格都有自己独特的色彩。如同世界上没有两片完全相同的树叶一样,世界上也没有两个性格完全相同的人,甚至同卵双生子,性格也只是相似,不会完全相同。

2. 主体性

性格是一个能动的主体对环境、事态发挥作用,自我是发挥作用的主宰和中心。

3. 变化性

性格虽保持某种程度的恒常性,但也是可以变化的。

4. 间接性

性格不是可以直接看出来的,是通过一个人的言行间接地表现出来的,这也就是通常所说的,性格说起来大家都知道,但又都说不清楚、说不准确的原因。

(三)性格的表现

既然性格是通过一个人的言行间接表现出来的,那么,它是通过哪几个方面的言行表现出来的呢?有以下两种不同的意见。

1. 习惯形成性格

观察一个人的性格主要观察三个方面的习惯,即习惯化了的思维方式、习惯化了的情感态度和习惯化了的行为方式。

(1)习惯化了的思维方式　习惯化了的思维方式,也可以解释为日常的思想方法。性格是由行动反映出来的,人的行动又受什么支配呢?当然是受思想的支配。法国思想家帕斯卡尔曾说过:“人是一根能思想的苇草。”一个人的行动受我们对事物的看法,以及我们的价值观、人生观的支配。例如,有的人习惯于一切以我为中心,也有的人习惯于以大家为中心;有的人总是朝气蓬勃，习惯于乐观地对待生活；也有的人总是萎靡不振，习惯于悲观地分析事物。因此，一个人习惯化了的思维方式可以反映出他的性格。

（2）习惯化了的情感态度　习惯化了的情感态度，也可以称为情感的习性，也就是一个人对人、对事、对己一贯的情感态度。如对人，我们经常这样评价一个人："他对人一贯热情，是个非常热心的人""他待人一贯很冷淡，是个不讨人喜欢的人"等。这反映了一个人的性格或热情，或冷淡的特征。如对事，我们经常这样评价一个人："他无论干什么，都是漫不经心的态度""他无论做什么，都非常仔细、认真"等。这反映了一个人对事或懒散，或认真的性格特征。如对自己，我们也常常这样评价一个人："他这个人太自信了，好像他永远都是对的""他这个人太自卑了，总是不相信自己"等。这反映了一个人或自信，或自卑的性格特征。以上评价都是对一个人的情感习性，即对一个人一贯的对人、对事、对己的情感态度的评价。因此，一个人习惯化了的情感态度也可以从一个侧面反映出他的性格。

（3）习惯化了的行为方式　习惯化了的行为方式主要是指一个人在日常生活习惯中表现出来的言谈举止、礼貌、教养等。下面以一个人的衣、食、住、行为例。在衣方面，有的人穿着习惯于整洁大方，有的人穿着习惯于不修边幅；在食方面，有的人习惯于狼吞虎咽，有的人习惯于细嚼慢咽；在住方面，有的人习惯于讲卫生、衣物勤洗勤换、被单和枕巾等总是干干净净，有的人习惯于不讲卫生、不洗脚、不刷牙、被单和枕巾黑了都不洗；在行方面，有的人走路总是大步流星、快步如风，有的人走路总是慢条斯理、不慌不忙。上述这些都可以从一个侧面反映一个人的性格。

总之，性格可以通过一个人习惯化了的思维方式、习惯化了的情感态度、习惯化了的行为方式等间接地表现出来。

2. 性格由心理特点表现出来

（1）通过态度表现性格　一个人的性格，可以通过一个人对人、对事、对己的态度表现出来。如一个人对班级、对同学、对学校的态度，包括是否善于与人交往、人际关系的亲疏、忠诚或虚伪、同情或冷酷等。又如一个人对待学习、劳动、工作、任务的态度，包括勤劳或懒惰、认真或马虎、细致或粗心、富于首创精神或墨守成规、节约或浪费等。再如一个人对自己的态度，包括是谦虚还是骄傲、是自信还是自卑等。上述这些均可体现一个人的性格。

（2）通过意志表现性格　看一个人的性格，可以通过观察一个人意志的特征。如一个人的行为是否具有独立性、目的性、组织性、纪律性、冲动性、盲目性、散漫性等。又如一个人的工作、学习是否具有主动性、自制力、恒心、坚韧性，对待困难是否镇定、果断、勇敢、顽强等。

（3）通过情绪表现性格　一个人的性格，可以通过情绪表现出来，如情绪被感染和支配的程度、情绪起伏和波动的程度、情绪是否持久或短暂等。

（4）通过认识活动的心理特点表现性格　一个人认识活动的心理特点也可以反映一个人的性格。如注意是否易受环境干扰，观察是否注意细节，思维是善于分析还是善于综合，判断是否敏锐而精细，想象是否丰富，是否善于提出问题等，也可以从一个侧面表现一个人的性格。

（四）性格的类型

性格的分类方法至今尚未统一，流行的方法有下述四种。

1. 按心理过程的优势分

(1)理智型　以理智来衡量一切并支配行动。

(2)情绪型　情绪体验深刻,行为主要受情绪影响。

(3)意志型　有较明显的目标,意志坚强。

(4)理智意志型　有理智型和意志型的特点。

2. 按心理活动的指向性分

(1)内倾型(内向型)　重视主观世界,常沉浸在自我欣赏和幻想之中,仅对自己感兴趣,对别人则冷淡或看不起。

(2)外倾型(外向型)　重视客观世界,对客观的事物及人感兴趣,感情外露。

3. 按个人的独立性分

(1)独立型　独立思考,不易受干扰,临阵不慌。

(2)顺从型　易受暗示,遇事没主意,紧急情况易慌乱。

4. 按人的情绪特征分

(1)A型　情绪特征不安定,社会适应性较差;性格粗暴,脾气急躁;争强好胜,急于求成;群众关系较差,容易和他人发生摩擦;不注意改进自己的缺点。

(2)B型　情绪特征和社会适应性都较平稳,但缺乏主动性;交际能力不强,智能也不发达;精力、体力都很平常;平时既不想做先进,也不甘落后。

(3)C型　情绪特征安定,社会适应性良好;不急不躁,性格温顺、较稳定,不得罪人,有一种"老好人"的味道;较被动,领导能力差。

(4)D型　情绪特征安定,社会适应性强,群众关系好;有工作能力、组织能力;工作认真负责,积极主动,肯动脑筋;能独当一面。

(5)E型　情绪特征不安定,社会适应性差,喜欢独自思考问题,不太与人交往;平时很少出门,有自己的偏好和兴趣;在专业领域和业余爱好方面,有钻研精神,具有一定的修养和专长,但性格较孤僻,清高;常感觉"怀才不遇",对现实某些问题看不惯,又不想去改变。

按人的情绪特征分类,人们认为:A型性格最差,D型性格最好。

二、性格的形成

如前所述,习惯形成性格。那么,具体都有哪些因素影响性格的形成呢?总的说来,主要有如下几个方面的因素,即遗传、环境和主观因素。

(一)遗传因素

遗传因素是性格形成的生理基础。我们平时经常说,"在我们每个人身上,都有父母的影子",就是指遗传的因素。心理学研究性格形成的遗传因素,主要采用双生子研究法,即比较同卵双生子和异卵双生子的性格特征。研究表明,同卵双生子的相关系数显著高于异卵双生子。

(二)环境因素

环境是性格的"加工厂"。环境的影响因素很多,主要指自然环境和社会环境。

1. 自然环境

(1)胎内环境　儿童出生之前的胎内环境也可以说是一种自然环境，包括孕妇的营养、情绪和健康状况等。有心理学家指出：子宫是胎儿最初接触的“世界”，在这个“世界”中的体验，将直接影响胎儿性格的形成。有心理学研究还证明：婚后生活不和睦的夫妻所生的孩子，因恐惧心理而出现神经质者的概率，比婚后生活美满的夫妻所生的孩子高四倍。

(2)地理和气候环境　地理和气候环境对性格的形成也有一定的影响。如北方气候干燥，多平原、山川，长期生活在北方的人一般多具有豪爽、热情、开朗、大方、坚强、勇敢、吃苦耐劳等性格特征。南方气候温和湿润，多河流，山清水秀，长期生活在南方的人一般多具有感情温和、细腻、活泼、灵巧等性格特征。

2. 社会环境

社会环境在性格的形成中起着决定性的作用。社会环境主要包括家庭、学校教育和社会实践。

(1)家庭　家庭是一个人生长的最初环境。父母是孩子的第一任教师。家庭被人称为“制造人类性格的工厂”。家庭的影响主要有亲子关系、家庭结构、家庭气氛和父母榜样等因素。

其中，亲子关系主要是指母子关系和父子关系。亲子关系是儿童最早建立的人际关系，这种关系的好坏，不仅直接影响儿童身心的发展，而且影响儿童成人以后的人际关系。一些研究表明，关心不够和管束过严的亲子关系都影响儿童性格的健康发展。苏联教育家克鲁普斯卡娅指出：父母是天然的教师，他们对儿童，特别是幼儿的影响最大。

母亲在儿童性格的形成和发展中起着重要的作用，是儿童性格健康发展的必要条件。有研究表明，缺乏母爱的儿童往往会形成不合群、孤僻、任性和情绪反应冷漠等不良性格特征。父亲对儿童在性别角色发展上起着重要作用，父亲为男孩提供模仿同化的榜样，为女孩提供与异性成人接触的机会。幼年没有接触过父亲的儿童，在性别的社会化方面往往是不完全的。一般而言，儿童早期受母亲影响较大，少年期受父亲影响较大。无论是缺乏母爱还是缺乏父爱，对孩子性格的发展都是不利的。

家庭结构主要有三种形式：大家庭、核心家庭和破裂家庭。大家庭是指几代同堂的家庭。生活在大家庭中的孩子，性格会受到一定的影响，如存在隔代溺爱或存在教育方法上的分歧，会使孩子感到无所适从，难以形成一致的是非标准，可能会形成焦虑不安、恐惧等不良的性格特征。

核心家庭是指一对夫妇和一个孩子组成的家庭。这种家庭没有传统的隔代溺爱，但年轻的父母缺乏教育孩子的经验和方法，对孩子可能有时放纵，有时管教过严。此外，核心家庭的父母一般都是双职工，可能缺少教养和爱抚孩子的时间，这些也对孩子性格的形成造成相应的影响。

破裂家庭可能是父母中一方死亡或被判刑、监禁，也可能是父母离异所导致的不完全家庭。许多研究表明：破裂家庭会对孩子的性格带来不良影响。破裂家庭的孩子由于父母死亡或离异而得不到家庭的温暖和正常的教育，容易形成悲观、孤僻等不良性格，行为问题也较多。

家庭气氛和父母榜样的影响也很重要。家庭气氛宁静愉快，可使孩子有安全感、愉快、生活乐观，信心十足，待人和善，能很好地完成学习任务。家庭气氛紧张且冲突，会使孩子缺乏安全感，情绪不稳定，容易紧张和焦虑，长期忧心忡忡，担心家庭悲剧将要发生，害怕父母迁怒于自己而受严厉的惩罚，对人不信任，容易发生情绪和行为问题。

（2）学校教育　学校教育的影响主要是指学科内容的影响、班级集体的影响、伙伴关系的影响、教师的影响、学风校风的影响等。

（3）社会实践　劳动是人最基本的实践活动，而职业劳动的特殊要求对一个人性格的发展起着重要的作用。如果一个人长期从事某种特定的职业，会促使他反复扮演某种社会角色，并进行与自己的职业相应的社会实践活动，从而也促使他形成与职业相应的性格特征。如科技工作者一般容易形成实事求是、善于独立思考、一丝不苟的性格特征；文艺工作者一般容易形成活泼开朗、富于想象、情感丰富的性格特征；医务工作者一般容易形成耐心细致、严谨、认真的性格特征。

（三）主观因素

个体的性格是在作为主体的人和环境相互作用的实践活动中形成和发展起来的。但是，任何环境因素都不能直接形成人的性格，它们必须通过主体已有的心理活动才能发挥作用。

每一个人都是他自己个性的工程师。个体已有的理想、信念和世界观等都对他接受社会的影响有决定性的作用。社会的各种影响，首先要被个体接受和理解才能转化为个体的需要和动机，才能推动主体去行动。

例如，一个人守纪律、负责任等性格特征，都是其接受和领会外部的社会要求，并逐渐将这一要求转化为对自己内部要求过程的产物。

三、性格的改变

每个人都有自己的性格，但每个人对自己性格的态度是不同的。有的人喜欢自己的性格，有的人不喜欢自己的性格，并特别希望改变自己的性格。俗话说，“江山易改，禀性难移”。那么，性格到底能不能改变？性格又如何改变呢？

这个问题回答起来既复杂，又简单。复杂，是因为性格的成因本身就不是一两句话可以说清楚的。简单，是因为前面我们已经讲过，性格是一个人较稳定的对现实的态度以及与之相应的习惯化了的行为方式。而且，前文我们也已经讲述了习惯形成性格。因此可以简言之，改变了习惯也就改变了性格。或者说，要想改变性格，必须要先改变习惯。具体而言，即改变指导行为的习惯性的思维方式、改变对待行为的习惯化了的情感态度、改变不良的行为习惯。

（一）改变指导行为的习惯化了的思维方式

我们每一个人的行为都是受思想支配的，要改变行为的习惯，首先要改变习惯性的思维方式，改变指导行为的思维习惯。

怎样才能改变指导行为的思维习惯呢？

要想改变指导行为的思维习惯，首先必须对需要改变的思维习惯有一个正确的认识，认清其危害和改变的必要性及重要性；其次要将新的思想认识落实于行动；最后需要将新的思想认识发展成习惯性思维。

如有的人形成了办事马虎的性格特征，干什么事(做作业、做实验等)都大大咧咧、马马虎虎。为什么会形成这样一种性格特征呢？根源还是在于其思想上对办事马虎的危害性认识不到位，认为干什么都无所谓，不必太认真，差不多就行了。因此，要改变之，必须对这样一种性格特征的危害性有充分的认识，并痛下决心，坚决改正，而且要长期坚持下去，形成习惯性的思维方式。干什么事都要求自己一丝不苟，不达目的决不放松和宽恕自己，这是改变不良性格特征的先决条件。

(二)改变对待行为的习惯化了的情感态度

要改变一种不良的性格特征，在形成了对需要改变的不良性格的内在指导思想的正确认识之后，还需要形成对不良性格特征的正确情感态度。

例如，具有马虎性格特征的人，原来对马虎的办事方式是持无所谓的态度，内心深处在情感上不反感、不排斥、不厌恶。在改变了认识之后，他还要改变与原来的性格特征相适应的情感态度，对马虎的做事方式从情感上感到不能容忍、不能原谅、不能接受。这是改变不良性格特征的必要条件。

(三)改变不良的行为习惯

一个人的想法改变了，情感改变了，行为方式必然发生变化，行为方式发生了变化并能持之以恒，养成习惯，性格也就随习惯而形成。

例如，要改变办事马虎的不良性格，养成办事严谨、要求严格的性格特征，就必须要在日常的学习和生活中严格要求自己，不轻视所谓的小事，在一点一滴的学习和生活小事上下功夫，长期坚持，养成严格要求自己的行为习惯。当办事严谨、认真、一丝不苟已经成为一个人稳定的、习惯化了的行为方式之时，这些行为习惯也就成了这个人的性格特征。

四、性格和气质的区别与联系

性格和气质都是描写个体典型行为的概念，这两个概念既有区别又有联系。

(一)性格和气质的区别

1. 从起源方面看

气质是先天形成的，一般产生于个体发育的早期阶段，主要体现为神经类型的自然表现。性格是后天形成的，在个体生命的早期，并没有性格的表现。性格是行为主体与社会环境相互作用的产物，反映了人的社会属性。

2. 从可塑性方面看

气质变化较慢，可塑性较小，即使可能改变，也很困难。性格的可塑性较大，环境对性格的塑造作用是明显的，即使已经形成的性格是较稳定的，改变起来也比气质容易。

3. 从社会评价方面看

气质无好坏善恶之分，不能做社会评价；性格有好坏善恶之分，可以做社会评价。因为气质所指的典型行为特征，如胆汁质的暴烈，多血质的活泼、灵巧，指的是一个人心理活动动力方面的特征，与一个人行为的内容无关。而性格特征主要是指一个人行为的内容，反映了行为主体与社会环境的关系，如一个人对集体、对他人、对工作的态度，反映了一个人的社会属性，有好坏善恶之别。

(二)性格和气质的联系

1. 气质对性格的影响和作用

一个人性格特征的形成，主要依赖于其接受教育的方式及其与社会相互作用的性质和方法。而气质会影响一个人接受教育的环境和与社会相互作用的方式，这种影响在儿童的早期即可表现出来。如有的婴儿喜欢哭或笑，有的婴儿安静或好动。这些不同的气质特征必然会对家庭环境产生不同的影响和作用，引起父母或其他哺育者不同的行为反应，这些不同的行为反应，反过来也会影响一个人性格的形成。

气质不仅可以影响一个人接受教育的方式及其与社会相互作用的性质和方法，还可以按照自己的动力方式渲染性格特征，从而使性格特征具有独特的色彩。例如，同样是乐于助人的性格特征，多血质类型的人，在帮助别人时表现为动作敏捷，情感外露、热情；而黏液质类型的人，在帮助别人时则表现为动作沉着，情感含蓄、深沉。

气质还影响性格特征形成和改造的速度。例如，要形成严谨自律的性格，胆汁质类型的人往往需要极大的努力和克制；而抑郁质类型的人，则比较容易形成，不用特别控制和努力。

2. 性格对气质的影响和作用

性格对气质有掩蔽作用，可以在一定程度上掩盖或改变气质，使气质服从于生活实践的要求。例如，领导者必须具备冷静、沉着、稳重等性格特征，在长期从事领导实践活动的锻炼中，这种性格特征的形成有可能掩盖或改造胆汁质类型的人易冲动和不可遏制的气质特征，使其更像是黏液质的气质类型。

总之，性格和气质是紧密相连的，在日常学习和生活中，甚至在心理学的有关文献中，都很难把性格和气质这两类心理特征严格区分开来，这是因为人具有生物社会性。人的发展是生物因素和社会因素相互作用的结果。我们不能无视生物因素的影响，孤立地分析性格的形成；也不能无视社会因素的作用，静止地观察气质的类型。人们区分气质和性格更多还是出于研究工作的需要。

思考与练习

1. 什么是气质？其生理基础是什么？
2. 气质主要有哪几种类型？其主要表现特征有哪些？
3. 什么是性格？试分析高职学生性格的形成和改变过程。
4. 试分析气质和性格的区别和联系，并结合自身情况进行具体分析。
5. 作为一名高职学生，试分析自己的气质和性格特点，并说明完善措施。

心理测验

性格的测量

在性格类型的划分中，性格倾向性的分类最为常用。表3-2是内曼和科尔施特设计的性格倾向性自测量表，共50个题目，其中25个属于外向题目，25个属于内向题目。如果提问的内容符合自己的情况，就在“是”上面划“○”；如果不符合，就在“否”上面划“○”；如果你不能确定“是”或“否”，可以不回答。回答时不要想“怎样回答好或怎样回答不好”，你实际上是怎样的，就如实回答。

表3-2　性格倾向性自测量表

请你对下列问题回答“是”或“否”：

序号	问题	回答
1	能独断独行	是(否)
2	快乐的人生观	(是)否
3	喜欢安闲	是(否)
4	对人十分信任	(是)否
5	筹思五年以后的事	是(否)
6	遇集体活动愿在家，不愿参加	是(否)
7	能在大庭广众下工作	(是)否
8	常做同样的工作	是(否)
9	觉得集会乐趣与个别交际无异	(是)否
10	三思而后决定	是(否)
11	不愿别人提示，而愿自出主意	是(否)
12	喜欢热闹的娱乐活动	是(否)
13	工作时不愿人在旁边观看	是(否)
14	厌弃呆板的职业	(是)否
15	宁愿节省而不愿耗费	是(否)
16	不常分析自己的思想行动	(是)否
19	发怒时不加抑制	(是)否
20	工作因受人赞赏而改善	(是)否
21	喜欢兴奋紧张的劳动	(是)否
22	常回想自己的过去	是(否)
23	愿做群众运动的领袖	(是)否
24	公开演说	(是)否
25	使梦想成为事实	是(否)
26	很讲究写应酬信	是(否)

续表 3-2

序号	问题	回答
27	做事粗糙	(是)否
28	深思熟虑	是(否)
29	能将强烈的情绪(喜、怒、悲)表现出来	(是)否
30	不拘小节	(是)否
31	对人十分关心	是(否)
32	与观点不同的人自由联络	(是)否
33	喜欢猜疑	是(否)
34	轻信人言,不假思索	(是)否
35	愿意读书,不愿做实际工作	是(否)
36	好读书,不求甚解	(是)否
37	常写日记	是(否)
38	在公共场合中肃静无声	是(否)
39	不得已而行动	(是)否
40	不愿回想自己的以往	(是)否
41	工作有计划	是(否)
42	常变换工作	(是)否
43	对麻烦事情愿避免而不愿承担	是(否)
44	重视谣言	是(否)
45	信任别人	(是)否
46	非极熟悉的人不轻易信任	是(否)
47	愿研究别人而不研究自己	(是)否
48	放假期间愿找安静的地方休假而不喜热闹场所	是(否)
49	意见常变化而不固定	(是)否
50	愿参加任何场合的演说	(是)否

答案和评定:

先统计被划"○"的带括号的(是)和(否)的总数,即外向性反映总数,然后计算向性指数。

$$向性指数 = \frac{外向性反映总数 + \frac{1}{2}(没有回答题总数)}{25} \times 100$$

一般来说,向性指数为 70 以上为外向性格,分值越大越外向;向性指数在 70 分以下为内向性格,分值越小越内向。

知识链接

凯尔西气质学说(简称KTS),是美国心理学家大卫·凯尔西在MBTI(一种性格评估工具)基础上进行扩展而建立的性格学说。早在1956年,凯尔西还是一名校园辅导员,他偶然参加了一次MBTI的测试后,便深深地被准确的测试结果所打动,随后对MBTI和性格研究产生了浓厚的兴趣。在对MBTI的研究中,他发现了一种便捷好用的划分方法,即按照SP、SJ、NF和NT将16种性格类型划分为4个组,每个组里的4种性格类型拥有很多的共同点。从此,他沿着这条道路开始了深入的研究,博览历史上的各种性格学说,创造了4个同心环组合的凯尔西气质学说。

凯尔西气质学说使用柏拉图著作中的典型人物类型构造了技艺者(artisan)、护卫者(guardian)、理想主义者(idealist)、理性者(rational)4种气质,分别对应MBTI里的SP、SJ、NF和NT。每种气质细分为2种角色,然后再细分为4种角色类型。每种角色类型本身并无好坏强弱之分,都拥有自己的智能优势,在充分施展其特有的天赋时才能最高效率地发挥自己的能力。

凯尔西气质学说将性格类型划分为角色,与现实社会的角色紧密地联系起来,能够帮助人们更好地理解性格类型。在阐述凯尔西气质学说的白皮书《请理解我》中,凯尔西使用了大量的细节对16种角色类型进行描述,如语言表达特点、智能倾向、学业和职业兴趣、社会取向、自我形象、个人价值观、社会角色和择偶等,塑造了栩栩如生的16种性格类型的生动形象。

小案例

某剧院的演出正式开始了5分钟后,来了4位迟到的观众,工作人员按照惯例,禁止他们入场。

先到的A面红耳赤地与守门工作人员争执起来,他争辩说,戏院的时钟坏了,打算推开工作人员径直跑到自己的座位上去,并说他不会影响任何人,结果与工作人员闹得不可开交。

迟一点到来的B立刻明白,人家是不会让他进入剧场里去的,但楼上还有个检票口,他认为从那里进入或许方便一些,就跑到楼上去了。

差不多同时到达的C看到不让进入正厅,就想:“第一场大概不太精彩,我还是暂且去小卖部转转,到幕间休息时再进去吧!”

最后到来的D说:“我真不走运,偶尔来一次戏院,就这样倒霉!”接着就回家去了。

4人的心理活动都涂上了个人独特的性格色彩。A直率、热情、精力旺盛,情绪易激动,心境变化剧烈;B活泼、好动、敏感、反应迅速,注意力易转移。他们两人的性格都具外向性。C安静稳重、反应缓慢,沉默寡言,情绪不易外露,善于忍耐;D孤僻、自卑、行动迟缓,多愁善感。他们两人的性格都属于内向的类型。

第四章

高职学生情绪困扰的自我调节

教学目标

1. 了解情绪的性质和类型；
2. 熟悉高职学生的心境、激情和情绪困扰特点；
3. 理解什么是“情商”（EQ）；
4. 掌握情绪智力的理论内涵和组成要素；
5. 学会运用理性情绪疗法进行自我心理调适。

知识导图

案例导入

去年冬天，小王参加了全国大学英语四级考试。前不久，分数下来了，他没能顺利通过，随之产生的想法是自己真是太笨了，能力也弱。别人过了怎么自己就没过，真是丢人。因此，前段时间他情绪低落，自卑感油然而生。

根据理性情绪疗法，他找出自己的不合理信念：①对自己的要求太绝对化了，认为只要参加四级考试就必须要通过，没过便是自己的能力低，脑子笨；②犯了以偏概全的错误，认为这一件事便能反映出自己是一个无能之人。

他开始与自己辩论，针对自己的不合理想法积极地提出问题："为什么我会认为只要参加四级考试，便会通过？人不能只经历成功，而没有失败的尝试，应允许自己失败。有什么证据说明我的能力低？一次失败并不能说明什么。我四级没过，当然要从自身找原因，时间太仓促，我参加的社会活动也太多，没有充分的时间做准备，因此考得不理想。"通过以上自我调节和治疗，他现在精神很好，还报名参加了下次的四级考试。

如果一个人不快活，不是别人使你不快活，而是你自己使你不快活。因此，在平时的学习生活和工作中，我们不应该被一件小事所困，要有点儿阿Q精神。若遇到问题想不通，甚至产生了消极情绪，就可通过理性情绪疗法进行自我调节。如果自我调节的效果不够，可寻求专业人士的帮助。

情绪在一个人的精神生活中占有非常重要的位置，是一个人心理健康与否的重要窗口。愉快的情绪可使人身心健康，人际关系和谐，工作效率高；沮丧、悲伤的情绪可能伤害人的身体，甚至使人精神崩溃。高职学生正值青春期，情绪的发展有其鲜明的特点，并对自身的学习、生活和健康产生巨大的影响。了解情绪发生的原理，学习情绪识别与调节的知识，掌握消除不良情绪的方法，对于高职学生身心的健康成长与发展具有重要的意义和作用。

第一节　认知情绪的一般概念

一、情绪的性质

心理学家对情绪的性质进行了长期而深入的研究，但由于情绪的复杂性及个人研究方法和角度的不同，至今还没有一个统一的结论。一般的看法是：情绪是人对客观事物的态度体验以及与之相应的行为反应。西方行为主义心理学家提出了S-R理论。其中，S(stimulus)代表刺激；R(response)代表反应。按照这一理论，情绪是外界刺激(S)引起的一种反应(R)。因为人的情绪不是凭空产生的，总有一个刺激(S)才可以使人触景生情。后来，心理学家又对这一公式进行了修正，在原来的公式中增加了有机体(O)，提出了S-O-R模式。其中，O(organization)代表有机体，赫尔认为O在刺激反应中具有反应倾向的力量，它可以影响R的性质。

根据S-O-R模式，心理学家们认为，需要是情绪产生的基础。换句话说，情绪的产生是由刺激引起的，但不是所有的刺激都能引起反应，只有与有机体有关的刺激或有机体需要的刺激，才会引起反应。

例如，同样是刺激（食物），如果有机体需要吃，那么，此时的刺激（食物）可以引起反应（高兴）。但如果有机体不需要吃，而是需要睡，那么，此时的刺激就不会引起反应（高兴）。

心理学家进一步认为，有机体对刺激的认识决定反应的性质。

综上所述，情绪同其他心理现象一样，也是人脑对客观事物的一种反映，它是一种对外界刺激带有特殊色彩的主观态度和体验，并与人的需要是否得到满足密切相关。其中，正确认识有机体（从哲学的意义上我们可以称之为主体）在情绪调节中的作用，对于高职学生心理健康的自我调适具有非常重要的意义。

二、情绪的类型

情绪有广义和狭义之分。狭义的情绪是指有机体受到生活环境中的刺激时，生物需要是否得到满足而产生的暂时性的较剧烈的态度及其体验。广义的情绪除包括狭义的情绪外，还包括情感，即人对客观事物的态度体验。从广义的视角进行分析，情绪（狭义）是与人的生物性需要相联系的低级的态度体验；情感是与人的社会文化需要相联系的高级的态度体验（表4-1）。

表4-1　情绪（广义）的分类

情绪（狭义）	情　感			
	一般情感	高级情感		
		道德感	理智感	美感
心境、感染、激情、应激、热情	爱、恨、惧、乐、疏	爱国 正义 责任 羞耻 友谊 同情	求知 好奇 紧张 怀疑 惊讶 喜悦 犹豫	审美 爱美

情绪（狭义）和情感的内容极其庞杂，有时很难把某种情感确定为一般情感或高级情感，各种情感之间也没有十分明确的界线。因此，有时一个人的情绪和情感体验并不只是反映某一种情感，而是各种情绪和情感综合的结果，既有情绪又有情感，既有一般情感又有高级情感。

三、高职学生常见的情绪及情绪困扰

高职学生的情绪极其丰富，对其心理健康影响最大的是心境和激情。

(一)高职学生的心境

心境是一种微弱而又比较持久的情绪状态,往往在一段较长的时间内影响一个人的言行和情绪,使其蒙上某些色彩。人们平时所说的"忧者见之则忧,喜者见之则喜"就是指心境对人的行为的影响。常见的心境有消沉、喜悦、焦虑、抑郁、烦躁、空虚等。

1. 消沉

消沉是一种消极的情绪状态。如有的同学在一段时间内总是无精打采,干什么都觉得没意思,甚至连自己平时最喜欢看的电影也没兴趣,那么,这个同学就是处于一种消沉的心境。

2. 喜悦

喜悦在一般情况下是一种积极的情绪状态。我们经常可以看到有的同学一段时间里总是乐呵呵的,楼道里、水房里都可以听到他的歌声;在校园里见到熟悉的人,他总是主动地打招呼,甚至对平时不怎么熟悉的人都点头微笑;走路也是脚底生风,浑身充满了青年人的朝气。这说明这位同学正处于喜悦的情绪状态。这种喜悦的心境,使他对周围的一切都感到兴奋、满意。

3. 焦虑

焦虑是对未来的事情感到难于预测与驾驭而紧张不安的一种情绪状态。如考试在即,很多学生都会感到复习时间不够,担心过不了关而心绪不宁,从而使自己的心境处于焦虑状态。

4. 抑郁

抑郁是一种消极的情绪状态,表现为情绪低落,思维迟钝,感到生活无意义、前途无望而闷闷不乐,郁郁寡欢。如一名重点高等职业院校的女同学,暗恋上了同班的一名男同学,但羞于表达,长期闷在心里,压抑自己的情感。后来见这名男同学和另一名女同学交往,她更加痛苦忧伤,整日愁容满面,经常无端地发愣、偷偷地流泪,想入非非,通宵失眠,甚至想一死了之。那么,这名女同学就是处于抑郁的情绪状态。

5. 烦躁

烦躁也是一种常见的情绪状态。心理学家吕秋芳等曾经对 160 多名大学生做过一次调查,要求他们用一个字表达一下最近的心态。结果 70%以上的学生写的是"烦"。如一位男生在作业中写道:"前几天,我在学校组织的周末舞会上见到了一位漂亮的女孩儿,我不敢相信自己会一见钟情,但这位女孩儿的影子总在我的眼前转来转去,使我坐卧不宁。最后,我终于鼓起勇气给她写了一封信,表明自己的心迹。接着,便是无望的等待,我觉得时间对我而言是如此的漫长,我变得烦躁不安……"此时,这位同学就正处于烦躁的情绪状态之中。

6. 空虚

空虚是一种消极的、非常有害的情绪状态。考上高等职业院校,本是青年人人生的一个新的起点。但有些学生高考之前不顾一切地奋力拼搏,一旦跨入大学校门之后,却出现了"动机真空",失去了继续前进的目标,感到高职学生生活没意思极了,整天无所事事,不知如何消磨时光。

当一个人处于空虚的情绪体验时,他会感觉什么都无所谓、无意义,进而消极处世、冷漠待人,失去青年人特有的朝气和活力。

高职学生的心境有积极和消极之分。积极的心境有助于提高学习效率，克服困难，也有助于改善人际关系。消极的心境则会使人意志消沉，精神颓废，妨碍学习和生活，危害身心健康。因此，高职学生应该注意经常审视和调节自己的心境，使心境处于积极的状态。

(二)高职学生的激情

激情是指一种迅速爆发、激烈而短暂的情绪体验，如狂喜、发怒、恐惧、绝望等。我们平时所说的过于激动，也是一种激情。

1. 狂喜

狂喜是一个人遇到非常兴奋的事情时表现出来的欣喜若狂的情绪状态。如中国足球出线的那一刻，高等职业院校的校园里一片沸腾，学生们手舞足蹈，高声喊叫，处于狂喜的激情状态。

2. 发怒

发怒是人类的原始情绪之一，它是由于外界干扰使愿望实现受到压抑，目的达到受到阻碍，逐渐积累紧张性而产生的一种消极的情绪体验。高职学生正值血气方刚、年轻气盛的青年时代，如果遇到不顺心的事，如认为自己受到了不公正的待遇，或受骗上当，人格受辱，或工作受挫，权力被犯，就可能会怒不可遏，暴跳如雷，产生愤怒的情绪，使自己处于发怒的激情状态。

3. 恐惧

恐惧是人类和其他动物共有的原始情绪之一，指有机体在面临并企图摆脱某种危险，而又无能为力时产生的一种情绪体验。高职学生在遇到突发事件或特殊情况时，心理上没有准备，就会产生强烈不安和极度紧张的恐惧情绪。

恐惧也是一种消极的情绪状态，高职学生可以通过学习科学知识，掌握科学原理，在实践中增强应变能力等途径，培养自己良好的个性和坚强的意志品质，降低自己在遇到突发事件时可能产生恐惧情绪的程度。

4. 绝望

绝望是指人求生的希望完全破裂而引起的极度恐惧、悲哀、消极的情绪状态。如有的高职学生渴望爱情，当这种欲望得不到满足时，便会引起内心的冲突和痛苦，失落感和无价值、无意义感倍增，进而产生绝望的情绪体验。绝望是一种非常有害的消极的情绪体验。高职学生应该学会用积极的心态、辩证的思想方法分析和解决问题，在不幸中看到幸运，在绝望中看到希望，在困难面前看到光明，避免绝望情绪体验的发生，或迅速从绝望的消极情绪中挣脱出来。

四、高职学生情绪困扰的特点

高职学生情绪的发展是复杂而多变的，在情绪的困扰方面也呈现出鲜明的特点。

(一)心境状态的特点

1. 稳定性和波动性并存

如前所述，心境是一种比较微弱而持久的情绪状态，能在一段时间内影响一个人的言行，使其所有的行为都染上相应的色彩。而高职学生已经有了一定的控制自己情绪的能力，并已经出现了心境化的特点，因此，高职学生的情绪也就有了一定的稳定性。然而比起成年人，高职学生情绪的发展尚不成熟，表现为心境变化比较频繁，忽冷忽热，忽高忽低，情绪有较大的起伏波动性。如学习和工作顺利时，热情高涨，认为自己无所不能，对前途充满信心。而遇到困难和挫折时，便垂头丧气，意志消沉，把生活看得一片灰暗。

2. 外显性和内向性同在

由于高职学生是正在成长中的青年人，在一般情况下，他们由情绪引起的内心变化和外部表现是一致的，即呈现出外显性的特点，一切均“写在脸上”。但是在某些特定的问题上或特定的场合，高职学生又表现出“准成年人”的成熟，学着喜怒不形于色，如本来对某件事很感兴趣，却装得很淡漠，本来对某件事不感兴趣，却又装得很热心，因而又具有内向性的特征。

（二）激情状态的特点

激情是心灵的暴风雨，是人的全部心理能量的突然释放。当激情爆发的时候，个体有四个十分明显的特征。

1. 紧张性

激情常常表现为逐步增强的情绪紧张状态。当一个人处于激情状态时，他会觉得自己的情绪越来越紧张，越来越兴奋，越来越难于驾驭，有一发而不可收之势。处于激情状态的高职学生往往不顾劝阻，不计后果，将自己的愿望付之行动。激情有积极和消极之分，积极的激情与理智和意志相连，可以激发高职学生见义勇为的正义行动或学习求知的热情与创作的灵感，而消极的激情则可以促使一个人干出一些丧失理智的事情来。

2. 暂时性

激情状态是一种较为短暂的情绪紧张状态，往往是来得快，去得也快，短暂而迅猛。一阵狂风暴雨之后，很快便万里晴空。对于高职学生也是如此，在一阵狂怒、狂喜之后，他们的激情很快“不知怎么便消失了”。

3. 爆发性

激情虽然是人的心理内部的情绪体验，但也具有强烈的外部表现，它往往以情绪猛烈爆发的形式出现，因而具有爆发性的特点。被激情状态笼罩的人，几乎无法掩饰其内心的爱、憎、恐惧、绝望、悲哀或狂喜、暴怒，常常会在瞬间爆发出巨大的心理能量。

4. 盲目性

当一个人处于激情状态的时候，他会使自己的认识范围骤然缩小并局限在与情绪体验有关的对象上，因而会影响他对行动的性质和意义做出全面而正确的评价和选择，也不能对行为的结果进行正确的评估和预见。在严重的情况下，他会丧失自我意识，无法控制自己，使自己在正常情况下的观点和态度不知不觉地发生巨大的变化，导致反常举动的发生，如歇斯底里、雷霆大发、出口伤人、聚众闹事、打架斗殴等，甚至导致自杀或杀人等恶性事件的发生，因而具有极大的盲目性和破坏性。

第二节　情绪智力和情感智商

一、情感智商概述

情感智商，简称情商（emotion quotient，EQ），曾经风靡一时，几乎家喻户晓，人人皆知。所以，我们讨论情绪，就不能不涉及情商的问题。

情商的出现源于智商。商是一个比值，英文即 quotient（数学的商数）。智商就是智力的商数，即 intelligence quotient（IQ）。智商主要靠遗传，但并不是一成不变的，它随着年龄的成熟而发展，因教育和训练而改变。有学者给出了测量智商的一般公式

$$IQ=\frac{\text{智力年龄}}{\text{实际年龄}}\times 100$$

其中，智力年龄是通过智力测验得到的年龄，IQ 是个人的智力年龄和实际年龄的比值，它可以在一定程度上反映一个人聪明的程度。但是后来人们发现，智商（IQ）高的人并不都是成功者，很多智力平庸的人反而卓越超群。因此，人们又引出了另一个衡量人类智能的标准，即情商（EQ），并认为 EQ 才是人生成就的真正主宰。然而，EQ 与 IQ 不同，IQ 可以实际测量，EQ 却是不可测量的。所以，尽管一时间各种关于情商的书刊铺天盖地而来，有些心理学家却冷静地指出，不要对 EQ 进行商业的炒作，而应该注重情绪智力的研究。

二、情绪智力的理论内涵

情绪智力（或情感智力）与情感智商不是同一个概念。情绪智力即 emotion intelligence（EI），是由美国心理学家彼得·萨洛维和约翰·梅耶在 1989 年提出来的，包括以下三个方面。

1. 情绪（情感）的感知力

情绪（情感）的感知力，即对情绪（情感）识别的能力。这里既有对自己的情绪（情感）识别的能力，也包括对他人的情绪（情感）识别的能力。

2. 情绪（情感）的控制力

情绪（情感）的控制力，即控制和调节情绪（情感）的能力，如止怒、戒躁、主动寻找快乐、设法驱除烦躁等。

3. 运用情绪（情感）的能力

运用情绪（情感）的能力，即转变自己和他人情绪（情感）的能力，用以解决问题，更富有开拓精神和创造能力。

也有人将情绪(情感)的能力概括为一个人感受、理解、控制、运用和表达自己及他人情绪(情感)的能力,一般包括以下五个方面。

(1)情绪(情感)的自我觉察力;

(2)情绪(情感)的自我调控能力;

(3)自我激励的能力;

(4)抑制冲动的能力;

(5)人际公关的能力。

我国著名人才学专家王通讯认为,情绪和情感的能力包括以下四个方面。

(1)自我觉察力;

(2)对他人的觉察力;

(3)做事得体的能力;

(4)建立在以上三者之上的综合能力。

三、情绪智力的组成要素

(一)对情绪(情感)的自我意识是情绪智力的重要基石

情绪智力对人的成功具有重要的意义,主要表现在一个人是否能通过自己的情绪智力对自己的情绪(情感)进行有效的控制。而进行有效控制的前提,就是看一个人能否对自己的情绪(情感)有一个清醒的自我意识,能否对自己的情绪(情感)进行准确的评估。

例如,很多人在接受一项新的任务之前,都有一种紧张和焦虑的感觉,对自己能否完成任务有几分担心和忧虑。还有一些高职学生,在临近考试期间,也会出现考试焦虑的情绪体验,如感到什么都看不进去,复习总是进入不了状态,或总觉得时间不够用,这也看不完,那也没复习好,心中烦躁不安。其实,在完成一项新的任务之前,或复习考试期间,有适度的焦虑是一种正常的心理状态,只是当焦虑过度时,才会影响身心健康,影响工作效率。如果此时一个人能够对自己的情绪状态进行恰当的评估,并能够进行适当的自我调节,就可能使自己的情绪适度地松弛下来,有利于身心健康,也有利于提高工作的效率。如告诉自己不要着急,时间是够用的,饭要一口一口地吃,事情要一件一件地做,着急也没有用,而且自己是有实力的,完成任务是没有问题的。反之,如果当事人对自己的情绪状态一无所知,任其发展,就会出现相反的结果,使自己处于被动状态。长期焦虑就会损害身心健康。

例如某女生,从小酷爱艺术,喜欢唱歌、绘画,然而因父亲的劝告,没有报考艺术院校,而报考了理工科。因为对所学专业不感兴趣,看见专业书籍就头疼,她长期处于困扰和忧虑之中,甚至觉得生活都已经索然乏味,恨不得一死了之。其实,这位同学是处于抑郁的情绪状态。如果她能够对自己的情绪进行正确评估,并能够进行自我调节,就可能逐渐从不良的心态中摆脱出来,重新找回积极健康的自我。反之,如果她对自己的情绪状态缺乏清醒的自我意识,深陷其中而不能自拔,就很难走出抑郁的漩涡。严重时还很有可能发展成抑郁症,必须接受药物治疗,否则,将出现严重的后果。

因此,对自己情绪状态的自我意识是一个人情绪智力高低的重要标志之一,也是一个人对自我的情绪进行调节和控制的重要基石。

(二)对他人情绪(情感)的识别能力是情绪智力的重要指标

情绪智力的另一个重要指标,是一个人对他人情绪(情感)进行识别的能力。

有这样一个例子:张某患了癌症,住在医院里,他的朋友李某去医院看望他。这位癌症患者已经被诊断为癌症晚期,医生估计他只能再活上半年。李某到病房见到张某时,看到张某的情绪显得非常好,以心平气和的口吻跟李某交谈。过了一会儿,张某的妻子离开了病房,张某忽然对李某说:“其实,我是患了癌症,虽然手术了,但为时已晚,没有康复的希望了,我想最多只能再活几个月。谢谢你帮了我许多忙,将来我走了之后,拜托你多关照一下我家的小孩。”

讲这些话时,张某语调平静,神态坦然。虽然李某知道张某的妻子不让张某知道病情,但看到张某似乎已经什么都知道了,而且一切都看得很开,便用好话安慰张某:“哦,你知道了,你真是一个坚强的人,将来的事你不必担忧,你家的小孩我会尽力帮助他们的,你安心养病。不过,可千万不要绝望啊!”

又聊了一会儿,李某便离开病房回家了。不料,过了一会儿,张某的妻子就打来电话,用近乎疯狂和愤怒的声调哭喊道:“你到底跟他说了些什么?他的精神受到了很大的打击,已经心灰意冷。你是不是把真实情况全告诉他了?”

李某大吃一惊,在张某妻子的责问下无言以对,内心非常自责。放下听筒后,回想在病房时的情景,他才感觉有些疑点,虽然张某表面上是淡然彻悟的态度,实际上他的内心是很紧张惶恐的。结果,李某由于没有看出张某的真实情绪,无意中泄漏了病人本来不知底细的病情,使张某失去了生活的信心,精神迅速崩溃。一个月以后,李某怀着十分沉痛的心情,去参加了张某的追悼会。

生活中,这种因对他人真实的情绪判断错误而造成的误解和遗憾经常会出现,高职学生在日常生活中也会遇到类似的情况。

某高中学生,因体质的关系,头发稀疏得可怜,同学们都叫他“秃头”。表面上看,他似乎对头发的稀少之事满不在乎,总是一副乐观开朗的样子,所以大家也就都不太在意,无所顾忌地叫他“秃头”。可是谁都没有想到,有一天他竟然自杀了。同学们听到这一消息后,都觉得非常奇怪。后来,从他留给父母的遗书以及他的日记中,大家才了解了他自杀的原因。原来,“秃头”虽然平时笑口常开,性格开朗,但在内心深处却充满自卑、苦恼和绝望。由于头发稀少,他在精神上感到非常的压抑、痛苦和无奈,最后竟走向死亡。

同学们知道了“秃头”自杀的真实原因后,都非常后悔,也都很内疚。同时也在问自己,为什么平时一点也没有察觉出“秃头”内心的真实情感呢?如果知道他如此的痛苦,大家就应该多给他一些关心、尊重和同情,不拿他的生理缺陷开玩笑,也许他就不会自杀了。由此可见,在生活中准确地知觉和评估他人的情绪有多么重要。

情绪智力高的人,在生活中之所以受欢迎、麻烦少,是因为他们能敏锐地知觉和评估自己和他人的情绪,并能及时地对自己的情绪进行有效的调节和控制。而情绪智力低的人,往往对人对己的情绪都不能及时地知觉和评估,因此在现实生活中就容易制造不快,处处碰壁。例如:聊天时,情绪智力高的人在对方出现厌烦情绪时,能迅速察觉到,并能主动地结束谈话;而情绪智力低的人,则不注意观察谈话对象的情绪反应,明明对方已经不喜欢听了,他仍然滔滔不绝地讲个不停,使人反感。

因此，情绪感知的能力，即知觉和评估他人情绪的能力，被认为是最基本的情绪智力，也是决定一个人情绪智力的关键因素。

（三）对自己情绪（情感）进行控制的能力是情绪智力的核心要素

能否对自己的情绪（情感）进行有效的控制，是情绪智力高低的又一重要指标。对此，有一个非常著名的心理学试验——果汁软糖试验，能生动有力地说明这一问题。

果汁软糖试验是几位心理学家对几个4岁的孩子做的一项很有意义的追踪调查。他们发给几个4岁的孩子每人一颗软糖并告诉他们，若等他们的父母回来后再吃，便可以再得到一颗糖。

一些孩子经不住糖果的诱惑，忍不住自己想吃的情绪和欲望，拿到糖后马上就吃掉了；而另一些孩子则会设法转移自己的注意力，忍着口馋等待父母回来，最后终于得到一颗糖的奖励。

此试验之后，专家们对这些孩子进行了追踪观察，一直到他们长大。结果发现，那些从小就能控制自己情绪的孩子，即情绪智力较高的孩子，情绪更稳定，在忍耐性、坚持性、人际关系方面都比那些控制不住自己情绪的孩子好，成功率也高；而不能有效控制自己情绪的孩子，长大后易受挫折，固执、孤僻、受不了压力，逃避挑战，当然多半就难以成功了。

生活中很多这样的实例都可以证明，有效地控制自己的情绪对个人学业的发展、人际关系的改善、事业的成功都是非常重要的。

例如某女生，因为从小没有离开过父母，进入大学之后非常想家，经常在宿舍里哭鼻子，还时不时地耍小孩子脾气。刚开始，同学们对她还很关心、照顾和同情，但时间长了，大家就对她有了些看法，造成同宿舍同学关系紧张，进而也影响了正常的学习生活。这位女生也为自己的任性付出了相应的代价。后来，这位女生学习了有关心理调控的知识和方法，开始在日常生活中学习适当地控制自己的情绪，不让自己由着性子来，并真诚地与她的舍友们进行了一次长谈，使宿舍里的同学关系逐渐地有了转变。

又如某男生，平时积极要求进步，一心想在学校里能够入党。结果，第一批没有他，第二批又没有他。第一批没有他时，他还能够控制自己的情绪，心想，继续努力，争取第二批吧！可当他得知第二批仍然没有他时，他无法控制自己的情绪，回到宿舍之后，踢起了脸盆、桌子、凳子，让同宿舍的同学感到莫名其妙。知道事情的缘由后，大家表面上虽然什么也没有说，但心里都对他的举动很有意见，他的行为明显不符合入党积极分子的表现，也损害了他在同学心目中的形象。

记得某家报纸上曾经报道：在一辆满载乘客的公共汽车上发生过这样一件事情，一个小伙子在汽车上随地吐痰，售票员批评他，他不但不听，反而骂骂咧咧，蛮不讲理。看到这种情况，售票员不再理他了，悄悄地从自己的口袋里掏出一块手纸，不声不响地把小伙子吐的痰擦干净。在周围乘客的注视之下，小伙子羞得无地自容，还没到目的地，就提前下车了。临下车时，他对售票员说："大姐，我服你了。"从这件事情上我们可以看出，这位售票员的情感智力是很高的，她有效地控制了自己的情绪，以静制"怒"，转紧张为和谐，避免了一场风波，给周围的乘客留下了非常美好的印象，也为她所属的公司塑造了美好的形象。

总之，对自己的情绪和情感能否进行有效的控制，是衡量一个人情绪情感智力高低的重要指标。

(四)调节和运用情绪(情感)的能力是情绪智力的高层次要求

调节和运用情绪(情感)的能力,也是理解和转换情绪(情感)的能力,是情绪智力的更高层次的要求。这就要求一个人不仅要对消极情绪进行有效的控制,还要能将消极的情绪转换为积极的情绪。

一般而言,人们对待消极的情绪有这样几种形式:压抑、转移、宣泄、升华、调节、转换。

1. 压抑

压抑就是将自己的情绪压抑下去,不让它表现出来,如强压怒火、强忍悲痛等。这样一种对付消极情绪的方式和方法,虽然可以在一定程度上防止事态向更为不利的方向发展,如避免出现令当事人尴尬、被动或有损尊严的局面,但对于当事人来说,是非常痛苦的。而且,如果长期地压抑自己的情绪和情感,还会伤害当事人的身心健康。现代医学指出,高血压、心脏病、癌症、胃溃疡等疾病,都可能和人们长期地压抑自己的消极情绪有关。因此,一味地压抑自己的消极情绪并不是对待消极情绪最好的方式和方法。

2. 转移

转移有两种不同的性质,一种是积极性质的合理转移,另一种是消极性质的不合理转移。

积极性质的合理转移有改变环境、旅游、散步、听音乐、看自己喜爱的电影、购物、从事自己喜爱的体育和娱乐活动等。

消极性质的不合理转移有毁物、报复、"踢猫效应"等,如有的人遇到不顺心的事就摔瓶子,摔桌椅板凳,砸玻璃。有的人失恋之后,将怒气转移到原来的恋人身上,伺机报复对方,造成无法弥补的伤害等。至于"踢猫效应",也是一种消极情绪不合理转移的形式,即将消极情绪转移到与导致当事人消极情绪无关的弱势个体或群体身上。如某公司员工在公司里受了老板的气,不敢发作,回到家里,将怨气撒向配偶。配偶不敢发作又将怨气撒向孩子。孩子不敢发作,又将怨气撒向了家中的宠物——猫,将猫踢得嗷嗷叫。于是人们用"踢猫效应"这一名称来形象地说明这种将消极情绪进行不合理转移的方式和方法。

3. 宣泄

宣泄也有两种不同的形式,一种是合理宣泄,另一种是不合理宣泄。

合理的宣泄有:

写信。将自己的不满、愤恨、怨气、委屈等消极情绪以书信的形式写出来,可以写给自己的亲人、朋友,也可以写给自己所怨恨的对象,但不一定把信发出去。

交谈。找自己知心的朋友将自己的心里话说出来。

痛哭。找一个没有人的地方,将自己心中的苦水大声地、彻底地哭出来。

叫喊。找一个没有人的地方,将自己想说的话,大声地叫喊出来。

毁物。找一样没有用的废弃物,如纸盒、废纸等,把它撕个粉碎。

拳击。将自己的怨气、怒火,对准不会对人对己造成实际伤害的对象,用拳击的方式发泄出来。

不合理的宣泄有:

直接寻找到自己不满意的对象,并进行吵骂、打闹、歇斯底里地哭喊等。

4. 升华

升华是在产生消极情绪之后，重新认识自我，并重新塑造自我的一种高层次的情感转移。当事人将产生消极情绪的事由放置一边，将自己的全部精力倾注于一件非常有意义的事情，如备考专接本、专升本，潜心技术研究等，以使自己忘掉痛苦和不快，为自己开辟一条更加有意义的生活路径。

5. 调节

调节，即改变自己对问题的看法，将消极情绪对当事人的伤害降到最低的限度。例如，使用理性情绪疗法对自己的情绪进行有效的调节(后面将详细论述)。

6. 转换

转换，即设法将消极的情绪转变成一种积极情绪的方式和方法。转换的方法有很多，其中一个重要的方法就是幽默。

例如，公共汽车上一个小伙子由于拥挤踩了旁边一位姑娘的脚，姑娘非常生气地骂道："臭德行！"小伙子不急不恼，幽默地说："不是德行，是惯性。"周围的人都忍不住笑了。姑娘也觉得有些不好意思，不再作声了。小伙子运用自己的幽默轻松地化解了一场风波，将消极的情绪瞬间转换为积极的情绪。

相传，古希腊的智慧大师苏格拉底的夫人是个"恶婆"。有一次，苏格拉底正在与他的学生们讨论问题，他的夫人很不耐烦，先是大声地叫骂，后又将一盆水泼了过来。苏格拉底的学生们都感觉很尴尬，不知如何是好。苏格拉底却幽默地说："雷鸣电闪之后，必是倾盆大雨。"

总之，调节和运用情绪和情感的能力是对情绪智力更高的要求。每一个渴望发展、渴望成才的高职学生，都应该自觉地学习有关情绪智力的知识，有意识地在实践中学习、锻炼和体会，不断提高自己调节和运用情绪和情感的能力。

四、对情商（EQ）的质疑和探讨

除了大家熟知的智商(IQ)和情商(EQ)以外，还有很多的"Q"相继问世，企图引起大家的重视。如：

CQ	creation quotient	创造能力商数
CQ	charisma quotient	个性魅力商数
LQ	love quotient	爱的商数
SQ	smile quotient	微笑商数
AQ	adversity quotient	逆境商数
MQ	moral quotient	道德商数
HQ	health quotient	健康商数

如此众多的"Q"轮番出现，源于人们对 EQ 的质疑。有人抨击说，EQ 不是一种心理学，而是一种修辞学，它的发明者把它伪装成心理学，带上科学和客观的面具。因此，人们试图用其他的"Q"来弥补 EQ 的不足。

提出 CQ 即创造能力商数的人认为："创造能力"对人生的前途具有"起死回生"的影响，其对于人才成长和成功的作用，一点也不亚于 EQ。提出另一种 CQ 即个性魅力商数的人认为，任何一个社会，都免不了会“以貌取人”。所谓的貌包括穿着打扮、谈吐仪态以及各种必要的包装。所以，大家应该学习由内到外全方位调整，在各方面注意自己的形象塑造。

LQ 即爱的商数，指能和人相亲相爱，对大自然、创作、哲学、运动等都抱有执着和热情的一种能力。具备这种能力的人，即使 IQ、EQ 较为逊色，仍然能在专业领域里占有一席之地，甚至可以独占鳌头，因为 LQ 不仅可以帮助一个人每天都活得兴高采烈、意气风发，还可以帮助一个人增加个人的魅力，促使个人走向成功。

SQ 即微笑商数，被称作人际关系的润滑剂。提出微笑商数的人认为，经常乐观大笑，会使人易于亲近。这样的人当然比整天哭丧着脸的人容易获得成功。

就在人们为 IQ、EQ、CQ、LQ、SQ 中哪一个重要争论不休的时候，美国一位学者保罗·史托兹在他的新作《AQ 逆境商数》中又提出了一个新的概念 AQ。

史托兹认为，IQ 并不足以使人成功，EQ 缺乏确切的测量和学习的途径，AQ 则既是预测成功的指标，又是对每一个人面对和超越困境能力的量化显示。为什么有的企业家能克服深不可测的逆境，而一般人却会放弃？就是因为人们的 AQ 不同。史托兹用可量化的方法，以 AQ 为尺度将人分为几等。以攀登者为例，攀登者可以分为成功攀登者、半途而废者、放弃者等。谁不希望自己能够战胜逆境而走向成功呢？一时间，AQ 说为大家所认可。然而，又有人对 AQ 提出了质疑，认为盲目登峰造极而贪胜不服输是人生之大忌，殊不知“知难而退”正是一种逆境生存的智慧。

此后，美国精神病专家罗伯特·科尔斯又在他的新书《孩童的道德智商》中提出了 MQ 道德商数的概念。他指出，无论一个人的 IQ、EQ 如何，人们最关心的还是：他是一个好人吗？他是一个有益于社会的人吗？

MQ 理论认为：人生有三样东西是最重要的，第一是要善良，第二是要善良，第三还是要善良。人类因为有精巧的生理机能，具有我们所知的 IQ 和 EQ，才能在自然中生存。但由于每个人只有同他人接触时才会感觉自己的存在，不仅在物质上知道哪些属于自己，并且在精神上知道自己的思想、情绪、信仰、见解等和他人不尽相同，才会知道自己哪些胜过别人，哪些不如别人，哪些会和别人发生利害关系，于是感到自己的重要。MQ 水平高的人便会表现自己的价值，承担自己的使命；MQ 水平低的人便会显露出自私的心理，产生图名、好胜、嫉妒、猜忌、怨恨、攻击、破坏等心理或行为，因此，MQ 具有同 IQ、EQ 一样重要的价值和作用。MQ 理论还提出了衡量道德商数的两个最基本的砝码：一是正义感，能够识别一切事物的是非善恶，表现出奋勇、知耻、公正、敬仰、赞助、反抗等德行；二是同情心，表现出合群、协作、互助、怜悯、体贴、宽恕、容忍、牺牲等种种美德。MQ 理论指出，同情心弱化是现代青少年犯罪的重要根源。我们应该让学生们懂得，品格胜于知识。无论一个学生的成绩有多好，懂多少知识，最重要的是要知道，他怎样做个好人。

20 世纪末有关 IQ、EQ 等的讨论，尽管众说纷纭，但活跃了人们的思想，深化了人们对自身的智力、情感、道德、人格等方面个性品质的认识，对个人人格的成长和发展很有益处。

就在人类的脚步刚刚踏入 21 世纪之时，又有一个新的概念出现，即 HQ 健康商数。HQ 被人们称为自我保健的钥匙。

南京中医药大学宋为民教授曾著有《健商——新世纪自我保健的钥匙》一文。宋教授认为，当人类进入21世纪，人们更深刻地认识到人类最大的需求就是健康。正如欧文所说："人类的幸福只有在身体健康和安宁的基础上，才能被建立起来。"人类活动的根本目的在于"提高生命的质量，延长生命的长度"。21世纪将是"健康世纪"，是"富而思康""富而思寿"的世纪。21世纪有新的健康观念——大健康的观念。大健康的观念涵盖"健、寿、智、乐、美、德"这六字"人生的最佳境界"。"健"，即新的医学模式要求的躯体、心理、人际与环境四者和谐统一完善的状态。"寿"，即长寿与增寿。当然，"寿"要以健康为基础，没有健康的长寿是没有意义的。"智"，即活得有智慧，越活越聪明，而不是越活越呆、越傻。"智"的深层含义是创造力，创造力应该越老越高。"乐"，即快乐地活着，快乐每一天。"美"，即活得潇洒、靓丽、酷。"美"本来就是人类的共同追求，正所谓"爱美之心人皆有之"，不应该只是青年人的专利。"德"，即孔子所说的"仁者寿"。此说法在国际上也开始流行起来，并已纳入"大健康"的范畴。"德"可以帮助一个人净化心灵，去除杂念，提高思想境界，促进一个人的健康和长寿；而珍爱生命、保持健康本身也是一种美德，它可以为家人和社会减少麻烦。

基于"六字境界"的思考，宋教授提出了健商的概念。健商即健康商数（HQ），就是有利于健康的因素和不利于健康的因素的比值。

HQ的提出旨在提醒大家：在竞争激烈、生活节奏加快的现代社会，要科学地安排自己的生活，千万不要透支健康。健康对于人来说，比金钱、爱情、房子、汽车等更有价值。健康需要精心呵护，健康需要珍爱保养。新时代需要高层次、高质量和全方位的健康。现代人应该增进自己的HQ，应当学会运用自己的知识和智慧有效地赢得高质量的健康。

无论是IQ、EQ，还是LQ、SQ等，到底哪个"Q"对人才成长的影响最大呢？有学者提出，一时间有这么多的"Q"蜂拥而至，恰恰说明每一个"Q"都不是绝对的主导，都有一定的局限性；而且，这些Q本身也不是截然孤立、互无联系的。笑得灿烂，自然会增加个性的魅力；爱得投入，会使创造力增强；就是智力和情感发展到一定的阶段，也是你中有我，我中有你。因此，这些"Q"的总和是人，孤立地宣称某一个部分如何重要，恰恰不利于人的全面发展。我们在探讨情绪智力的时候，一方面要重视EI及EQ的培养和锻炼，另一方面也要注意不能把EI、EQ的培养简单化、片面化、绝对化，还是要注重个人整体人格的全面、和谐与健康发展。

第三节　用理性情绪疗法进行自我心理调适

理性情绪疗法又称合理情绪疗法（rational-emotive therapy，RET），是20世纪50年代美国临床心理学家阿尔伯特·艾利斯（A. Ellis）创立的，属于认知心理治疗的一种。该疗法旨在通过纯理性分析和逻辑思辨的途径，改变当事人的非理性信念，以帮助当事人解决情绪困扰及行为上的问题。

理性情绪疗法是艾利斯长期临床实践的结晶，他运用该理论解决个人问题，并以该理论的原则进行自我要求和自我约束，使该理论得到了验证。所以，理性情绪疗法与其他疗法相比，具有独特的魅力。高职学生属于较高文化层次的群体，具有较强的理性和逻辑思辨能力，学习理性情绪疗法具有特殊的意义。

艾利斯最先接受的是精神分析治疗的训练，并曾从事有关婚姻、恋爱、家庭及性问题方面的研究。但在医疗实践中，他对精神分析的治疗方法越来越不满意，认为该方法因被动地等待患者的顿悟而在短时间内难以取得显著疗效。而一旦采取主动的指导方式，则可以较快地取得预期的效果。这一点艾利斯也通过解决自己的问题得到了验证。艾利斯曾经是一个很羞怯的人，特别是与异性交往时表现得非常焦虑。他发现自己的焦虑源于自己头脑中的一些信念：如认为自己不能在社交中失败，否则自己就是一个命中注定在这方面永远失败的人。于是，他通过理性分析和逻辑验证来驳斥这些信念，并通过实际行动加以体现。他发现自己的焦虑逐渐减轻了。后来，他又将这种方法用于医疗实践，也取得了良好的效果。基于这些发现，艾利斯逐渐把自己的治疗方向转向帮助患者改变不合理的信念，并在此基础上创立了理性情绪疗法。

一、理性情绪疗法对人性的看法

理性情绪疗法在很大程度上是基于艾利斯对人性的看法。艾利斯认为，人生来是非善非恶的，可以是有理性的，也可以是非理性的。人既可以用理性的、合理的思想和信念来指导自己的行为，也可以循着非理性的、不合理的思想和信念去行动。当人们按照理性去思维、去行动时，他们就会与人建立亲密的关系，使自己在快乐中成长，并最终能有所作为，克服各种阻力达到自我实现的目标。当人们用不合理的、不合逻辑的思维去行动时，就会使自己逃避现实、缺乏忍耐，或苛求自己十全十美，或自怨自艾。一个人如果陷入一种非理性的思维倾向和价值取向而不能自拔，就会产生很多情绪上的困扰。因为一个人的情绪是伴随着这个人的思维而产生的，人们情绪上的困扰常常就是人们头脑中的非理性的、不合逻辑的思维产生的结果。

艾利斯对人性的看法与弗洛伊德是不同的。他认为弗洛伊德的人性观过分强调生物本性的因素及人类的早期经验对人的影响。他同意人本主义对人性的看法，认为人是有主观性、有能力和有责任感的。他认为人绝不能放任自己，不能成为早期经验或人类本能的“俘虏”。人类能够，也应该积极主动地利用自己所拥有的巨大的、尚待开发的潜能来进一步改变自己与社会的命运。艾利斯认为一个人早期形成的特别倾向（如认为自己希望得到的都能得到，否则就要谴责自己或怪罪他人），是个体所处的文化背景和家庭环境强化的结果。这是一种不合理信念，它会导致个体情绪上的困扰，造成对自己的伤害，或产生其他一些不良的心理或行为上的障碍。

艾利斯还认为，每个人都是自己情绪的主宰，每个人也应该对自己的情绪负责任。

二、ABC 理论

理性情绪疗法认为，情绪并不是由某一诱发性事件本身直接引起的，而是由经历这一事件的个体对这一事件的解释和评价引起的。这种理论被称为情绪困扰的 ABC 理论。其中：

A（activating event）指诱发性事件；

B(belief)指个体在遇到诱发性事件之后相应产生的信念；

C(consequence)指特定的情景下，个体的情绪及行为结果。

通常人们都认为，人的情绪反应C是由A引起的，ABC理论则认为人的情绪反应C，不是由A引起的，而是由B引起的。也就是说，人们对某一事件的看法、解释不同，情绪反应也就不同。艾利斯常借用古希腊哲学家埃皮克迪特斯(Epictetus)的一句名言来表达自己的观点："人不是被事物本身所困扰，而是被其对事物的看法所困扰。"换句话说，抑郁、焦虑、沮丧等情绪反应并不是由所发生的事件引起的，而是由想法引起的。通常，事件发生了，由于当事人对事件的看法不同，产生的结果也就不同。

如同样是失恋，如果当事人认为：完了，自己失败了，太没面子了，自己太无能、太无用，再也抬不起头来了，那么，结果就会是压抑、沮丧、消沉。反之，如果当事人认为：没关系，天涯何处无芳草，我还有更为重要的事情要做，不能在这个问题上钻牛角尖儿，那么，结果就会是另一番情景了。

又如，同样是比赛失利，如果当事人认为：完了，彻底失败了，我(们)就是不行，我(们)不可能成功，白白浪费了那么多的时间，真扫兴！那么，结果就会是失望、沮丧、伤心、抑郁。反之，如果当事人认为：没关系，重在参与、重在过程、重在学习、重在提高、重在锻炼，既然是参加比赛，总是有赢有输，要赢得起，更要输得起，那么，结果也就不会是失望、沮丧、伤心、抑郁，而是振作、坚定、自信、开朗，一如既往地正常健康地学习和生活。

通过以上事例可以看出，同样一件事情，会有不同的想法和信念。有人持有"我必须成功，我不能失败"的信念；有人则持有"谁都可能成功，谁都可能失败"的信念。很明显，前者可被称为不合理信念，后者可被称为合理信念。合理信念会引起人们适当、适度的情绪和行为反应，而不合理信念则会导致不适当、不适度的情绪和行为反应。人们坚持某种不合理的信念而长期不能解脱时，就可能导致各种不良的情绪困扰和行为反应。

三、不合理信念及其特征

理性情绪疗法的基本理念认为，情绪困扰产生的原因是人们头脑中存在不合理信念。那么，在日常生活中，人们的心灵世界都有哪些信念是不合理的呢？其不合理的根据是什么？它们有什么共同的特征？艾利斯通过临床观察，总结出11条日常生活中通常会导致人们的情绪困扰，甚至会使人患神经症的主要的不合理信念。

(1)一个人无论做什么事，都应该得到社会上其他成员的喜爱和赞许。这是一个无法实现的目标。因为在一个人的一生中，不可能得到所有人的认同。如果一个人坚持这样一个信念，努力工作，以取悦他人并获得周围人的赞许为目标，那么，他就可能历尽千辛万苦，却总达不到目的。其结果，只会使自己总是处于沮丧、失望和受挫的情绪状态。

(2)一个人应该是全能的、完美无缺的。这也是一个无法实现的目标。因为金无足赤，人无完人。十全十美的人是不存在的。若一个人坚持这样一种信念，他就会成为一个完美主义者，既对人苛求，也对己苛求，终日生活于痛苦和失败的情绪困扰之中。

(3)世界上有些人很坏，很可憎。坏人都应该受到责备和惩罚。世界上没有完美的人，任何人都有可能犯错误，因此不能因某人一时的错误，就将其视为"坏人"，以至于对他产生极端的排斥和歧视。

(4)若事情的发展未如己愿,那实在是太可怕了。事物有它自己的发展规律,怎么能事事都尽如人意呢?如果一遇到不如己愿的事就感到可怕,那就会增添很多烦恼。

(5)不愉快的事情都是由自己不能支配的外界因素造成的。因此,人对自身的痛苦和困难无法控制和改变。外界的因素的确会对个人产生一定的影响,但并非如自己想象的那样可怕。个人对外部事件的解释、错误的看法,才是伤害自己的真正根源。若能够认识到情绪困扰之中包含了自己对外在世界的直觉、评价及内部言语的作用等因素,那么,外在的力量在一定条件下也是可以控制和改变的。

(6)一个人应该时时警惕是否有危险或可怕的事情发生。对危险和可怕的事情有一定的心理准备是正常的,但过于担心则是不必要的,那可能会干扰一个人的正常生活,使人整日忧心忡忡、焦虑不已。

(7)直面现实中的困难和自我承担的责任是很困难的,逃避是最好的选择。逃避虽可以暂时缓和矛盾,但不能最终解决矛盾。时间拖长了,还可能使矛盾激化,使问题更加复杂、更加难以解决,最终会导致更为严重的情绪困扰。

(8)人必须依赖他人,尤其是依赖强者。现实生活中,人们的确是需要相互依赖的,但过分强调依赖就会失去独立性,并且依赖毕竟不能持久,所以焦虑就会随时袭来。

(9)历史是现在的主宰,过去的影响是无法消除的。过去的经历是一个人的历史,这的确无法改变。但不能说历史上发生过的事就能决定一个人的现在和将来。虽然事实已无法改变,但人们对事情的看法可以改变,因此,人们仍然可以控制和改变自己以后的生活道路。

(10)一个人应该关心他人的事情,并为他人的事情而悲伤和难过。关心他人,富于同情,这是一个人有爱心的表现,但过分地关注他人,往往是对他人的一种不信任。而且,过分地关注他人,还可能会忽视自己的问题,使自己的情绪失去平衡,以至于使自己失去帮助他人的能力,也会使自己陷入被动的窘境。

(11)任何问题都应该有一个正确而完整的答案。若找不到一个正确而完整的答案,则会使人痛苦一生。人生是一个复杂的历程,如果对任何事情都要寻求一个完美而绝对正确的答案,是不可能办到的,只会使自己感到失望和沮丧。

20 世纪 70 年代以后,艾利斯进一步把这些主要的不合理的信念归纳为三大类,即对自己、对他人、对周围环境及事物的不合理的、绝对化的信念和要求。这些不合理的信念的显著特征是在语言上经常使用"应该""必须""一定要"等词汇。

有的学者对上述不合理的信念加以概括和简化,总结出以下三个特征,即绝对化的要求(demandingness)、过分概括化的理念(overgeneralization)和糟糕透了的观点(awfulizing)。

(一)绝对化的要求

绝对化的要求是日常生活中最常见的不合理信念。这种不合理的信念表现为一个人从自己的主观意愿出发,认为某一件事应该发生或不应该发生。此信念常常与"必须""应该"等一类词连在一起。

如"必须"的误区:

我"必须"成功。

我“必须”考入班级前十名——不是前十名就是失败，就郁郁寡欢。

我“必须”考上研究生——没有考上就没有活路了，认为前途一片灰暗。

我“必须”连任班长——落选就意味着巨大的失败，就丢了面子，就垂头丧气。

别人“必须”很好地对待我。

老师“必须”很好地对待我——否则就恨老师。

家长“必须”很好地对待我——否则就恨家长。

同学也“必须”很好地对待我——谁斜了我一眼，我就心情不爽，闷闷不乐。

又如“应该”的误区：

我“应该”是班级的前十名——没进前十名就沮丧、痛苦。

我“应该”受到别人的尊重——总为别人没有“尊重”我而感到郁闷、不安、委屈和痛苦。

老师“应该”关心学生——总觉得老师对学生“关心不够”从而义愤填膺。

班长“应该”是模范人物——总是觉着班长没起模范作用。

高等职业院校的校园环境“应该”是美好的——总是对校园的环境不满意。

宿舍卫生“应该”是人人都自觉保持的——总是对别人不注意宿舍卫生而气愤。

食堂的伙食“应该”是物美价廉的——总觉得食堂的饭菜“物不美，价不廉”。

有这种绝对化不合理信念思维习惯的人极易陷入消极的情绪困扰之中。因为客观事物的发生有其自身的规律性，是不可能以某一个人的主观意志为转移的。而且，一个人也不可能事事都成功，事事都做得很好。以这样一种信念来对已、对人、对事，都是不科学的，也是不合理的。

(二)过分概括化的理念

过分概括化是一种以偏概全的思维方式，也是对人、对己、对事的一种不合理信念。这种认识常常会使人产生自卑、自责、压抑的消极情绪，主要表现为对己、对人、对事的不客观的负性评价。

对自己的负面评价：

(1)对自己现在的负面评价　一件事没有如愿，如一次考试不理想，就认为自己是个笨蛋，自己无能，自己全完了，自己彻底失败了……使自己处于垂头丧气、一蹶不振的情绪状态之中。

(2)对自己过去的负面评价　自己过去的经历中曾经有过不幸，于是就认为自己整个过去的历史都是不幸的，找不到一点儿幸福和欢乐，也找不到一点儿成功。

(3)对自己未来的负面评价　对自己过去的负性评价，对自己现实状况的不满，直接导致对自己未来的前途失去信心，认为自己的前途无望，一筹莫展，不会成功。

对他人的负面评价：别人一件事没有做好，就认为这个人坏透了，一无是处。

对事物的负面评价：完成一件事情的过程中遇到一点挫折，就认为这件事情太难了，不可能成功。

艾利斯认为，过分概括化的不合逻辑，就好像以一本书的封面来评价一本书的好坏一样，是武断的、无理的。用过分概括化的不合理信念来评价自己，就会认为自己“一文不值”“一无是处”，使自己产生自责、自卑、自弃的负面心理和焦虑、抑郁的负面情绪。用过分概括化的不合理信念评价别人，也会把别人看得“一无是处”，会导致一味地责怪别人，并产生敌意、愤怒等情绪。无论是对己还是对人，按照艾利斯的观点，以一件事的成败来评价整个人都是一种“理智上的法西斯主义”。因为世界上没有一个人能够达到十全十美的境地。每一个人都应该接受“自己和他人是有可能犯错误的人”这样一个事实。所以，理性情绪疗法的一句名言是：“评价一个人的行为而不是评价一个人。”

（三）糟糕透了的观点

“糟糕透了”是不合理信念的第三个特征。一件不好的事情发生了，就认为糟糕透了。艾利斯认为，这也属于不合理信念。因为任何事情的发生都不是绝对的，都具有两面性。不是绝对的 100%的坏，也不是绝对的 100%的好。如科学技术的发展是好事还是坏事？计算机普及了是好事还是坏事？克隆技术是好事还是坏事？这些都不能一概而论。中国的先哲老子、庄子早就阐述过有关福祸同在、荣辱相依的辩证法思想，塞翁失马的故事也是妇幼皆晓。因此，没有一件事情可以被看作 100%的糟糕透了。当一个人认为自己已经遇到了糟糕透了的事情时，他就已经陷入极端不良的负面情绪之中了。

艾利斯认为，在一生中，任何人都可能或多或少地产生上述不合理信念，只是那些有严重情绪障碍者反应得更为强烈和明显罢了。因此，当一个人一旦陷入严重的情绪困扰之中时，他就需要使用理性情绪疗法进行治疗了。

四、理性情绪疗法的治疗步骤

理性情绪疗法的理念认为，人们的情绪困扰是由不合理信念造成的，要保持心理平衡，排除情绪困扰，就要去掉头脑中的不合理信念，用合理的信念取而代之。理性情绪疗法的步骤为五步，可概括 ABCDE 步骤。高职学生是悟性很高的群体，学习和领悟了理性情绪疗法的基本技术和方法后，可以在一定程度上进行自我心理调适。

A(activating events)——诱发性事件。

B(beliefs)——由 A 引起的信念(对 A 的评价、解释)。

C (emotional and behavioral consequences)——情绪和行为的后果。

D(disputing irrational beliefs)——与不合理信念辩论、对抗。

E (new emotive and behavioral effects)——辩论后产生的新的情绪或行为后果。

五步中，最关键的一步是找出不合理的信念 B。因为，发现问题是解决问题的开始。不合理的信念找到了，问题才可能迎刃而解。

例如，某学生将自己产生负面情绪的原因归结为校园环境不佳。

A：校园环境不佳。

C：苦闷、抑郁。

B：自己高考前十几年的苦读太“冤”了，进了一所校园环境不佳的学校。

此处，B 并不是真正意义上的 B，而是他自己对 C 的归因。也就是说，他仍然将产生苦闷、抑郁的原因归为外因。他的负面情绪是由校园环境不佳引起的，不是由自己的不合理信念引起的。那么，真正的 B 是什么呢？是他自己头脑中的对校园环境绝对化的要求。他觉得校园环境就“应该”是绿树成荫、高楼林立；就“应该”是一片书声琅琅、处处欢声笑语；高职学生也

"应该"都是热血青年，都"应该"充满青春的朝气。他看到现实中的校园与他理想中的校园不一致，才导致了自己的负面情绪。因此，他应该知道，他的情绪不佳，不是因为校园环境不佳引起的，而是由他对校园环境绝对化的不合理信念引起的。找到这个B之后，再进行下一步的D，即对校园环境绝对化的不合理信念进行驳斥，就可以使负面情绪有所缓解了。

下面是某高校心理系的学生用理性情绪疗法对自己的情绪困扰进行自我调节的案例，供读者参考。

案例一

多情却被无情恼——这是我有生以来和自己开的一个最大的玩笑

刚开始，我并没有怎么注意到他。后来，在图书馆、在教室，经常可以看到他孤独勤奋的背影。慢慢地，一天不见他我就心中不安。我于是开始思索接近他的办法。是开门见山呢，还是迂回曲折？由于胆量不够，我所有的计划都没有付诸行动，但我几乎已经摸着他的规律了，他什么时候在教室学习，什么时候在食堂吃饭，什么时候骑车从操场边经过……我的节律也渐渐和他的一致。这样基本上可以保证每天至少见一次。庆幸的是，他也开始注意我了。每次与他对视都使我感到幸福无比，觉得那深情的一眼已经表达出了所有的东西。他一定也有和我一样的感觉。肯定！可我需要等待，因为他正忙着考研，考完后我会慢慢表白的。

漫长的等待之后还是等待，很难再见一次了。想尽所有办法得到的消息只是他可能没考取。突然有一天，他出现了，可是身旁多了个她，我的心立刻乱了——这就是结果？伤心的时候诗意总是很浓，我给他写了两首诗，但没署名，我不愿被别人看成丑小鸭。我决定不再想他，有一段时间觉得自己做得挺不错，见了他竟也控制住了自己的视线。

那天，他出现在教室，我突然有一种遥远而亲切的感觉，不由得脸红心跳。晚上，我又一次失眠了。我发现他仍是那么有吸引力。其实，我从来没有真正地接近他，只不过是自欺欺人罢了。已经凌晨三点了，我索性起来给他写信，最后的要求只是希望能知道他的工作情况。这次，我署了名。我不再顾虑什么，也许这一别就是永远，我还在乎什么呢？

后来他来了，兄长般地和我聊了起来。当问及他是否想过那两首诗是我写的时，他很坦率，说没有，也从来没有注意过我。天哪，原来如此！自作多情，我今天才深深地体会到这一词的含义。我像做错事的小孩子似的低着头，泪水在眼眶里打转，但是没让它流出来。要想轻松地入睡是不可能的了。

我真的那么傻吗？当时我可是百分之百地肯定他也注意我了呀！可他的表情告诉我，我真的错了。

我就这么平庸？

不，我拒绝过好多男孩子。虽然我长相一般，但我不缺少内涵，我应该自信。

一场误会而已。

可还是难以接受。

把这场误会缩小，人生中经常会出现令人尴尬的场面，很自然，不必抓住不放，更不必夸大。

有点想通了，以后怎么办呢？

把一切都向他说明，也许更好。

他会用怜悯的眼光看我吗？

也许会。

那我可受不了。

告诉他你不需要怜悯，他会另眼相待的。

这不更好吗？

对！人生的路还很长，这个玩笑很有教益。心理的作用真是巨大，它常会扭曲客观世界的真实面目，所以了解并调节自己的心理是很重要的。

轻松了。现在睡觉，明天还要参加校运动会开幕式。

案例二

得了肝炎之后

去年年底，正值期末，我突然查出患了甲型肝炎，并住进了医院，情绪一落千丈。随着时间的推移，我的情绪逐渐稳定，并最终化悲为喜。现在想来，也许当初是不自觉地运用了理性情绪疗法。下面就这一事件，运用 ABCDE 步骤进行分析如下。

A. 诱发性事件：身患甲型肝炎，必须住院治疗。

B. 对该事件本身的看法、信念：

1. 对考试的焦虑

当时已经是十二月中旬，期末的全面复习已经开始。我有两门功课已经复习了一半儿，可这一病，考试、复习岂不是全泡汤了。本来十二月底至一月初就能完成的考试，这一拖，最起码得下学期了。期末与大家一起复习，可以互相协商，共同探讨，而且也有动力。若等到下学期缓考，寒假过不去不说，开学后别人都闲玩儿，就我一个人拼命复习，还没了照应，在短短两周里一下子缓考六门，复习也是个问题。再说这学期最后的一部分课程也落下了，还得补。

2. 时间的耗费

我一住院就得卧床休息，白天要打点滴，晚上又不能熬夜，本来是大好时光，现在却要白白浪费，学习不成，出去玩也不成，整天闷在病房里，无所事事。若不生病，学习也成，出去勤工俭学也成。总之，都比待在病房里强。

3. 对生病的焦虑

为什么单单我生病，别人与我同吃同住都不得病，我怎么这么倒霉，偏偏染上了甲肝，还是传染病。肝炎对身体损害极大，一旦染上了不易好转。有的要好几年才能恢复，有的甚至陪伴终生。我得什么病不好，偏偏染上了它。万一此病不能好转，起码先得休学，说不定会影响一生的事业和生活。

C. 行为与情绪的结果：整天愁眉苦脸，情绪低落、意志消沉、焦虑不安、不思饭菜。整日无所事事，卧床苦闷极了。

D. 质疑：找出不合理信念，进行驳斥。

1. 有关考试

已经进行的复习并不白费，下学期缓考怎么也得复习，原来复习时间较短，考试比较仓促，这下可以放开充分复习了。而且，别人先考完了，自己可以问清题型、重点、出题思路，即使老师换题，自己也会心中有数了。更何况有些老师题目根本不换，自己更可以得来全不费功夫。下学期缓考虽使自己一开学便投入紧张复习，但不正好促使自己及早收心，提前进入学习状态吗？而且所考科目说不定还对自己考研复习有帮助，何乐而不为呢？

2. 有关时间

虽然生病，但时间并非白白浪费。一来自己可以趁机好好休息一下，在医院里可以进行全面检查，看看还有没有其他潜在疾病，及早发现，及早治疗。二来自己躺在床上，还可以得到中西医会诊，饭有专人送，水有专人打，房间有专人来收拾，家里又送来了多种水果，可供自己任意选择。同学们天天跑来看我，连医生都说肝炎是“富贵病”。此外，平时学习紧张，许多优秀的小说都没时间看，这回该买的买，该借的借，正好过把看小说的瘾。若不生病，哪有机会去享这等清福呢？

3. 有关生病

我得的是甲肝，算是肝炎中最轻的一种。据大夫讲，甲肝来得快，去得也快，不像乙肝那样，一旦得上至少要观察一年，而且终生携带病毒。自己现在得了甲肝，以后就很难再染，总比毕业分配时患病要强得多，起码现在什么都不会耽搁。同宿舍中不少同学都住过院，有的还休过学，自己这回经历一次住院，也算填补了生命中的一项空白，又没造成休学，应该算是相当走运了。这次生病对自己也是一次警示，告诫自己以后需要加强锻炼，增强自身的抵抗力，这对自己无疑是一个促进。

4. 效果

观念变化之后，我的情绪大为好转，精神振作了，吃饭也香了，病情也逐渐好转，不到一个月时间就出院了。

生病住院本来就不是一件好事，悲观的情绪更会影响疾病的治疗。利用理性情绪疗法的 ABCDE 步骤，有助于病人转变观念，积极发现不良事件中积极乐观的一面，用合理的乐观的情绪促进病情的好转，是心理治疗帮助身体治疗的一种重要形式。

思考与练习

1. 情绪的性质和类型有哪些？
2. 作为一名高职学生，请结合自身说一下高职学生情绪困扰的特点。
3. 简述情绪情感智力的理论内涵和组成要素。
4. 简述 ABC 理论的主要内容，并结合自身经历进行理论应用。
5. 简述理性情绪疗法的治疗步骤。

知识链接

"情商之父"丹尼尔·戈尔曼在1995年发表 *Emotional Intelligence*(译作《情感智商》或《情商》)一书,在全球掀起了一股强劲的旋风。其实,戈尔曼在其书中论述的都是情绪智力。他认为,人们首先要认识情绪智力的重要性,改变过去只重视智商,认为高智商就等于高成就的传统观念。他通过科学论证得出结论:情绪智力是人类最重要的生存能力,今生的成就至多20%可归因于智商,另外80%则要受其他因素(尤其是情绪智力)的影响。在众多人类团体中,领导人都具备影响他人情绪的最强力量,而只有最杰出的领导人,才能体会到情绪在工作场合扮演的重要角色。情绪智力高的领导人不仅可以获得提升企业成果、留任人才等有形的收获,还有许多重要的无形收获,如提高士气、冲劲及责任感。

在 *Emotional Intelligence* 一书中,戈尔曼使用清新易懂的大众媒体笔调,向读者们娓娓讲述小孩和大人如何学习和利用情绪智力在学校和社会生活中取得成功。而且,它颠覆了长期以来占据主流地位的人生成功"唯智商论"。这本书受到读者的广泛关注,成为许多人通往成功的必读书目之一。这是情绪智力实务化的第一步。

接着,戈尔曼把情商实务化工作引向它的主战场——企业组织,帮助企业组织中的个人、团队乃至整个组织改善情商,提高绩效。出于同样的让读者容易读懂和运用的目的,戈尔曼利用企业组织分析的一般框架构筑了 *Working with Emotional Intelligence* 一书,分别揭示了情商在个人、人际和组织三个层面所体现出来的不同能力,以及怎样培养和利用这些能力实现个人职业和企业组织的目标。

由于领导对企业组织成功的极端重要性,戈尔曼把它从企业组织中单独抽调出来,专门在他和知名的情商专家里查德·博亚特兹斯(Richard Boyatzis)及安妮·麦基(Annie McKee)合著的新书 *Primal Leadership: Unleashing the Power of Emotional Intelligence* 中加以阐释。三位作者从对世界级企业数十年的分析中发现,情商已经成为一种关键的领导能力。企业领导人能够使用一定的流程,长期地评估、开发和维持自己的情商能力,鼓舞和激励员工,在团队和组织中培育引起共鸣的领导力,并利用这种共鸣提高企业的利润。同时,他们还能够针对不同的领导情景,灵活地用好6种不同领导方式。

读者可以阅读丹尼尔·戈尔曼上述作品的原版或中文译本进行扩展学习。

小案例

上学期期末,我的高等数学考试没通过,必须再跟着一年级的同学一起考试。整整一个暑假我都闷闷不乐,心中像是装着一块大石头。在这样一种情绪状态下,书也看不进去,本该在暑假里好好复习数学,可每次坐下,总是学不了多大会儿就心烦意乱,脑子里总是想着别的同学大二都可以按部就班地学大二的课程,我却还有一门大一的课程没通过,既烦心,又丢人。

在烦躁中度过两个月后，我终于明白：高等数学不及格已是不可更改的事实，我应勇敢面对这一现实，把高等数学再好好学一遍，再好好考。如果我总是陷入懊恼和沮丧中，于事无补，再考一次可能仍不及格。况且，现在再学一遍，把基础打好，两年后专升本考试时还轻松些。改变想法后，我的心情豁然开朗，情绪也好起来了，不再因高等数学不及格而自卑。我又认真学了一年，终于顺利过关。

学了合理情绪疗法的理论和技术后，回想此事，我发现自己的情绪在当时之所以有那么大的起伏，正是因为自己没有对情绪进行合理化分析，自己的不合理信念导致了消极情绪，后来认识转变了，情绪也就调整过来了。

第五章

高职学生学习心理困扰的自我调适

教学目标

1. 认知高职学生学习的特点；
2. 认知高职学生学习中的心理困扰；
3. 高职学生学习心理困扰的自我调适；
4. 认知森田疗法与神经症；
5. 用森田疗法治疗神经性失眠。

知识导图

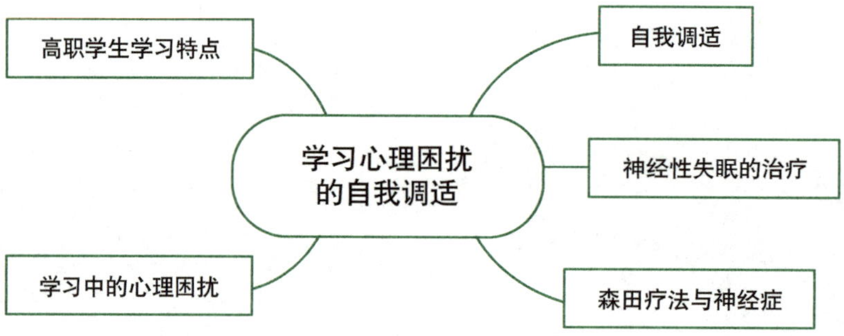

案例导入

“老师,我最近在学习上给自己定了一个很大的目标,学习压力也大了,但是感觉学习效率反而还没有之前高,我是不是哪里出问题了?”小张正在心理辅导室与老师沟通。“你能说一下具体情况吗?为什么突然给自己增加学习压力呢?”

“上个月看完一部励志电影后,我好好地思考了一下,感觉自己从前都是在虚度年华,每天浑浑噩噩,学习成绩也不上不下的,所以下决心准备在这学期期末考进全系前三名……”

“然后你每天上课、学习都在想着这个‘伟大的目标’,是吗?”

“对,我现在连睡觉都在想着怎样才能尽快提高学习成绩,可是感觉每天都好累,学习状态还没有以前好,学习效率也不高。所以我想向您咨询一下,这到底是哪里出问题了呢?”

“你能及时发现自己的问题,并向老师咨询帮助这一点很值得鼓励,说明你确实下了很大的决心改变现状,请相信你一定可以很好地实现自己的目标,但是我今天需要跟你讲一些有关学习心理学的知识。”

“根据心理学家耶基斯和多德森的研究,学习动机强度与学习效率之间并不是线性关系,具体体现在:动机处于适宜强度时,学习效率最佳;动机强度过低时,缺乏参与活动的积极性,学习效率不可能提高;动机强度超过顶峰时,工作效率会随强度增加而不断下降,因为过强的动机使个体处于过度焦虑和紧张的心理状态,干扰记忆、思维等心理过程的正常活动。”

“所以你不能过于看重你的学习目标;另外,学习本身是一件循序渐进的事情,只要持之以恒,相信老师,你一定可以实现自己的目标!”

经过心理老师的分析以及小张自己的努力学习,他最终在期末取得了全系第一的好成绩。

学习是每一个学生的主要任务,也是高职学生生活的主旋律。在科技飞速发展的今天,学习是一个人的发展之本。在万物互联和智能化的今天,学习更是一个人的生存之基。无论过去、现在还是将来,学习都是一个人人生中一道最长、最美、最亮丽的风景。

然而近几年来,我们在高职学生心理健康课上所做的调查显示,超过50%的学生在学习上都存在着负面的或消极的情绪体验,如学习疲劳、紧张、焦虑、烦躁、自卑、压抑、厌倦等。所以正确地认识高职学生学习中的心理困扰,正确地对待学习中的心理矛盾和冲突,对于高职学生提高学习效率、保持身心健康是十分重要的。

第一节　高职学生学习的特点

高职学生要想消除学习上的心理困扰，首先应该正确认识高等职业院校学习的本质和特点。高职学生的学习与中学生相比，在学习的目的、性质、途经、内容和方法等方面都有很大的不同，具有了很多新的特征，其中下列五个方面是最基本的。

一、学习具有较高层次的职业定向性

高等职业院校的学习同中学相比，具有较高层次的职业定向性。较高层次是区别于中等职业技术教育，职业定向性是区别于基础教育。

二、学习具有更大的主观能动性

与中学的学习相比，高等职业院校的学习有更大的主观能动性，表现在如下两个方面。

1. 有更多的自由支配时间

据调查，除去上课、休息等正常日常生活所需时间外，约 53.97% 的学生在上学期间每天课外时间≤5 小时，31.63% 的学生每天课外时间在 5～7 小时；而在周末，有超过 58.36% 的学生课外时间≥7 小时。

2. 学习内容有了更大的选择性

中学虽然也有选修课，但选修的内容毕竟相对狭窄，而且由于高考的压力，选修课往往形同虚设。高等职业院校则不同，不但高考的压力解除，而且学习的天地更为广阔，学习的内容更为丰富，选修的课程也更为多样，高职学生可以根据自己的兴趣、需要和特长等进行更为灵活的选择。

三、学习途径更具多样性

在中小学，课堂学习几乎是学习的唯一途径。而高等职业院校则不同，课堂学习虽然仍是学习的主要途径，但已不是唯一的途径。除了课堂学习，还有课堂之外的学习。图书馆、阅览室、各种网络课堂（如 MOOC、雨课堂等）、企业实践、参加或协助教师从事科学研究活动、听各种学术讲座、参加校内外的各种实践学习活动等都是高等职业院校学生学习的重要途径。

四、学习具有探索和实践的性质

高职学生的学习不仅要掌握知识，而且要掌握应用实践的能力和探索研究的方法。除此之外，高职学生还要随时注意了解自己所学专业学科发展的前沿动态及其存在的问题和解决这些问题的可能性，为自己能在所学的专业领域里有所建树奠定理论知识、技术技能等方面的基础。

置身于高等职业院校学习生活之中的高职学生，要想在新的学习生活中游刃有余，就必须为新的学习生活做好相应的心理准备，以便能克服学习中的各种困难，顺利地完成高等职业院校的学习任务。

五、学习途径更具个性化

2018 年 4 月，教育部在发布的《教育信息化 2.0 行动计划》中提出“探索在信息化条件下实现差异化教学、个性化学习、精细化管理、智能化服务的典型途径”的行动；2019 年 2 月，中共中央、国务院在印发的《中国教育现代化 2035》中提出“利用现代技术加快推动人才培养模式改革，实现规模化教育与个性化培养的有机结合”；2019 年 2 月，中共中央办公厅、国务院办公厅在印发的《加快推进教育现代化实施方案(2018—2022 年)》中更是提出“促进信息技术与教育教学深度融合，支持学校充分利用信息技术开展人才培养模式和教学方法改革，逐步实现信息化教与学应用师生全覆盖”。在国家导向以及“互联网 + 教育”的信息化新时代大背景下，随着智慧城市、智慧校园的建设，高职院校学生个性化学习途径是大势所趋、潮流所向。

第二节　高职学生学习中的心理困扰

一、所学专业与个人志向不一致带来的烦恼

高等职业院校的专业学习对很多学生而言是很陌生的。大多数学生高考的志愿都是在教师和家长的劝慰和参谋下填报的，具有较大的盲目性。有的是为了高考可以过分数线，有的是为了毕业之后选择职业可以方便一些，还有的是跟着赶时髦而盲目地追求热门专业。只有少数学生是出于个人志向的主动选择。在这样的情况下，进入高等职业院校校门之后，专业学习和个人志向的矛盾就显露出来了。当所学专业与自己的志向大体一致的时候，高职学生当然会感到满足、欣喜和安慰，并由衷地增添学习的动力。但当所学专业与自己的志向不一致时，他们就会感到苦恼、失落、迷惘、困惑与彷徨，有的学生甚至想退学重考。而重考的代价是很大的，所以，大多数学生会选择坚持把高职读下来再说。这样的学生必须进行学习心理的自觉调整，否则，烦恼和痛苦有可能相伴整个大学生涯，影响其身心的健康。

二、学习动机缺乏造成的空虚和懈怠

很多学生高考之前拼命地苦读，就是为了能够拿到一张高校的录取通知书。而一旦踏入高校校门，便失去了生活的目标，出现了动机真空，不知道自己的劲儿该往哪里使。如有的学生在长期的应考过程中产生了严重的厌学心理，不愿意在学习上再下那么大功夫；有的学生由于不适应高等职业院校的学习方法，成绩总是不理想，因而失去了学习上的进取心，产生了破罐破摔的消极心理；有的学生对教师的教学质量不满，对教师或学校的工作有意见，产生了消极的情绪从而失去了学习的兴趣；有的学生是由于同学之间的人际关系紧张，而影响了学习的积极性等。总之，原因虽然很复杂，但表现形式是类似的，即学习缺乏主动性、积极性和自觉性，表现出学习上的倦怠、生活上的懒散、精神上的空虚和消沉。

例如，早上不愿意起床，上课不愿意听讲，用他们自己的话讲就是"一上课就犯困"。课下不愿意看书，不愿意写作业，不愿意动脑筋，用他们自己的话讲就是"一看书就头疼，看不了几页就想睡觉"。学习无计划，无目标，随大流，沉迷网络、手机游戏等。此类学生的消极学习心理必须尽快解除，否则，任其发展下去，还会引起一系列其他的问题，如考试不及格引起的烦恼，留级、退学导致的自卑和抑郁等。这样无论对自己还是对家庭都会造成无法挽回的损失和伤害，对学校和学生所在的班级也会产生消极的影响。

三、学习动机过强导致的焦虑和抑郁

学习动机缺乏会产生心理上的空虚和无聊，影响高职学生学业的完成。反之，学习动机过强也会降低学习效率，并更容易导致心理上的困扰和生理上的不适。有些学生不顾自己的客观条件，为自己设定了太高的目标，如数学一定要95分以上，外语一定要90分以上，总分一定要考入班级的前三名等。他们认为："只要我努力了，就一定能够达到目标。"其实这是一种错误的认知模式，因为能不能达到目标，不是只要主观努力就可以奏效的，还需要其他客观的条件，如天资、环境等。又如，有的高职学生为自己设定了这样的目标："决策要有政治家的远见，工作要有军事家的气魄，管理要有企业家的胆识，社交要有外交家的干练，才识要有科学家的功底，生活要有艺术家的浪漫。"这样的目标是模糊的，也是不现实的，在很大程度上具有幻想的成分。如果以这样的目标来激励自己，往往导致对自己要求过于严格，过于苛刻，也容易导致失败的结局。当然，也有的学生是由于父母、老师过高的期望和要求，把学习的弦绷得紧紧的，唯恐有一点点松弛。

在过强学习动机导引下的学生，在学习上过于勤奋，往往把全部心思都用在了学习上，不允许自己有一点点分心，不允许自己有一点点娱乐、休息和运动，否则，就认为自己浪费了时间。除此之外，这类学生在学习上往往过于争强好胜，过于看重分数，看重名次，看重结果，而且非常害怕失败，非常想得到老师、家长和同伴们的肯定和称赞，把外在的评价当成了自己内在学习的动力，反而失去了学习过程本身应有的兴致和乐趣。由于长时间超负荷的学习，情绪上难以松弛，这类学生往往会产生学习上的焦虑和考试焦虑，还可能会导致头痛、头昏、耳鸣、心悸、食欲不振、失眠多梦等身体上的不适，同时也会产生思维迟钝、记忆力减退、精力不集中等不良反应，从而降低学习的效率，形成情绪上的恶性循环，使自己陷入抑郁的心境状态之中。

由于为自己设定的目标太高，这样的学生即使有了成就也没有成就感。如果有一点点纰漏，他们就会无休止地责怪自己，使自己总是生活在紧张、焦虑和不安的情绪状态之中。

四、学习成绩下降造成的自尊心受挫

如今的高职学生一般都是在校园里长大的，他们从家门到校门，再从校门到家门，还没有经过社会上疾风劲雨的洗礼。因此，高职学生的自尊心大多建立在学习成绩的基础之上。而且，不少学生也有在中学学习成绩还可以的经历和体验。在一般人看来，学习成绩是一个人学识、能力、才华的重要指标。如果学习成绩上去了，就感觉自己的价值就实现了，在同学们面前有面子、有尊严；如果学习成绩上不去，就感觉自己的价值没有实现，自尊心受到极大的伤害，在伙伴们面前抬不起头来，因而心情抑郁、闷闷不乐，甚至有学生因为不堪忍受学习成绩下降带来的心理负担而轻生。

五、学习负担过重引起的紧张和压力

有些学生在中学时就学得很苦，心理负担很重，压力很大。好不容易冲过了高考的独木桥，以为到大学可以歇口气了，但进入大学后发现，大学的学习也并不轻松。高职院校的学习相对于中学而言，专业化的程度提高了，难度加大了，内容也增多了，教师的教学方法也改变了，对学生独立性、创造性的要求增强了。这样一来，有些学生就感觉吃不消，负担太重，压力太大。此外，由于地区教育水平的不平衡及语言和文化上的差异，来自不同教育水平地区的同学有很大的差距，一些同学不适应，因而总担心考试不及格，内心惴惴不安。

六、学习方法不当造成的学习疲劳和不适

高职院校的学习方法与中学相比发生了很大的变化，但是有些学生对此认识不足。如有的学生认为自己天资聪颖，不用去讲究什么学习方法；有的学生认为只要自己刻苦努力，功到自然成，不用去研究什么方法；有的学生学习动力不足，就更谈不上什么学习方法了；有的学生学习的意志薄弱，在学习上懒散放任，因而也不讲什么方法。上述不同原因均会导致学生不讲学习方法，但学习方法是客观存在的，不讲方法，也就必然会降低学习效率，影响学习效果，进而造成心理上的压力，影响心理健康。

一般而言，影响高职学生心理健康的学习方法主要有两种，一种是疲劳战术，一种是突击战术。疲劳战术即“两眼一睁，忙到熄灯”。有些学生不会学习，不会听课，不会记笔记，不会合理安排时间，白天时间抓得不紧，晚上很晚才睡，中午也不休息，又不愿意参加课外活动、体育锻炼等，把自己搞得疲惫不堪，学习效率下降，内心焦灼不安。还有些学生平时学习抓得不紧，无计划、无目标、贪玩，到期末考试的时候，才发现自己这也不懂那也不明白，于是“临阵磨枪”，搞突击战术，导致心理上过度的疲劳和紧张。

七、考试过度焦虑导致的烦躁和失常

考试是高职学生产生心理压力的主要来源之一，每个学生都希望自己能够在考场上取得理想的成绩，可是总有学生不得不面对考试失利的现实，于是就会产生一系列心理问题，如自尊心受挫、丧失信心、精神苦闷、厌恶学习、自暴自弃、烦躁不安等。因此，考试对学生心理健康的影响是很大的。

考试中的心理健康问题主要表现为考试过度焦虑。如果以时间为序，可把考试过度焦虑分为三种情况：

第一种是考前过度焦虑。临近考试之前，担心考试通不过，担心自己的时间不够用，担心自己复习得不充分，担心自己考不出理想的成绩等，内心忐忑不安。

第二种情况是考中过度焦虑。考试时遇到不会解的难题便冒虚汗，心律加速，思维中断，脑中一片空白，甚至昏厥、晕场等。

第三种情况是考后过度焦虑。考试过后，担心自己的成绩不理想，想象自己不及格的情景而惶恐、烦躁等。

第三节　高职学生学习心理困扰的自我调适

高职学生在学习方面出现的心理困扰是多种多样的，原因也各不相同。这些学习方面的心理困扰对高职学生学习潜能的开发、学业的完成以及身心的健康发展都构成巨大的威胁。因此，高职学生有必要了解学习方面的科学知识，讲究学习方面的心理卫生，学会学习，也学会对学习方面的心理困扰进行自我调适。

一、树立现代学习观念

学习观念，或者说学习理念，是关于学习问题较为系统的认识和思考。比如，“为什么学”“学什么”“怎么学”等都是必须明白的问题。学生在升入高职院校之后，在学习方面会出现很多问题，有学习动力的问题、学习态度的问题，也有学习意志和学习方法等方面的问题。而所有这些问题都与深层次的学习观念有关，因为观念是行为的先导，要解决学习方面的心理问题，还是要先从观念开始。

西安交通大学的林毓锜教授在《大学学习学——学生成才学习理论》中提出，大学生在大学学习期间应该树立7个最为基本的学习观念。

1. 大潜力、高目标的观念

所谓大潜力，指的就是人脑的潜能和人自身的潜力。现代脑科学的研究表明，人脑是三大科学(物质、生命、人脑)之谜之一,是地球上最复杂、最精密、最深奥的东西。人脑的功能之多,记忆的容量之大非常惊人,是一般人想象不到的。20 世纪初,美国的一位最著名的心理学家和哲学家威廉·詹姆斯就提出:普通人只用了他们全部潜力的极小部分。詹姆斯把这作为自己最重要的发现之一。他认为:“与我们应该成为的人相比,我们只苏醒了一半。我们的热情受到打击,我们的蓝图没能展开,我们只运用了我们头脑和身体资源中极少的一部分。”所以有人说,人类浪费最多、开发最少的是人类自身。

所谓高目标,是指一个人在学业上的期望和志向。心理学的研究表明:一个人的成就与一个人的志向和期望水平成正比。志向和期望水平太低,会降低一个人的进取心和成就欲,从而阻碍一个人取得好的成绩。志向和期望水平高的人才有可能取得高的成绩。换句话说,成就欲望高的人,成功率也高,成就欲望低的人,成功率也低。

心理学的研究还表明,在一般的群体中,智商高或智商低的人(或者说智力超常或智力低常的人)都属于少数,以大体相当的分数考入高职院校的学生智商差距不大。因此,在高等职业院校期间,学习成绩的好坏、学业发展的优劣,关键在于高职学生自身的努力。所以,树立大潜力、高目标的学习观念是非常重要的。

树立大潜力、高目标的学习观念,就是要相信自己的潜能,相信自己有完成学业的能力,同时也要为自己设定一个较高的学习目标,督促自己向更高的目标努力,“不用扬鞭自奋蹄”。

如有一位本来在中学学习成绩不错并以较高的分数考入高职院校的学生,由于刚入校时对大学的学习不适应,几次考试都不及格,便怀疑自己的能力,认为自己不行,自己是个“差生”,完成不了学业了,对大学的学习失去了信心。后来,在老师和同学们的帮助下,他开始对自己进行积极的自我心理暗示,改变自己观念中“我不行”的错误认识,建立起“我能行”的自信心,相信自己有学习好的潜能,有完成学业的能力,相信自己仍然是个好学生。这样,他又重新燃起追赶的希望,抬起垂了很久的头,挺起弯了很久的胸,逐渐恢复了正常的学习生活。

2. 自主学习的观念

如前所述,高职学生学习和发展的潜能是巨大的,因此应该树立较高的学习目标。那么,靠谁去挖掘学习的潜能,去实现学习的目标呢?当然是要靠自己。

传统的学习观念认为,学习主要是靠一个先生——老师;现代的学习观念则认为,学习要靠两个先生:一个是教师,一个是自己,而主要是靠自己。自主学习就是一种依靠自己学习的现代学习观念,即学习者自己主动地、有主见地去学习。自主学习可以具体地概括为四个部分,即自我识别、自我选择、自我培养和自我控制。

自我识别,即了解自己的水平,了解自己的长处和短处,了解自己的志趣、爱好、能力等。自我识别是自主学习的前提,如果对自己的水平、优劣等一无所知,就难免会在学习上随大流,盲目地跟着别人“照葫芦画瓢”,也就很难使自己的学习处于自觉而清醒的状态。

自我选择,即在了解自己的水平和优劣势之后,分析一下自己是需要扬长还是需要补短,确定好自己学习的目标,以增强学习的主动性和目的性,减少学习的盲目性。

自我培养,即在自我选择的基础之上,选择科学的学习方法并制订切实可行的学习计划,积极主动地将其付诸行动。

自我控制,即在学习的目标、时间的安排、方法的使用等一系列环节上,自觉地排除干扰和诱惑，对自己实行有效地控制。任何合理的目标、科学的计划、完美的愿望都不会自然地实现，都必须经过自己的意志努力，克服自身常有的惰性和任意性。因此，自我控制也是自主学习中非常重要的一环。

3. 科学学习的观念

科学学习是相对于“经验性学习”而言的。“经验性学习”即靠学习者个体的学习经验进行学习，而“科学学习”则是根据学习的科学原理，并与自己学习的时间和经验结合起来形成的既科学又适合自己学习实践的学习。

科学学习是建立在“学习学”科学原理基础之上的学习。“学习学”是一门专门研究人类学习活动的现象和规律的新兴学科。自 20 世纪 80 年代末诞生以来，“学习学”发展异常迅速，对于人们应对知识爆炸、网络信息弥漫、智能化日益普及给学习带来的压力，帮助人们减少学习的盲目性、提高学习效率，开发自身潜能，学会学习、学会生存起到了积极而有效的作用。

有的学生可能会想，我连专业课的学习都顾不过来，哪有心思去研究什么“学习学”？其实不然，“学习学”是一门“授人以渔”的方法学。例如，曾被称为“21 世纪的个人护照”的《学习的革命》一书，自出版以来就一直是有关学习方法的畅销书。《学习的革命》揭示的命题的确很现实，它告诉大家，世界正在经历一次关键的转折，我们生活在一场改变我们生活、思想、沟通、成功方式的变革中，《学习的革命》将为读者制订一个处于变革年代的终身学习计划。这样说来，《学习的革命》一书，应该说也是属于“学习学”学科体系的范畴，它对新时代知识社会学习的本质、学习的价值、学习的目的以及学习的内容和学习方法的研究，为人类学习活动的革命提出了自己独到的见解。因此，“学习学”离我们很近，就在我们身边。我们应该了解它，熟悉它，掌握它，并用它来为我们的学习实践服务。

4. 创新性学习的观念

创新性学习是指学生在学习的过程中，不拘泥于教材或教师所讲的结论，能提出独到新颖的观点和方法；在实践中或在完成作业的过程中，有不同于老师或书本上所讲的推导过程和思维过程。此外，在学习过程中，如果学生能通过自己独立思考和探索得出与前人相同或相近的结论，虽然这个结论相对于全社会来讲并没有独创性，但是经过自己独立探索获得的，也是一种超越自我的创新活动。

总之，创新性学习是指一个人既能认真学习前人留下来的知识而又不受这些知识的约束，敢于另辟蹊径，言之成理、持之有故，有自己的独到之处；在接受知识时，能像前人创造知识时那样去思考和发现，在解决问题的各种实践活动中，能力图提出有新意的甚至是全新的见解和方法。

创新性学习有四个方面的特征：一是能动性，即学生能自觉主动地学习；二是独立性，即学生可以摆脱对教师的依赖，独立地开展学习活动；三是超前性，传统的学习模式是跟随性，是先教后学，创新性学习的模式则是超前性，先学后教；四是参与性，强调学生作为学习主体主动地参与学习，在学习中形成一种平等、和谐、热烈的探索氛围，其宗旨是变传统的被动接受式的学习为积极主动参与和探索、研究式的学习，变重结果的学习为重过程和方法的学习。

5. 勤奋学习的观念

如果说，大潜力、高目标，自主学习，科学学习，创新性学习都是现代脑科学、教育科学以及教育改革实践中孕育出来的新学习观念的话，勤奋学习则属于传统学习观念，是我们应该继承的传统学习观念的精华。

爱因斯坦曾经为人们提供过一个成功的公式：成功 = 1% 的灵感 + 99% 的汗水。

有些学生高考之前还算勤奋，但到了高职院校之后，感觉压力小了，动力也没了，总是进入不了学习的状态，没有了勤奋学习的劲头，有的学生甚至戏称自己是“九三”学生，即上午 9 点起床，下午 3 点起床，在学习上松松垮垮，在生活上懒懒散散。长此下去，肯定会使学业荒废，到头来后悔莫及。

当然，只有勤奋而学不得法，学习也难以取得好成绩，但只有“小聪明”而不勤奋，学习也不会有好的效果。

6. 实践中学习的观念

高等职业教育属于行动导向的教育，高等职业教育阶段又是学生投身于社会实践前的临界时期，所以，对于高职学生来说，参加一般的社会实践和专业实践都具有与中学生明显不同的意义，而且很多知识和技能也必须要在实践中才能学到。因此，高职学生要特别重视实践和实际，特别是现在的小龄高职学生，仅有书本知识，缺乏社会实践和生活的经验，更应该重视在实践中学习。这里的实践既包括学习中一般的实践性环节（如做练习题、上实验课），也包括专业性的实践（工科类的专业实习、医科类的临床实习、师范类的教育教学实习等）和社会实践考察等。很多学生有重理轻文的倾向，也存在重理论轻实践的问题，因而具有动手能力较差、能说不能做的弱点，因此树立实践中学习的观念是很有必要的。

7. 全面学习的观念

全面学习有如下三个方面的含义：

第一，既要学会如何做事，又要学会如何做人，而且首先要学习做人。人民教育家陶行知曾经讲过：“千教万教教人求真，千学万学学做真人。”学会做人一辈子幸福，不会做人一辈子痛苦。很多高职学生乃至高校的本科生、硕士生、博士生，学习成绩都很好，但人格怪异，不合群，人际关系紧张，为自己的生活增添了很多无谓的烦恼，应该引以为戒。

第二，德智体美劳诸方面全面发展。德智体美劳诸方面都是全面发展教育的重要组成部分，缺一不可。曾有人幽默地指出：对于大学生而言，智育不合格是“次品”，体育不合格是“废品”，美育不合格是“残品”，而德育不合格是“危险品”，劳育不合格是“半成品”！所以，高职学生应该争取德智体美劳诸方面的全面发展。

第三，知识能力的获得和素质的提高全面进行。知识是人类在改造世界的实践中所获得的认识和经验的总和。能力是人们从事某种实际活动的本领。

素质是什么？目前教育界还无定论。《素质心理学》的作者周冠生教授认为：“素质”一词，既是马克思主义哲学上的一个术语，也是现代心理学上的一个基本概念。前者可以定义为广义的（哲学）素质概念，后者可以定义为狭义的（心理学）素质概念。

从狭义上讲，素质是指生物有机体先天具有的某些解剖和生理上的特征。从广义上讲，素质是事物带有根本性的品质。对于人而言，素质就是人（集体的或个体的）的根本特质，它是全人类性（人性）的根本特质，也是个体（个性）的根本特质。从辩证法立场考察人的素质，素质是一种新的形成物，它是人的先天禀赋与后天活动的“合金”，是人的生理解剖特点、个性心理特点(即社会意识品质)所构建起来的一个整体,即人的各种身心特点的系统。所谓广义的素质,就是一个人在活动前所具有的稳定的身体的、精神的及社会的基本特质。它以不同的方式调节着人的活动。素质教育是针对应试教育而言的,素质教育中所指的素质,当然是指广义的素质,并不局限于人的自然性方面的先天内容,还包括人的社会性方面的后天形成的"合金",即包括人在社会化过程中形成的一系列心理品质、能力、技能、行为习惯、文化涵养、政治思想及道德等方面的诸多品质和内容。

综上所述,知识不能代表能力,也不能代表素质。高职学生在学习期间,不能只是单纯地学习知识,还要注意发展能力,提高自己的综合素质,为以后的成长奠定全面而坚实的基础,因此高职学生还必须树立全面学习的观念。

除了上述7个基本的学习观念之外,我们认为高职学生还要树立终身学习的观念。终身学习的观念也是适应现代知识化、信息化、学习化社会发展的需要而诞生的新型学习观念。传统的学习观念体现着一次性学习定终身的思想。因为传统的农业社会,社会发展的速度缓慢,一次性受的教育可以使人受益终身。当时人们把人生分为界限分明的三个阶段:学习阶段、工作阶段和养老阶段,民间流传着"人过30不学艺""少年不努力,老大徒伤悲"等俗语。而现代社会是知识爆炸和科技飞速发展的知识化、科技化、物联网化、智能化社会,学习将成为人们的一种日常生活需要,不学习几乎无法生存和生活,因此,现代的高职学生还必须要树立终身学习的观念。

二、逐步培养职业情感

有些学生进入高等职业院校前,对自己将来所从事的职业缺乏实际而足够的思想准备,进入高等职业院校后,听了学校领导、教师以及老校友和"师兄""学长"们的介绍,才开始对自己未来的职业进行认真的思考。由于对未来的职业感到陌生、担心,或由于未来的职业与自己的理想相去甚远,有些学生就觉得自己是"进对了大门,迈错了二门",进而对自己的专业学习不感兴趣,学起来很痛苦,成绩也自然不会理想。怎样面对专业要求和个人志向之间的矛盾呢?经过与高职学生的座谈和讨论,我们提出如下几点意见,供读者参考。

(1)职业情感的培养不是一朝一夕之事,只有知之深才能爱之切。如果在接触职业之初,就要求我们对其热爱,那是不切实际的。因此,在接触职业之初,对职业的陌生感、不安感都是正常的,不要在此阶段苛求自己一定要对职业多么热爱,允许自己有一个较长的适应期。

(2)任何一种职业都不是十全十美的,职业理想和职业现实之间总是存在差距的。所以,还没有接触过职业的高职学生不要见异思迁,既来之则安之。等自己对现实职业体验够深之后,再做出慎重的决定。

三、适当调整学习动机

学习的动机是我们开展学习活动的内部动力。实验证明,学习动机的强弱会直接影响高职学生学习的效率,也影响高职学生学习心理的健康。一般情况下,学习效率与学习动机的强度成正比。

首先，学习动机的强弱，对成绩的好坏、成就的大小影响很大。例如，有人曾经让学习动机强弱不同而其他条件相同的高职学生作为测试对象，比较他们的学习效率，测试的内容是要求他们将打乱了的一些字母构成普通的词。

测试表明，学习成绩的好与差并不完全取决于智力因素，学习动机的强弱发挥着重要的作用。一般情况下，学习效率与学习动机成正比（图 5-1 中最佳动机之前）。因此，学习动机缺乏的学生应该端正学习的态度，为自己的学习增加动力。

特殊情况下，学习效率与学习动机的强度成反比（图 5-1 中最佳动机之后）。学习动机固然对学习的活动起着发动和维持的作用，但这并不意味着学习动机越强，学习的效果就越好。相反，在学习动机过于强烈的情况下，个人的注意力与知觉范围变得过分狭窄，容易产生过度焦虑，这样反而会限制一个人正常的学习活动，降低思维的效率。因此，学习动机作用于学习活动，需要对动机强度进行适当的调节。

根据耶基斯-多德森定律，学习动机强度的最佳水平（即最佳动机）与学习课题的难易程度有关：在学习简单课题时，学习效率有随学习动机强度的提高而上升的趋势，其最佳水平为较强的学习动机强度；但在学习困难课题时，学习效率反而随学习动机强度的提高而下降，其最佳水平低于中等水平的动机强度；对于难度适中课题，学习动机强度居中为最佳水平（图 5-2）。

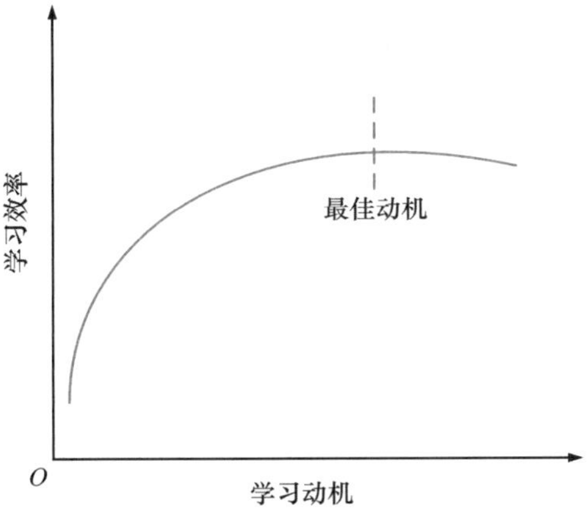

图 5-1 学习效率与学习动机关系曲线

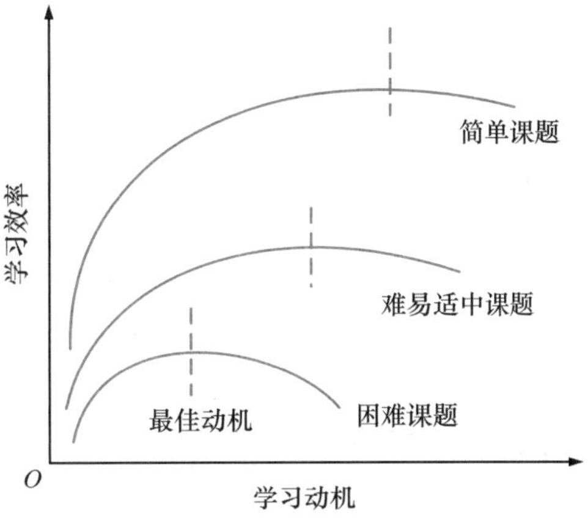

图 5-2 耶基斯-多德森定律曲线

高职学生的学习动机过强，除了源于对学习课题难易的程度缺乏准确地把握外，还与学习动机的不切实际有关。不切实际的学习动机越强，心理的压力就越大，情绪就会过于紧张，反而会降低学习的效率。因此，高职学生有必要对过强的学习动机进行适度的调节，这就需要对自己的实际水平和能力有一个正确的分析，使自己的期望和目标切合自己的发展潜力，切不可好高骛远，也不要操之过急。要脚踏实地，循序渐进，抵制各种外在的诱惑，克服“浮躁”，摆脱“喧闹”，静下心来。不要总是关注别人在做什么，而应专注于自己的学习活动本身，也就是要摆脱杂念战胜自己。这样才能更好发挥水平，获得最佳的学习效率。

四、适度降低考试焦虑

焦虑是人的一种情绪状态，是个体由于不能达到目标或不能克服障碍的威胁使得自尊心和自信心受挫，或者是失败感和内疚感增加而形成的一种紧张不安、带有恐怖的情绪状态。

焦虑的程度，在某种情况下也可以看作动机的强度。考试焦虑也就是考生在考试中解决问题动机的强度，因此，考生考试焦虑对考试成绩的影响可以参考前文介绍过的耶基斯-多德森定律。适度焦虑有利于考生积极地调动生理和心理能量，全神贯注地应对考试。但如果过度焦虑，就会干扰识记和回忆，影响思维水平的正常发挥。

怎样对待考试过度焦虑的问题呢？我们认为可以从以下几个方面入手：

（1）端正对考试的态度。不要把考试成绩看得过重，不要总是想到考试的结果，不要总是想着“一分重千斤”“一分就决定着自己的命运和前途”；要把注意力集中在考试前的复习和考试中对问题的解决上，尽量排除与考试无关的杂念。

（2）制订好学习和复习的计划。平时勤奋学习，及时总结不欠账，考试前认真复习，做到“心中有数”，而且不要把目标设定得太高，要符合自己的实际情况。

（3）注意身体健康和营养。虽然考前要认真复习，但不要搞“疲劳战术”。要劳逸结合，保证足够的睡眠，还要注意加强营养，使自己能以良好的身体状态应对考试。

（4）给自己以良好的心理暗示并学会放松。按考试要求适当提前进入考场。坐好后，要给自己一个积极的心理暗示，如“我能行”“该复习的我都复习了，沉住气，要相信自己”“大风大浪我都闯过来了，还在乎这种小风小浪吗？”这样可以避免考试前的紧张。如果在考试中遇到不会解的难题，也不要慌，先解其他会做的题，再回来啃这块“硬骨头”。一旦出现心率过快或头脑混乱的情况，可先暂停考试，闭上眼睛，做几次深呼吸，并反复地对自己说：“没关系。要难，大家都一样，还有其他我能解的题呢，老师怎么能让我们全部得 100 分呢？我行，先答容易的题。”适当地舒展一下身体，待情绪稳定之后，再继续答题。

（5）寻求专业人员进行心理帮助。对于过度的考试焦虑，如果感到自己难以克服，可以去寻求专业心理医生的帮助。心理医生可以通过放松训练、自信心训练、系统脱敏等方法来帮助学生摆脱对考试的过度焦虑。因此，高职学生不要为此而过度担忧。

五、劳逸结合讲究卫生

学习可以使我们摆脱无知，使我们充满智慧，使我们富有理想，使我们开阔胸襟。也就是说，学习中会有无穷的乐趣。但学习同时也是件很辛苦的事情，不仅需要使用脑力，也需要消耗体力，所以有一个好的身体，是非常重要的。身体既是载德之物，又是载智之舟，正所谓“体育不合格是‘废品’”。因此，劳逸结合，科学用脑、讲究卫生、预防疾病，保持身体健康，是心理健康的基础，也是学业有成的保障。

1. 合理使用大脑

学习首先要讲究用脑卫生。有些学生一进入阅览室，几个小时不休息，这是不可取的，特别容易造成大脑的疲劳。

人的大脑只占人体体重的 1/50，但它却要消耗整个人体所需氧气的 1/4。在人的大脑中血液的流量要占人体心脏全部排血量的 1/5。

大脑有两种状态：一种是“兴奋状态”，也就是“工作状态”；一种是“抑制状态”，也就是“要求休息”的状态。所以，大脑经过一段时间的“工作状态”之后，就会出现疲劳现象，就应该适度休息一下。不过有如下几点是要注意的：

（1）大脑在“工作”的时候，并非所有的部分都参与，各部分的兴奋程度也不一样。因此，如果调换一下学习的内容，让刚才“工作”的部分休息，那么，学习活动仍然可以进行下去。例如，学习一段时间的外语后感觉记忆力下降，此时可以改换学习数学；做过一段时间数学习题后，可以看看报纸，等等。

（2）休息有两种形式：一种是静止性的休息，如睡觉；一种是动态性的休息，或者叫积极性的休息，如做操、体育锻炼、唱歌、听音乐、跳舞等。对于青年人来说，两者应该兼顾。

（3）学习要勤奋。因为研究表明，过量的休息和睡眠，也会使人感觉疲劳，使学习能力下降。而且大脑的功能是“用进废退”，正如达·芬奇所说，“人的智慧不用就会枯萎”。

（4）要吃饱、吃好，不要空腹学习。脑力劳动是依靠大脑内氧化葡萄糖的过程进行的，脑中平时储存的葡萄糖只能使大脑维持几分钟的正常工作，同时，大脑依靠血液来供应它所需要的葡萄糖。而脑的代谢率是很高的，如果空腹学习，葡萄糖的供应又很有限，脑的功能就会减退，严重时还会出现昏迷现象。所以，一定要注意营养，要吃饱、吃好。有些学生早上不愿意起床，不吃早餐就去上课，这样上午 10 点钟左右就开始头脑发昏了，怎么能不影响学习效率？还有的学生是因为要减肥而不愿吃饱、吃好，这也是要当心的，否则既影响身体健康又影响学习效率。所以，在学习时如果感到头脑发昏、思维迟钝时，不要着急，仔细分析一下是什么原因，也可能就是缺少一顿早餐引起的。

2. 保护好心脏

学习是消耗脑力的劳动，也是使用心脏的工作。长期地、不间断地、高度紧张地学习或工作，就会对心脏构成伤害。这也是很多本科生、硕士生、博士生在长期紧张学习一段时间之后，心脏会出现问题的原因。尤其在期末考试期间，因心脏不适到医院就诊的学生人数增加，就很说明问题。因此，年轻的高职学生朋友们，要勤奋学习，但要保护好你们的心脏。

3. 预防急性、恶性传染病

高职学生在校学习期间过集体生活，还应该讲究卫生，预防急性和恶性传染病的发生，如预防肝炎、急性肠炎等。有些学生在生活中养成了大大咧咧、不拘小节的习惯，随便用别人的水杯、毛巾、脸盆、餐具等，这是非常不好的习惯，一旦出现传染性疾病，后果严重。如某高校毕业班的学生在临近毕业之时，一周之内相继有三位同宿舍的学生和一位给他们上课的教师因黄疸型肝炎住院治疗，这引起其他同学的高度紧张。因此，集体生活中为了自己和他人的健康，不能什么事情都大大咧咧，要讲究卫生。

六、调节自己的生物节律

生命的活动具有一定的节律，如公鸡到时会打鸣，蛇到时会冬眠，蚕到时会吐丝……人们称这种节律为“生物钟”现象。那么，人体的生命活动有没有周期性呢？有人研究后发现，一般情况下，一个人体力强弱变化的周期是 23 天，情绪变化的周期是 28 天，智力变化的周期是 33 天。当然并不是所有的人都一样，但这揭示了一个事实，即人类生命的活动也存在周期性。

那么，人类学习能力有没有周期性呢？有研究表明，人类学习能力也有一定的周期性。例如人们发现，一周之内，学习能力并不是一条直线，而是一条有规律的抛物线（图 5-3）。

如果周六和周日休息，由于机体及脑细胞的惰性，人们在周一的学习能力并非最高，周二、周三、周四才保持较好水平，周五、周六开始下降，周日位于最低点。

在一天之内，人的学习能力也会有较大的起伏变化，如图 5-4 所示。

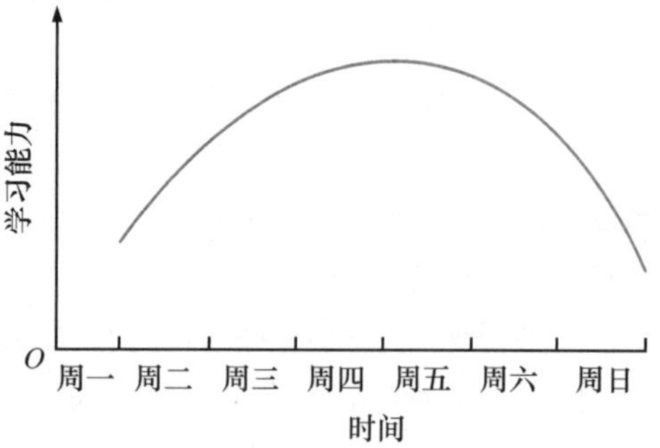

图 5-3　一周内学习能力变化曲线

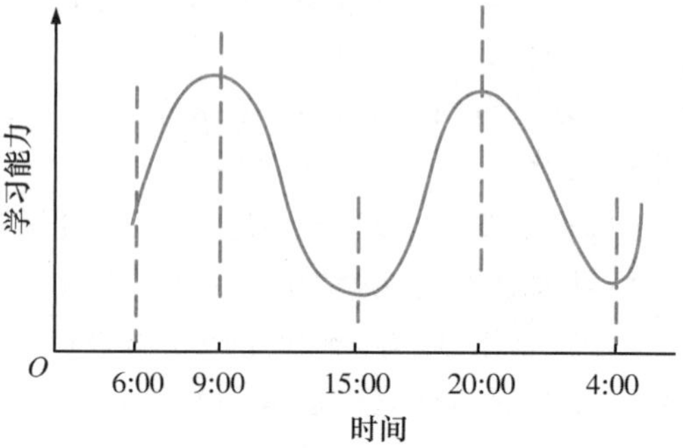

图 5-4　一天内学习能力变化曲线

以清晨 6:00 为 0 计算，早晨学习能力逐渐上升，上午 9:00 前后达到最高，随后逐渐下降，15:00 降至白天的最低点，20:00 左右又出现新的最高峰，不过比上午的高峰值要低一些，随后，又开始下降，凌晨 4 点左右为最低点，之后，又开始回升。由图 5-4 可知，一天之内，有两个学习能力高峰，两个学习能力低谷，这一现象是较为普遍的。不过，一天之中，两个高峰究竟是上午高还是下午高，每个人的情况是不一样的。即使是同一个人，情况有时也会发生变化。而且，人体的生物曲线也是可以调整的，如夜班工人、运动员、出国出差人员，有时就需要根据工作的需要对自己的生物节律进行调整。

在长期的生活习惯影响下，每个人的生物节律也是不一样的。有的人白天效率高，晚上效率低；有的人晚上效率高，白天效率低。前者人们称之为"百灵鸟"型；后者人们称之为"猫头鹰"(夜猫子)型。高职学生应该了解和掌握自己的生物节律，在学习能力较低的时候，安排较容易完成的工作，在学习能力较高的时候，则安排较难的任务，这样可以降低错误率，提高成功率，使自己的高职学校生活高效而有序。

七、及时地解除心理疲劳

所谓疲劳，就是指一个人连续工作一段时间后效率下降的现象。疲劳可以分为生理疲劳和心理疲劳。肌肉或神经持续工作后能量减弱、效率下降的现象，属于生理疲劳，主要表现为动作失调、痉挛、感觉迟钝等。神经系统紧张或长时间从事单调乏味的工作而引起的疲劳被认为是心理疲劳，主要表现为体力不支、注意力不集中、思维迟钝、情绪低落、工作效率降低、错误率上升等。持续的心理疲劳会导致头痛、眩晕、心血管和呼吸系统功能紊乱、食欲降低、消化不良、失眠健忘等。

英国心理学家海德费指出：绝大多数的疲劳，都是由于心理的影响，纯粹由生理引起的疲劳是很少的。情绪上的不稳定和心理上的冲突，特别是抑郁和焦虑，往往是精神疲惫最为常见的原因。这种消极的情绪使人萎靡不振，不想活动，并且导致心理疲劳的发生。一般来说，心理疲劳比生理疲劳更为复杂，也更难恢复。

怎样尽快地解除心理上的疲劳呢？在前文情绪调节的部分，我们已经涉及了一些相关的内容，如宣泄的方法、转换的方法、升华的方法、良性心理暗示的方法、合理情绪治疗的方法等，此处我们再给大家介绍一种适度放松的方法——松弛。

无论在生理上还是在心理上，松弛都是与紧张相对立的，因此，松弛可以在一定程度上有效地缓解紧张给人们带来的压力，可以用来对抗个体认为无法解除的焦虑、抑郁等不良反应。

松弛可以使我们在身心两个方面更加和谐一致。当松弛之后，我们会感到内心平静、神清气爽、精力更加充沛、注意力更易集中，会觉得自己充满了活力。

松弛状态可以通过训练获得。其步骤如下：

1. 预备阶段

(1)在条件许可的情况下，选择一个尽可能安静、舒适的室内或室外环境(卧室、教室、操场均可)。

(2)去除那些刺激肌肉紧张的触觉物理刺激物(放松紧身的衣裤、摘下手表、打开领带结等)。

(3)选择一个尽可能舒适的位置躺下或坐下(在操场自然站立也可以)。

2. 深呼吸训练

在进行松弛训练之前，首先必须学会深呼吸，也就是将我们平时的胸式呼吸改为腹式呼吸。因为腹式呼吸比胸式呼吸更能充分地扩张肺部和吸入更多的氧气。

3. 深部肌肉松弛

深部肌肉松弛训练一般有两种形式：一种是局部的紧张—松弛训练；一种是全身循序渐进的松弛训练。

(1)局部的紧张—松弛训练

步骤 1：用力捏紧拳头，紧张前臂，保持一会儿，放松。体会一下身体的感受。(重复)

步骤 2：用力弯曲双臂，收紧并保持一会儿，放松。体会一下身体的感受。(重复)

步骤 3：紧张双脚，脚趾用力内收，保持一会儿，放松。体会一下身体的感受。(重复)

步骤 4：将脚趾用力向上翘，保持一会儿，放松。体会一下身体的感受。(重复)

步骤 5：皱紧双眉，保持一会儿，放松。体会一下身体的感受。(重复)

步骤 6：紧闭双眼，保持一会儿，放松。体会一下身体的感受。(重复)

步骤 7：按顺时针方向转动眼球，加速。然后，按逆时针方向转动眼球，加速。停下，体会一下身体的感觉。(重复)

步骤 8：皱紧鼻子、脸颊，紧闭双唇，保持一会儿，放松。体会一下身体的感受。(重复)

步骤 9：咬紧牙齿，收紧下颚部肌肉，保持一会儿，放松。体会一下身体的感觉。(重复)

步骤 10：舌头抵住上颚，保持一会儿，放松。体会一下身体的感受。(重复)

步骤 11：向后扩展双臂，收紧背部肌肉，保持一会儿，放松。体会一下身体的感受。(重复)

步骤 12：向前收紧双肩，用力含胸，保持一会儿，放松。体会一下身体的感受。(重复)

步骤 13：收紧臀部肌肉，提肛、收小腹，保持一会儿，放松。体会一下身体的感觉。(重复)

(2)全身循序渐进的松弛训练　在局部松弛训练的基础之上，从上到下，也就是从头、颈、双肩、上臂、前臂、胸部、腹部、臀部、大腿部、小腿部，一直到脚，一部分一部分地放松，最后达到全身放松的效果。

松弛训练是一项长期的保健训练，个体应该坚持下去，尤其是有失眠、焦虑不安、神经衰弱症状的学生，更应该坚持。每天至少一次，一次 10 分钟、15 分钟或 20 分钟均可。坚持下去，就会体会到其功效显著，对身心健康很有益处。

第四节　森田疗法与神经症

为什么在有关学习的章节里讨论森田疗法呢？森田疗法与高职学生的学习又有什么关系呢？让我们从高职学生在学习中常常为之烦恼的神经衰弱谈起吧。

一、神经衰弱与神经症

对于神经衰弱一词，高职学生并不陌生，几乎被认为是脑力劳动者的常见病。神经衰弱主要的表现大家也都能说上几条来，如头痛、失眠、精神疲惫、思想不集中等。

神经衰弱一词最早是被欧洲人使用的，大约在19世纪初的时候，就被学术界广泛采用。但最初神经衰弱的症状几乎包罗万象，概念不明确，界限模糊不清。因此，神经衰弱的概念在19世纪末20世纪初曾经盛极一时，但随后其适用范围便逐渐缩小。大约至1930年，随着弗洛伊德精神分析理论在全世界的传播，神经衰弱一词的使用频率在西方开始下降，到20世纪60年代时，就几乎被焦虑所取代了。也就是说，自1930年开始，焦虑和抑郁的概念在逐步扩大，神经衰弱的概念在逐步缩小，甚至逐渐被抛弃不用了。

焦虑这一概念是弗洛伊德提出来的，它实际上是除了抑郁以外几乎一切不良心境和情绪反应的总称。在20世纪五六十年代，神经衰弱是我国诊断的主要神经症。近十年来，这种情况正在得到纠正。

那么，神经衰弱这一术语是不是没有用了呢？当然不是。首先，神经衰弱、焦虑症和抑郁症都属于神经症中的一种，而且神经衰弱的症状并不完全等同于焦虑症和抑郁症。其次，从中国人的传统心理分析，对焦虑症和抑郁症，大家心理上难以接受，很容易和精神病画等号。但对于神经衰弱，众人心理上并不反感，只认为是脑力劳动者的劳累造成的，能够接受。

由此说来，经常被神经衰弱困扰的高职学生朋友们应该知道：第一，神经衰弱属于神经症的一种，神经症并不等于精神病；第二，神经衰弱的概念是一个含糊不清、范围不明的术语，目前医学界已经很少使用；第三，神经衰弱到底是怎么一回事，它的病理机制是什么，至今尚在争论之中。

二、森田疗法

我国是一个有14亿多人口的人口大国，调查数据显示，在我国神经衰弱的患病率为15%～16%，换句话说，我国约有2亿人患有神经衰弱。在大学生甚至中学生中，神经衰弱的发病率就很高。所以，了解神经症发病的原因及自我调节的方法，很有实际意义。

1. 森田正马及森田疗法

森田正马是日本著名的心理学家。森田疗法全名为森田心理疗法，是森田正马教授于1918年前后创立的。经过半个多世纪的治疗实践，森田疗法被认为是日本治疗神经症的最佳心理疗法。

森田正马是一个十分讲求科学态度、注重实事求是的学者，他的所有治疗手段，都是经过亲身实践验证过的。因为自幼就有明显的神经症倾向，森田正马对神经症的治疗尤为关注。森田疗法也可以说是森田正马本人年轻时与疾病苦斗体验的结果。

2. 神经症发病的原因

森田正马对神经症心理治疗最为重要的贡献是揭示了神经症发病的真正原因。他认为，神经症患者"想长寿""想超脱""想得到赞扬""想向上发展""想有丰富的知识"等欲望非常强烈。森田正马将这些欲望统称为"生的欲望"。这些"生的欲望"是每一个健康人都有的。所不同的是，健康人一般都是建设性地利用这些欲望。而如果因为某种契机，一直外向的用于学习和工作的精神能量或"生的欲望"改变了方向，指向了个体的身心，并使个体为之所困，就会形成所谓的神经症。

三、神经症患者的个性特征

神经症患者的个性特征非常复杂。森田正马认为，无论是谁都或多或少地带有这些特征。也就是说，无论何人，都有神经症倾向。在一定场合，任何人都有可能被某一事物所困扰而出现神经症的症状，即任何人都有发生神经症症状的可能性。因此，森田理论的个性论，虽然是以神经症的个性为对象，但不仅局限于神经症，对希望健康成长、生活美好的人，都能起到有益的帮助作用。

那么，神经症患者的个性特征都有哪些呢？

1. 内向与外向之争

人的性格按其思维的方向可以分为内向型与外向型两种不同的类型。当然，任何人身上都会同时带有内向型和外向型两种倾向，但其程度有极大的差异，即有的人外向型占主导地位，有的人则内向型占主导地位。

有的人认为，内向型性格特征的人的精神能量是指向心理内部的，不愿与人交往，容易自寻烦恼，也容易患神经症；而外向型性格特征的人的精神能量是指向外部的，一般不会自寻烦恼，而且乐于助人，上进心强，喜欢言谈，乐于交往，因此外向型性格特征的人不易得神经症。这种看法正确与否呢？

专家们的回答是：否！内向型和外向型的人都有因某种诱因而出现神经症的可能。

一般说来，内向型性格特征的人有很强的自我批判、自我反省的倾向，做事小心谨慎，不鲁莽。如有的人像一架自我调节器，一直在检测自己身心有何弱点，有无疾病等，而且特别容易出现自罚反应。

什么叫自罚反应呢？自罚反应是相对于他罚反应而言的。在日常的实际生活中，一个人总会遇到对自己不利的事情。这时，有的人习惯于把全部责任都推向他人，向他人发起攻击，这在心理学上称为他罚反应，特别是带有歇斯底里倾向的人，常有这种反应。而内向型性格特征的人则习惯于把责任归于自己，认为是自己的失误才带来麻烦，即有某种自我攻击的倾向，这在心理学上称为自罚反应。不管是自罚反应，还是他罚反应，如果超过了一定的限度，都会出现不正常的反应。

内向的自我反省、自我批判精神是一个正常人应该具有的、最基本的、不可缺少的良好个性品质，是一个人不断加强自身修养、不断改进自我和超越自我的内在的精神力量。但这种自我反省和自我批判的精神不能过度，如果个体过分谨慎小心，只注重于保全自身，而不敢或不去做本应该做好或本可能做好的事情，就会适得其反，出现神经症的特征。

至于外向型性格特征的人，为什么也可能得神经症呢？这是因为内向型和外向型性格特征不是一成不变的。人在顺利之时，情绪高涨，容易外倾；而失意时，容易内倾。所以，内向的人易患神经症，外向的人也可能转换为内向，因而也可能患神经症。事实上有很多焦虑性神经症的患者，在患病前十分开朗，是标准的外向型性格，但由于遇到了挫折或不顺心的事，就很快出现心脏神经症或焦虑神经症的症状。有的人平常表现为外向型，而一旦患上神经症，便立刻变得畏首畏尾，做事过分谨慎小心起来。也有的人表面上外向，实际上内向，表面上大大咧咧，实际上小心谨慎，实属外松内紧。所以，无论是内向型性格特征的人还是外向型性格特征的人，都可能会患神经症。

2. 理智型的倾向

易患神经症的人，大多都具有理智性倾向。所谓理智性倾向，即非常理智，要求自己非常严格，容易对自己不满，经常进行自我检查。从学习成绩上看，他们的成绩多数在中等以上，成绩差者为少数；在人际关系上，他们较为拘谨，具有很强的自我防卫意识。

3. 强烈的完善欲

易患神经症的人，一般都有极强的上进心，有极强的自我发展的欲望，对自己各方面的要求都特别高。如果有一点微不足道的弱点、缺点，他们便会夸大成重要问题而感觉苦恼。

一个人有强烈的上进心和完善欲，这本来是积极的因素，是一个人前进的动力。但如果太过分，则会向相反的方向转化，使自己成为完美主义者，对任何事物都求全责备，力求完美，而使自己陷入无休止的烦恼之中。

4. 敏锐的感受性

一个人如果有丰富的感受性，会给生活带来积极的作用。但易患神经症的人，往往过于敏感，他们会感受到一般人感受不到的不安和痛苦。

5. 没有反社会的倾向

一般而言，神经症患者常会感到烦恼和不安，有时爱发牢骚，对社会的某些方面不满，但没有反社会的倾向。他们一般不会触犯法律，具有较好的素质，如慎重、细致、较强的忍耐性，敏感、认真、诚实等。

四、森田疗法治疗神经症的要点

森田疗法治疗神经症的要点可以归结为四个字：顺其自然！

神经症患者的症状一旦固定，就很难很快地将其去除。甚至可以说，越想去除就越去除不了。如失眠的人，越想快点睡就越睡不着；对人恐惧的人，越想在人面前镇定自若，就越沉不住气。因此，要“顺其自然”，就是要对遇到的一切选择接受。如失眠了，不要强行入睡，因为越想睡就越睡不着，而听任睡意的自然来临，反而会因睡眠的本能而很快入睡。其他的症状也是如此。换句话说，要带着症状去做自己认为该做的事情，有时甚至是强迫自己去做。但有一点要注意，顺其自然不等于放任自流，要有自己意志的作用。

例如，不洁恐惧症的患者出现了洗手的观念后，总想洗手。如果他永远洗下去，不加以克制，就是放任自流；如果他有了洗手的冲动之后，让这种状态存在着，该干什么干什么，努力坚持正常的工作，就是顺其自然。

又如，有的学生上课注意力不集中，容易走神，因此很苦恼，怎么办？正确的做法是，不去理睬它，发现自己走神之后，把心收回来，继续专心致志地听课就是了，不必为此烦恼不已。反之，如果总想着我原来上课从来不走神，怎么才能将注意力集中起来呢？这样一来，反而将注意力集中到上课是不是走神等诸如此类的与学习无关的杂念上来了，结果事与愿违，不但解决不了走神的问题，还会造成恶性循环。

五、 慢性神经性失眠症的本质与治疗

很多在校高职学生都有过失眠的经历，也为失眠得不到根治而苦恼不已。森田教授的学生，现代森田学派的代表人物，日本学者高良武久先生，在其所著的《森田疗法与新森田疗法》一书中揭示了慢性神经性失眠症的本质，其对于患失眠症的高职学生来说，应该是一种帮助。

高良武久先生认为，失眠的原因和状态多种多样，有的是伴随兴奋而出现的精神障碍，也有的是由于抑郁症。对于那些真正的失眠症，只要把引起失眠的原发病治好，失眠也就自然好转了。而对于慢性神经性失眠症，则需要了解其真正致病的原因。

慢性神经性失眠症的患者出现最多的症状是入睡难，另外也有睡眠过浅，易醒、多梦、醒后再难入睡等。其中，有的患者快到天亮时才入睡，却一直到中午时才醒来。这类失眠症患者多伴有心身疲劳感、头重感、反应迟钝感、注意力散乱、记忆力衰退、倦怠感、精力减退等症状。患者自己主观认为这些症状都是由失眠而引起的，于是更加害怕失眠，甚至害怕黑夜，每到夜晚睡眠时，就如临大敌一般。

为了弄清神经性失眠症的本质，森田正马对这类患者住院后的情况进行了认真的观察。结果发现，这类失眠其实不是真正的失眠，而是一种对失眠的恐怖。不能胜任工作、疲劳感、记忆力衰退等都是患者自己臆造出来的。测验结果表明，患者的生理功能几乎都在正常的范围之内。

在森田教授的指导下，日本慈惠医大的堀田繁树对患者的睡眠状态做了直接的观察和实验。他采用的方法如下：在主诉自称有失眠症的患者睡下之后，每隔30分钟，呼唤一次患者的名字，如果呼唤一次患者没有答应，便继续呼唤，直到患者能够回答为止，这样就可以从开始呼唤到患者回答之间呼唤的次数上，测定出患者睡眠的深度。如果呼唤一次，患者能立即回答，说明患者处在清醒或极浅睡的状态；如果连续呼唤五次，患者才能勉强回答，证明患者已处在相当深的睡眠状态。在堀田实验的病例中，只有一例是几乎彻夜未眠，另有一例是在测试的第一夜里出现失眠，但到第二天夜里却睡得非常好。除此之外，其他十几例患者，都显示出几乎与正常人毫无差异的睡眠曲线，由此可以证明，这些患者都得到了充足的睡眠。

但问题是，患者自己并不同意医生的意见，他们早上醒来，诉说自己昨夜的睡眠量总比实际测定的少得多。无论医生怎样解释，患者总是不相信。

因此，森田证实了失眠者实际上不是失眠，而是受失眠的一些臆想、一些杂念及对失眠的恐惧等的困扰而已。高良武久先生告诫受神经性失眠症困扰的人应该注意明确如下问题：

(1)人的睡眠是一个自然的过程，人应该服从于这个自然的过程而不要强迫自己赶快入睡，也就是要采取“能睡多少就睡多少”的态度。人只要没有特别的病理性兴奋(如出现某种精神障碍)，就会由于睡眠的本能，每天睡 6～7 个小时。当然，由于个人的差异，有的人需要较长时间的睡眠，有的人只需要 4～5 个小时就够了。因此，睡眠时间不能一概而论。但只要做到服从自然，一般就会睡足所需要的时间。

(2)失眠症的患者不管能否入睡，每天都应该保证 7～8 小时的卧床时间，而且要按时起床。也就是说，不管睡着还是睡不着，都要按时起床，要像正常人那样进行正常的作息。

(3)人如果总想睡眠，可能是一种“一睡万事休”的逃避态度。因为人只要在清醒的时候，就会有各种各样担心的事情，所以很多人都希望处于一种无忧无虑的状态。而人只有在睡着的时候，才有可能感觉不到任何的忧虑和痛苦。所以，人们也想尽可能地多睡一会儿，甚至想得到超过生理需要的睡眠。人们有了这种心理，就很容易为睡不着而痛苦。

当然，抑郁症也有失眠的症状出现，但这种失眠与神经性失眠不同，必须根据专科医生的诊断，接受正确的治疗。

思考与练习

1. 高职学生学习的特点有哪些？
2. 高职学生学习中存在哪些心理困扰？
3. 高职学生学习心理困扰的自我调适方法有哪些？
4. 请谈一下你对森田疗法的认识和理解。

知识链接

森田疗法又叫禅疗法、根治的自然疗法。森田疗法主要适用于强迫症、社交恐怖、广场恐怖、惊恐发作的治疗，另外对广泛性焦虑、疑病等神经症及抑郁症等也有疗效。森田疗法随着时代的发展在不断继承和发展，治疗适应证已从神经症扩大到精神病、人格障碍、酒精药物依赖等，还扩大到正常人的生活适应和生活质量提高中。可以说，森田疗法正成为一门人生学问。

在一般情况下，动机越强烈，工作积极性越高，潜能发挥得越好，取得的效率也越高；与此相反，动机的强度越低，效率也越低。然而，心理学家耶基斯和多德森的研究证实，动机强度与工作效率之间并不是线性关系，而是倒 U 形的曲线关系。具体体现在：动机处于适宜强度时，工作效率最佳；动机强度过低时，工作效率不可能提高；动机强度超过顶峰时，工作效率会随动机强度增加而不断下降，因为过强的动机使个体处于过度焦虑和紧张的心理状态，干扰记忆、思维等心理过程的正常活动。

小案例

你今天要见一个约了很久的大客户，希望以10万元价格完成一笔交易。刚到公司，老板却要求你以11万元价格完成交易。面对略微增长的压力，你使出浑身解数后应该能以比平时更加完美的表现去完成这个临时目标。但如果老板要求你以20万元价格完成订单的话，你同时面临着高强度压力和必须去完成这件事的压力，可能就会崩溃，导致你谈判时发挥失常，甚至错失这个大客户。

这个例子中，比目标成交价多出1万元就已经到了压力峰值了，如果要求以20万元价格成交的话是会让人崩溃的。同学们可以结合耶基斯-多德森定律谈谈自己对本案例的理解和受到的启发。

第六章

高职学生人际交往障碍的自我突破

教学目标

1. 认知建立良好人际关系的意义与作用；
2. 能够识别影响良好人际关系常见的心理障碍；
3. 掌握人际交往的一般常识和基本原则。

知识导图

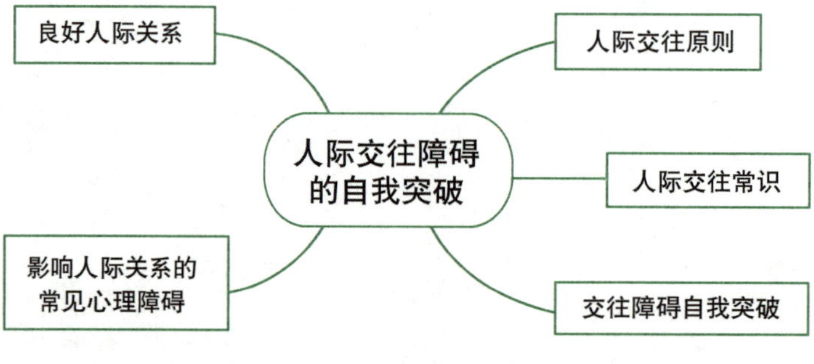

案例导入

一些人认为，刚毕业的学生工作不好找。其实，如果把握好求职时的第一印象，结果往往会出乎意料。

一个新闻系的毕业生正急于找工作。一天，他到某报社对总编说："你们需要一个编辑吗？"

"不需要！""那么记者呢？""不需要！""那么排字工人、校对呢？""不，我们现在什么空缺的岗位也没有了。"

"那么，你们一定需要这个东西。"说着他从公文包中拿出一块精致的小牌子，上面写着"额满，暂不雇用"。总编看了看牌子，微笑着点了点头，说："如果你愿意，可以到我们的广告部工作。"

这个大学生通过自己制作的牌子，表现了自己的机智和乐观，给总编留下了良好的"第一印象"，引起对方极大的兴趣，从而为自己赢得了工作的机会。这也是为什么当我们进入一个新环境，参加面试，或与某人第一次打交道的时候，常常会听到这样的忠告："要注意你给别人的第一印象噢！"

也许你会好奇，第一印象真的有那么重要，以至于在今后很长时间内都会影响别人对你的看法吗？

心理学家曾做了这样一个实验：心理学家设计了两段文字，描写一个叫吉姆的男孩一天的活动。其中，一段将吉姆描写成一个活泼外向的人：他与朋友一起上学，与熟人聊天，与刚认识不久的女孩打招呼等；另一段则将他描写成一个内向的人。

研究者让一些人先阅读描写吉姆外向的文字，再阅读描写他内向的文字；而让另一些人先阅读描写吉姆内向的文字，后阅读描写他外向的文字。然后，请所有的人都来评价吉姆的性格特征。结果，先阅读外向文字的人中，有78%的人评价吉姆热情外向；而先阅读内向文字的人中，则只有18%的人认为吉姆热情外向。

如何建立良好的人际关系，是高职学生必读的一本无字书。面对学校生活中形形色色复杂多变的人际关系，很多高职学生发出了"做学问不易，做人更难"的感叹。也有一些学生由于人际交往中遇到了麻烦，产生了严重的焦虑、异常的苦恼和长时间的忧愁，以致造成心理上的失调，影响身心正常、和谐及健康的发展。因此，明确人际交往的意义和作用，了解并突破人际交往的障碍因素，正确认识和把握人际交往的原则和艺术，是高职学生的一门必修课。

第一节　建立良好人际关系的意义和作用

人际交往对于高职学生成长和发展的意义和作用是不言而喻的，主要体现在以下三个方面。

一、良好的人际关系有助于高职学生个体社会化的过程

人际交往既是一个人实现社会化的重要起点，也是一个人实现社会化的必然过程。

当一个人刚刚降生于世的时候，他还只是一个自然实体，只具有生物学的意义，还不能称之为社会学意义上的人。一个自然实体必须经过一个社会化的过程，经过一个与人交往的过程，才能成为一个社会实体，成为一个真正意义上的人。例如，印度的狼孩卡玛拉，四五岁之前一直与狼在一起生活，失去了与人交往的机会。所以，当她刚刚回到人类社会之时，不会说话，不会站立，不会用手吃饭，只会跪在地上舔食生食。当时的她目光呆滞，白天像狼一样蜷缩在墙角落里睡觉，夜间像狼一样嚎叫。没有人类所特有的羞耻心，不穿衣服，当护理她的医生给她穿上衣服时，她立即把衣服脱掉。所以，社会生活中正常的人际交往是人由一个自然实体转变为社会实体的必要条件。离开了社会生活中人与人之间的正常交往，人就不能得到正常和健康的发展。

又如，抗日战争时期，中国山东的农民刘连仁被日本侵略者抓去，送到日本的北海道做苦工。由于不堪忍受欺辱，他逃进了深山老林，独自一人过了 13 年的穴居野人生活。1958 年，当被解救时，他已经丧失了说话的能力。

可见，一个人如果长期脱离正常的人类社会，失去与社会的人正常交往的机会，无论是孩子还是成人，都将丧失一个正常的人应有的基本的社会属性，失去在正常的人类社会中生存的基本能力。

高职学生正处于学习知识、了解社会、探索人生的重要发展时期，也是从未成年人走向成年人、从校园步入社会，完成社会化任务的重要过渡阶段。这一阶段所要从事的主要活动，都离不开与人的正常交往。从某种意义上说，在人的一生中，青年时期的个体对人际交往有着最为强烈的需求和渴望。良好的人际交往对于高职学生而言是十分重要的，有助于高职学生个体社会化的过程，可以加速高职学生的成熟。

二、良好的人际关系有助于高职学生身心的健康发展

人际交往以及在交往基础之上建立起来的人际关系，不仅会直接影响高职学生的学习、生活，而且会影响他们的身心健康。

我国著名的医学心理学家丁瓒先生说过：人类的心理适应，最主要的就是对于人际关系的适应，所有人类的心理变态，主要由人际关系失调而来。良好的人际关系可以使人产生安全感、归属感和幸福感，得到心理上的慰藉、精神上的愉悦和情感上的满足，促进人的身心健康；不良的人际关系则会使人感到压抑和紧张，孤独和寂寞，使人的身心健康受到损害。

我们一直在对高职学生人际交往方面的心理状况进行调查。结合 2019 年某高职院校进行的一项高职学生身心健康与人际关系调查数据分析发现，在人际关系交往中存在困扰较少的学生占 60.8%，剩下的大约 40%的学生在人际关系交往中都或多或少地存在一定程度的困扰，其中约有 20%的学生在人际交往中存在严重困扰。

在高职学生心理咨询的案例中，因人际关系紧张而产生孤独、苦闷、抑郁等负面情绪体验的也大有人在。

一位高职学生在给咨询老师的信中写道："我像是茫茫大海中的一叶孤舟，又像是苍凉大漠中的一棵小树，没有朋友，只有孤独。我天天独来独往，在教室、宿舍、食堂之间踽踽而行。看到别人三五成群，谈笑风生，我真是羡慕。我多么渴望能够走出孤独，让我的心灵得到滋润呀！"

有的学生发出了这样的感叹："我对别人热情、坦率、真诚，却得不到相应的回报，我该怎么办？"

有的学生与老师谈道："我非常想与同宿舍、同班的同学能够自然、亲切地聊天、说笑。可是一见到他们就觉得无话可说，我该怎么办？"

也有的学生在调查问卷中写道："我非常想与异性同学正常交往，可是一见到异性同学我就紧张、脸红，不知如何是好。"

诸如此类的问题，经常萦绕在高职学生的心头。如果能够得到及时解决，他们就会获得友谊、理解、支持和帮助，缓解内心的孤独与压抑，就会增加自信心和自尊心，增强自我价值感和精神上的充实感与幸福感，有益于身心健康；反之，如果得不到及时解决，他们就会产生自卑感、无价值无意义感以及挫折感，引发一系列不良的情绪反应，而不良的情绪反应作用于生理活动后，可能会成为各种疾病的催化剂，降低人的抗病能力，使人正常的生理机能减退，并且影响神经系统的工作能力，导致心理障碍的发生。可见，良好的人际关系是高职学生身心健康发展的保障。美国伊利诺伊大学心理学家埃德·迪纳和宾夕法尼亚大学心理学家马丁·塞利格曼所做的"高职学生自我幸福感觉的程度"的研究，也证明了这一点。

埃德·迪纳和马丁·塞利格曼教授以他们所在高等职业学校的学生为研究对象，对高职学生感觉幸福的程度做了一番有益的调查研究。首先，他们要求被调查的学生列出自己感觉幸福的程度。然后，他们将自我感觉最幸福的学生和感觉一般以及感觉最不幸福的学生在各个方面进行比较。结果发现：自我感觉最幸福的学生共同并且最特殊的一点就是他们都有非常好的人际关系。

研究表明：最幸福的学生很少独处，他们和家人、朋友或恋人之间的关系非常稳固，并用很多的时间与家人、朋友或恋人共处。他们比自我感觉幸福一般或不幸福的学生更为开朗、更为和善，也感觉到更少的压力。他们对自己的生活都十分满意，对生活的回忆中快乐多于痛苦，在日常的生活中积极的情感体验多于消极的情感体验。

然而，究竟什么是影响一个人幸福感的决定因素呢？塞利格曼教授认为，研究的结果令人惊讶，以往被人们认为影响幸福的因素如参加体育锻炼，睡得更多，参加宗教活动，与爱人、恋人、家人保持良好的关系，频繁地参加社交活动等都不是幸福和快乐的必要条件。影响幸福的最重要的因素是"我们内心最深层的归属感以及与他人交流的需要"。可见，在这些高职学生的内心深处，存在强烈的情感归属和交流的需求，这一需求满足的程度将对他们的情绪乃至他们的身心健康产生直接和重大的影响。

三、良好的人际关系有助于高职学生事业的成功

俗话说，天时不如地利，地利不如人和。"贵和"是中国人传统的思想观念。到了现代社会，虽然人际交往的方式发生了很大的变化，然而人际关系的和谐，人与人之间广泛而深入的协作仍然具有非常重要的意义。美国学者卡耐基曾指出，在现代社会，一个人事业的成功，只

有15%是依赖自身的素质，85%则取决于人际关系。美国哈佛大学就业指导小组曾对几千名被解雇的人员进行综合调查，发现其中人际关系不好的人比不称职的人高出两倍多；每年调动工作的人员中，因人际关系不好无法施展其才华的占90%以上。所以，良好的人际关系是一个人事业成功的重要条件。

首先，良好的人际关系反映了社会对一个人基本品质的肯定，反映了社会对一个人做人原则的承认。因为，无论是在企业集团还是在一个事业单位中，众人接纳和承认一个人，一般情况下，首先是看一个人的道德品质和做人的原则；看一个人是否正直、诚实、可靠、善良；看一个人是否有事业心和责任感；看一个人是否有正确的世界观、人生观和价值观；在一些特殊的行业部门，还要看一个人是否有正确的政治观。所以，一般情况下，一个“人缘”好的人，即是被多数人接纳和认可的人，既应该是自觉遵守社会规范和道德原则的人，也应该是自觉遵守企业或单位的职业道德和规范的人，同时也应该是自觉遵守家庭道德和邻里规范的人。反之，如果一个人不具备社会、单位、家庭所要求具备的基本品质，就必然会遭到社会、单位和家庭的谴责和厌恶，也自然不会有良好的人际关系环境。

其次，良好的人际关系也凝结着一个人做人的智慧。中国的先哲们对如何处理人际关系的论述，如“仁者爱人”“己欲立而立人，己欲达而达人”“己所不欲，勿施于人”等，就体现了处理人际关系的智慧。老百姓的口头禅“平安是福”“难得糊涂”“知足常乐”“吃亏是福”等，也都充满了如何处理人与人之间的矛盾和冲突的辩证法思想，蕴含着协调人际关系的智慧。

善于处理人际关系是一个人智慧的反映，这也为现代心理学的研究所证明。美国心理学家吉尔福特曾提出，他已发现了人类所特有的77种智慧，其中包括人际关系智慧。美国哈佛大学发展心理学家加德纳也在神经心理学研究的基础上提出了多元智慧论的假说。他认为人类有7种智慧，分别是语言智慧、音乐智慧、逻辑智慧、空间智慧、身体活动智慧、人际关系智慧和内省智慧。其中人际关系智慧包括：领导的智慧、交朋友的智慧、解决纠纷的智慧、分析社交生态的智慧。其要义在于，能够认知他人的情绪、性情、动机、欲望等，并能做出适度的反应。

人际交往的智慧不是一个人仅靠书本就能够学到的，必须借助于与人交往的社会实践。对于正在学习、成长和发展中的高职学生而言，人际交往智慧又是必须开发和积累的，因为它是一个高职学生所具有的专业知识的无形臂膀，也是一个接受了高等职业教育的学生所应该具有的专业素质的重要组成部分。因为人际交往智慧的有与无、高与低，将对一个高职学生的事业发展构成重要的影响，是其事业成功的重要保障。

第二节　高职学生常见的人际交往障碍

高职学生人际交往的障碍并没有明确的指标，程度也不相同，造成障碍的原因也有差异。仅就心理方面的原因而言，有认知障碍、观念障碍、情感障碍、意志障碍、行为障碍、人格障碍、能力障碍等。

对高职学生进行心理咨询的有关专家认为，认知障碍、观念障碍和行为障碍是高职学生人际交往的主要障碍。

一、常见的认知障碍

高职学生常见的认知障碍包括三个方面：

1. 对人际交往本身的认知偏差

通过调查发现，高职学生对人际交往本身存在着认知上的偏差，常见的有：

(1)对人际关系好的标准存在认知上的偏差　很多高职学生都希望自己能与老师和同学建立良好的人际关系，但人际关系好的标准究竟是什么？很多同学并不明确。如有的学生在问卷中答道："人际关系好的标准就是与周围的任何人没有任何隔膜。"也有的学生在问卷中答道："人际关系好的标准就是被周围所有的人喜欢。"还有的学生认为："如果我不喜欢所有的人，我的人际关系就不好。"有这种认知偏差的学生往往会自寻烦恼，因为他或她所追求的目标是根本无法实现的。因此，只要周围的人际关系出现一点波折，他们就对自己整个人际关系的状况产生怀疑，这样一来就使他们经常生活在不满和忧虑的情绪状态之中。

(2)对人际交往最基本的行为习惯存在认知上的缺乏　由于家庭教育、学校教育对学生人际交往的常识和行为习惯的养成缺乏适度的要求和必要的监督和指导，一些学生对人际交往方面的常识知之甚少。如人与人直接交往的第一媒介是什么？是语言还是手势？都不对，是目光！但不少学生对人际交往中的"目光接触"存有偏见，平时走路时都是低着头，不敢看人；见到老师立即将目光转向它处，与人谈话也总是低着头，不敢与人对视；课堂上发言不是看着听众，而是看着天花板或目视桌面、地面。因为他们认为，"对视显得对人不礼貌""对视感觉不自在""对视会使对方不好意思"。他们全然不知，对视——"目光交流"是人与人之间直接交往的第一要义。

(3)对建立良好人际关系的方式方法和途径存在认知上的误区　对于如何才能建立良好的人际关系，也有不少学生存在认知上的误区。如有的学生认为"有求必应才能搞好人际关系"；还有的学生认为"拒绝别人就等于伤害别人"。有这种想法的学生不敢说"不"，习惯于屈己从人，习惯于有求必应。如果偶然一次没有答应别人的请求，他们就担心对方"会不会生气""会不会以后不理自己"等。

又如，发现他人的长处，对他人的优点给予实事求是的肯定和赞扬，本来是人与人之间思想和情感的正常交流，也是适当地向他人敞开心扉，促进人与人之间的理解，获得人与人之间的友谊、支持和帮助的必要方式方法和途径。但是有的学生却认为，称赞他人就是阿谀奉承，表扬他人就等于虚伪和献媚。持这种想法的学生，不仅自己不去称赞他人，也对他人的称赞感到反感，无论是他人称赞自己还是他人称赞他人，他都认为是"假招子"，是"虚情假意"，是"没话找话说"。这样的一种认识，就为自己堵住了一条与别人进行正常而友好交流的渠道。实际上人人都需要鼓励，人人都渴望被肯定，人人都希望得到夸奖和赞扬。

2. 对他人评价方面的认知偏差

常见的对他人认知和评价方面的偏差有以下几种：

(1)首因效应　称"第一印象效应"，指第一次交往过程中形成的印象对双方以后交往关系的影响，也称"先入为主效应"。

人们首次交往时所形成的对对方的看法，不管正确与否，总是最鲜明、最牢固的，并且影响到双方以后的交往。如第一印象好，认为交往对象有礼貌、有教养，就认为此人一切均好；如第一印象不好，认为交往对象举止粗鲁、修养欠佳，就认为此人一切均不好。当然，第一印象毕竟不是从天上掉下来的，也不是自己头脑中产生出来的，而是客观存在的交往对象的言谈举止在自己头脑中的真实反映。然而，人的精神世界是丰富、浩瀚而复杂的，人的个性特征也是多姿多彩、千变万化的。第一印象固然真实，但也难免具有表面性、片面性，会影响我们对他人进行深刻、辩证、全面而公正的认知和评价。

(2)晕轮效应　又称“月晕效应”。月晕是一种自然现象，指在刮风的前一天夜里，在月亮周围出现的大光环。所以，晕轮效应又被称为“光环效应”，是指认识的主体依据已知的或某一局部特征，推及认识对象未知的其他特征，形成对认识对象的完整印象的心理现象。

晕轮效应是一种将信息泛化、扩张的心理认知方式，是一种以点带面、以偏概全的思想方法。如有些高职学生在人际交往中，喜欢交往对象的某一特点，就认为其一切均好；讨厌交往对象的某一特点，就认为其一切均糟，这就是晕轮效应的一种表现。

(3)定势效应　指认知主体对认知对象早已形成的整体印象影响到对此人具体特征的认知和评价的心理现象。如“疑邻偷斧”的故事，就是一个形象的说明。张三丢了斧子，怀疑是邻居李四偷的，他用这样的心理来观察李四的一举一动，就觉得李四的一举一动都像是偷斧子的人。后来，张三的斧子找到了，再看李四的言谈举止时，就不再觉得他像是偷斧子的人了。

高等职业院校的校园生活中也有这样的例子。如某高职女生宿舍里一位学生丢失了校园一卡通，同学之间互相猜疑，结果集中到一位农家出身、性格内向、经济拮据、不善言谈的女同学身上，引发了宿舍同学之间激烈的冲突，最后竟导致了不幸事件的发生——这位女同学自杀了。猜疑毕竟是猜疑，谁也没有证据，白白送掉了一条年轻的性命，女学生们后悔莫及。所以，我们认知和评价一个人的行为时，应该实事求是，以客观的事实为根据，不应仅凭主观印象而胡乱猜疑，以至于产生误会，造成不应有的矛盾和冲突。

(4)刻板印象　即笼统地把人划分为固定概括的类型来加以认识的心理现象。

如按年龄判断一个人，认为老年人必定保守，年轻人一定办事不牢靠；按职业判断一个人，认为无商不奸；按地区判断一个人，认为北方人一定身材魁梧、正直豪爽、吃苦耐劳，南方人一定小巧玲珑、精明强干、善于经营；按性别判断一个人，认为男生一定勇敢、坚强，女生一定脆弱、温柔等。

毋庸置疑，以上凭“刻板印象”对他人的认知和评价显然是不正确、不全面的。用这样的认知方式来评价人和事，无疑会对人与人之间的正常交往带来负面的影响。

(5)自我投射效应　即指把自己具有的某些特征加到他人身上的心理倾向。如自己心地善良，就认为他人也都是心地善良的；自己经常算计别人，就觉得别人也必然会经常算计自己；自己喜欢的东西，就认为别人也一定都喜欢；自己讨厌的东西，就认为别人也一定都讨厌。这也就是人们常说的“以己之心，度人之腹”。用这样的一种思维方式来观察人和物，容易导致错误的认知，影响人与人之间的良性沟通。

3. 对自我评价方面的认知失调

自我评价方面的认知失调主要有两种情况：一种是过高地评价自己；另一种是过低地评价自己。

过高地评价自己容易产生自傲的心理。有自傲心理的学生，大多都有一种自视高人一等的优越感。他们认为自己什么都比别人强，并在生活中不自觉地扮演领导者的角色。他们经常以居高临下的心态和口吻与周围的伙伴交流，并且有极强的权利欲和自尊心。他们对别人对自己尊严的冒犯非常敏感，但又不注意尊重和理解他人。因此，他们经常会在无意之中伤害别人，造成人与人之间的冲突和摩擦。

过低地评价自己容易导致自卑的心理。有自卑心理的学生，大多都有一种自视低人一等的感觉，总是觉得技不如人，自己看不起自己。他们与人交往时往往会自惭形秽，退缩不前，不敢主动与人交流，而且害怕丢丑，害怕失败，缺少高职学生应有的自信。有自卑心理的学生往往会在无意之中自我封闭，缩小生活交往的圈子，影响良好人际关系环境的形成。

二、常见的观念障碍

常见的观念障碍主要有如下三种：

1. 厌恶人生以至于厌恶交往

厌恶人生实际上是属于人生观念方面的障碍。有人生观念障碍的学生认为，人生不过如此，理想和目标都是空的，人人都在忙忙碌碌，其实都没有什么实际意义；友谊和爱情都是假的，大家都是尔虞我诈，逢场作戏。在这样一种观念的指导下，他们厌恶交往，认为交往无非是增加痛苦，与其交往不如不交往，与其多交往不如少交往。

2. 怀疑他人以至于害怕交往

这种学生受“害人之心不可有，防人之心不可无”的思想影响，在与人交往时顾虑重重，总担心别人会寻机暗算自己，坑害自己。当然，我们在交往中的确不应该轻信于人，应该有一定程度的自我保护意识。但是如果我们事事疑神疑鬼，过于谨小慎微，就会伤害交往对象的感情，影响人与人之间的正常往来。

3. 自我中心以至于伤害交往

自我中心是一种在人际交往中一切以自己的需要和兴趣为中心，只关心自己利益的得失，丝毫不考虑他人需要的观念和意识。

在交往中，每个人都希望能得到他人的肯定性评价，因此，人们都很强烈地关注自己，并会本能地维护自己的形象和尊严，这本来无可厚非。但是如果走向了极端，点滴不让别人，就会陷入自我中心的误区。

有的学生认为，我不占别人的便宜，别人也别沾我的光，“井水不犯河水”，因此在日常生活中，他们很少去关心别人；也有的学生从小养成了唯我独尊的观念和习惯，交往霸道，欺负弱小，内心深处要求别人无条件地服从自己；还有的学生自尊心过强，有过度防卫的心理，嫉妒他人的成功，内心深处不允许别人超过自己…… 持以上的观念和态度的人与人交往，必定会受到交往对象的排斥和对抗，使自己陷入孤立的窘境。

有自我中心观念和行为习惯的学生应该自觉地加强思想修养，破除自我封闭的观念，树立平等观念和互尊意识，以便于密切与周围伙伴的关系。

三、常见的行为障碍

高职学生常见的影响交往的行为障碍主要有两种：一种是干涉癖，一种是强迫癖。

1. 干涉癖

有干涉癖的学生以知道的小道消息多为荣，专喜欢打听、传播和干预别人的私事，如偷看别人的日记，偷听别人的谈话，传播流言蜚语，计较小是小非等。有这种行为习惯和行为障碍的人在高职学生群体中无疑是不受欢迎的。

2. 强迫癖

有强迫癖的学生习惯于将自己的意志强加于别人，强迫别人服从自己的意愿。别人不愿意，自己就不依不饶，或生气，或伺机报复。自然，这样一种行为障碍和习惯也是必须要校正的，否则，也必然会伤害人与人之间的友好关系。

影响高职学生人际交往的障碍还有情感障碍、性格障碍和意志障碍等，这些障碍都会对正在成长和发展中的学生群体的人际关系产生不同程度的消极影响，高职学生应该对此给予足够的重视。

第三节　人际交往的基本原则

良好的人际关系对高职学生来说，如同阳光雨露，可以满足自己内心深处的归属感和与人交流的需要。正在成长中的高职学生，有谁愿意受人际交往障碍的阻挠而自甘孤独，从而陷入被友谊遗忘的角落呢？那么，怎样做才能突破人际交往的障碍实现既定的目标呢？我们认为应该遵循如下人际交往的基本原则。这些人际交往的基本原则，其实就是做人的基本原则，同时也是处理人际关系的一般常识。

一、优化个人形象的原则

要想建立良好的人际关系，首先需要优化自己的个人形象。所谓优化个人形象，就是指交往的主体通过自觉加强学习和修养，不断提高自身的综合素质，努力增强自身内在人格魅力的过程。因为“爱美之心，人皆有之”，无论是外在的形象美，还是内在的心灵美，都会增加一个人与人交往的人气指数，所以交往主体自觉优化个人形象，是其建立良好人际关系的基石。

怎样才能优化个人形象呢？我们认为应注意以下两点：

1. 立足本职，苦练内功

优化个人形象，首先要立足本职，苦练内功。也就是说首先要“耕好自己的田”，干好自己应该干的事情。在如今人才竞争日益激烈的信息时代，一个人必须具有真才实学才能在社会中生存。这是优化个人形象、协调人际关系的基础条件。作为学生，首先应该在自己的专业学习上下苦功夫。在学校中，人们大多都会对学习态度认真、成绩优秀的学生怀有敬意和好感；在工作岗位上，人们也大多都会对工作态度认真、业务娴熟的人表示尊敬。

总结公共关系的经验，有人提出了如下的公式：好的公共关系 = 90% 做得好 + 10% 说得好。同理，将上述公式引申：好的人际关系 = 90% 做得好 + 10% 说得好。因此，作为新时代的高职学生，要想建立良好的人际关系，首先必须踏踏实实地打好自己的专业基础，练就一身过硬的本领。如果一门心思经营社会上某些人推崇的“庸俗关系学”，而忘记了作为一个学生最应该做的事，那将是本末倒置，既荒废了学业，也不会赢得人们的信任和尊重。

2.“悦纳”自己，自尊自爱，不卑不亢

要想协调好人际关系，让别人接纳和喜欢自己，首先必须要“悦纳”自己，也就是要自己接纳和喜欢自己。有些同学有严重的自卑心理，自己看不起自己，总感觉别人都是白天鹅，唯独自己是丑小鸭。连自己都不接纳自己，不喜欢自己，不尊重自己，别人又怎么能够喜欢和尊重我们呢？

德国古典哲学家康德指出，“只有学会了自己喜欢自己的人，才能慷慨和友善地对待别人。”“一旦一个人开始喜欢自己一些了，那么他就可能更乐于去喜爱别人。一旦他克服了对自己痛苦的抱怨情绪，他就不会再那样对别人吹毛求疵了，也就更易于容忍别人了。”正所谓：己不爱，焉能爱人，己不尊，何谈尊人。

优化个人形象除了要遵守“悦纳”自己、自尊自爱的原则之外，还要遵循不卑不亢的原则。也就是说，在人际交往中，我们要谦虚谨慎，尊重他人，但不能卑己而尊人。不论在什么人面前，都要有充分的自信，要挺起自己的脊梁，不要自感低人一等。不卑不亢还有一个意思，就是要上交不谄，下交不渎。在比自己强的人面前不要畏缩、胆怯，在比自己弱的人面前不要骄纵、狂妄。正如鲁迅先生所说：不要把自己看成别人的阿斗，也不要把别人看成自己的阿斗。

二、真诚待人的原则

真诚待人不仅是人际交往的一条基本原则，也是一个人做人的基本原则。

有的高职学生在有关人际交往困惑的调查中写道：“在人际交往中，我付出了真诚，却换不来他人的真诚，因此，我不知道还该不该去真诚地面对他人。”也有的学生写道：“在交往中，我感觉人与人之间都是相互利用，尔虞我诈。我自己有一种被人利用的感觉，因此很苦恼。”还有的学生写道：“我在人际交往中处理不好‘真诚’和‘虚伪’的关系。对那些给我印象不好的同学，我的不满都‘写’在脸上，我该怎么办？”

高职学生在认识交往中真诚待人的原则时，需要澄清若干错误的认识，需要分清真诚、正直、直率、直言四者之间的相互关系。要知道：真诚≠正直≠直率≠直言。

真诚是什么？真诚是指一个人待人的态度，是一个人发自内心而不是虚情假意的对他人的关心和尊重。

正直是什么？正直是指一个人的品格，是对个人稳定的、一贯的品质特征的判断和评价。“正”有公正、正义的意思，“直”有刚直不阿的意思。正直为人，是指一个人主持正义，坚持公理，堂堂正正做人，老老实实办事，光明磊落，不谋私利。

直言和直率是近义词，都是指与人交谈时语言表达的方式。有些学生错把直率和直言当成正直和真诚，认为真诚和正直就是要实话实说，就是表达思想一定要直来直去；并且认为忠言逆耳利于行，良药苦口利于病，委婉一点就是虚伪，就是不真诚。其实，忠言不一定要逆耳，良药也不一定要苦口，真诚不等于直率，正直也不等于实话实说。人与人交流时，应该讲究方式方法，有时善意的隐瞒也是一种美德。因此，在人际交往中，我们一方面应该坚持真诚待人的原则，另一方面也应该讲究方式方法，尤其在表达不满时更是要考虑到交往对象的接受程度，以便能够优化人际关系，减少人与人之间不必要的冲突和摩擦。

一般情况下，在表达不满时应该遵循如下两条原则：

1. 对事不对人

对事不对人就是在表达不满的时候，只对事件的本身发表自己不同的看法，不要攻击对方的人格。

2. 对己不对人

对己不对人就是在表达不满的时候，要直接表达自己的内心感受，而不要轻易地对对方的行为下结论。

一般而言，高职学生的领悟性都是很强的，在一个人委婉地表达了自己的不满之后，对方是会有所感悟的。

三、尊重他人的原则

尊重他人的原则是人际交往中最基本的原则。讨论这一原则需要弄清两个方面的问题：

1. 为什么要尊重他人

现代心理学的研究表明：希望获得尊重是人的五大基本需要之一。

美国的心理学家马斯洛研究人的各种需要之后，将人的需要归为五大类，提出了著名的需要层次论，这已经被东西方众多的心理学家普遍接受。

马斯洛认为，人的基本需要有五个层次，依次为生理的需要、安全的需要、爱与归属的需要、尊重的需要、自我实现的需要，并形象地绘制出了需要层次塔（图 6-1）。

其中，生理的需要，指人们对衣、食、住、行、性等的需要。安全的需要，指人们对秩序的稳定、工作、生活有保障等的需要。爱与归属的需要，指人们渴望爱情、友谊、家庭，渴望归属于某一团体或组织，渴望在自己生活的圈子中有一个位置的需要。尊重的需要，包括自尊和他尊两个方面。自我实现的需要，指渴望自我实现人生价值的需要。

从马斯洛绘制的需要层次塔中我们可以看出，这五个层次的需要是由低向高逐级发展的，最低层次的需要是人的生理性需要；中间层次的需要属于人的社会性需要；最高层次的需要是人的精神性需要。要求获得尊重是人的五大基本需要之一，而且是属于人的高层次的精神需要。自尊是渴望自己有成就、有信心能获得独立和自由；他尊是渴望自己有声望、有名誉，能得到他人的赏识、信任和重视。前者是建立在自我评价基础之上的尊严，后者是建立在社会评价基础之上的尊严。

2. 怎样体现对他人的尊重

（1）见面应主动与人打招呼　有些高职学生与同学见面从不主动打招呼，不是因为看不起他人，无视他人，而是因为认识上存在误区。一方面，他们在人际交往中缺乏自信，担心自己主

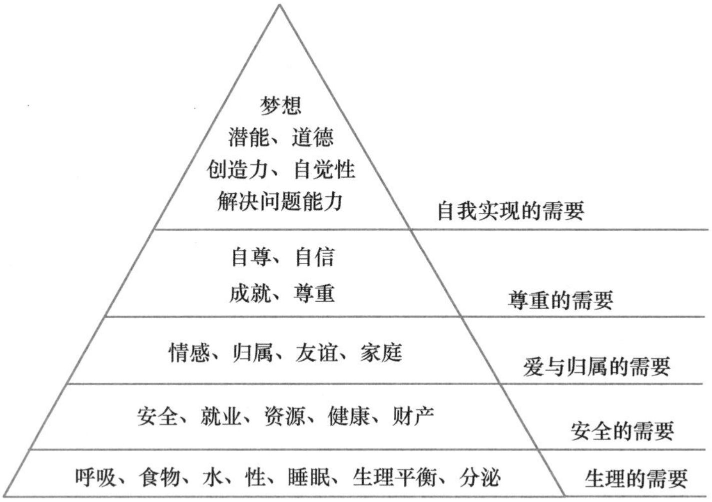

图 6-1　马斯洛的需要层次塔

动打招呼，别人如果不理自己会伤及自尊。另一方面，他们认为主动打招呼在别人看来是低人一等。实际上，我们应该看到，人人都有交往的需要，我们主动打招呼，别人不理睬的情况是极少的，当我们主动与人打招呼时，几乎都会得到积极的回应。

（2）要学会面带微笑　英国诗人雪莱曾经说过："笑实在是仁爱的表征，快乐的源泉，亲近别人的桥梁。有了笑，人类的感情就沟通了。"微笑是发自内心的对别人的友好、接纳、赞同、理解、宽容和尊重，不是皮笑肉不笑的虚情假意；严肃对人传达的则是封闭、冷漠、拒绝、敌对、仇恨等信息。所以，要体现对他人的尊重，就要学会微笑。

（3）要认真倾听　尊重的另一个重要的表现方式是认真倾听。怎样才算是认真倾听呢？就是要诚心、耐心、细心地听，而且要四个"耳朵"听——两个耳朵、眼睛、头脑一起听。用眼睛观察对方讲话的表情，用脑子分析对方讲话的意图，以示对交往对象的尊重。即使对方讲的话不十分令人感兴趣，也应让人家把话讲完。

四、平等待人的原则

平等待人是人际交往的基础，是人际交往的基本原则。

平等本身的含义是很广泛的，包括政治、经济、法律等各个方面。交往中的平等，主要是指精神和人格上的平等。实际生活中，交往双方在政治、经济、文化、社会地位等方面是很难完全平等的，每个人的相貌、才学等也是有差异的，但每个人的人格尊严应该是平等的。有这样一则寓言，讲述了一个哲学家和渔夫的故事，很有哲理。

一天，一位哲学家乘船夫的小船渡河，两个人在船上边摆渡边聊天。

哲学家问："船夫，你研究过宇宙吗？"

船夫说："没有。"

哲学家说："那么你的生命就丧失一半了。"

哲学家又问："你研究过历史吗？"

船夫说："没有。"

哲学家说："那么你的生命就丧失一半以上了。"

忽然，狂风大作，巨浪掀翻了小船，两个人双双落水。

船夫问哲学家："你会游泳吗？"

哲学家说："不会。"

船夫说："那么，你的生命就整个地丧失了。"

这个故事告诉我们，人际交往中应该遵循一条互敬互尊的原则，或者叫作"等价原则"。马克思曾指出，搬运夫和哲学家之间的原始差别要比家犬和猎犬之间的差别小得多，他们之间的鸿沟是分工造成的。在现实生活中，人与人之间在智力、体力、技能、成熟等各方面均存在差异，在政治、经济、文化以及社会地位上也不尽相同，但这都是社会分工造成的，并不意味着人生下来就有高有低。《世界人权宣言》中明确写道："人人生而自由，在尊严和权利上一律平等。"因此，平等待人的原则意味着一种对一个人基本人权的尊重，既是对他人基本人权的尊重，也是对自己基本人权的尊重。同时，平等待人的原则也意味着一个人基本人格的独立，意味着对人与人之间人身依附关系的否定。

现实生活中，人与人之间真正要做到平等交往是很困难的。例如，地位较高的人往往轻视地位较低的人，常常带有一种居高临下的心理；而地位较低的人又往往会有自卑、不敢高攀或不愿高攀的心理，这就容易造成交往中的心理障碍。因此，要把握平等交往的原则，就要求我们一方面要一视同仁、平等待人，不要以貌取人、以势取人、以才取人、以物取人、以家境取人、以学习成绩取人；另一方面也要平等待己，不要自视低人一等而卑己尊人。

五、理解他人的原则

理解他人的原则就是指在交往中要学会设身处地地为他人着想，要学会体谅和关心他人。

有一位外国的小学教师对她的学生做了这样一个实验，她把学生按眼睛的颜色分成了两个组，棕色一组，蓝色一组。某个周一，她向学生们宣布，眼睛棕色的学生比眼睛蓝色的学生聪明。于是，上课时她便故意诱导眼睛棕色的学生形成自信、傲慢的情感和对眼睛蓝色的学生的挑剔和鄙视。结果，眼睛棕色的学生个个洋洋得意，自觉高人一头。而眼睛蓝色的学生因备受嘲笑和挑剔，自尊心受到伤害而显得焦虑、痛苦，并在言行举止上好像低人一等。可到了第二个周一，学生们带着上周形成的情感到校时，女教师却突然宣布："上周我搞错了，实际上恰恰相反，眼睛蓝色的学生才更优秀、更聪明呢！"于是，眼睛棕色的学生本来的得意之情一下子转为失望和懊丧，而眼睛蓝色的学生也由原来的垂头丧气变得兴奋而自得，开始以"上等人"自居而去挑剔和耻笑"下等"的眼睛棕色的学生了。所不同的是，这一次眼睛蓝色的学生已经不像上周眼睛棕色的学生那样刻薄地对待对方了，因为他们有了受人歧视的体会，知道歧视他人会使他人在心灵上产生痛苦的感受。最后，女教师告诉学生们，这一切都只不过是一场游戏，仅凭眼睛的颜色怎么能够判断人是聪明还是愚蠢，是"上等"还是"下等"呢？学生们知道了真相后，从角色互换中体会到这个十分简单的道理，即受人歧视是痛苦的，耻笑别人是荒唐的；也懂得了要理解他人，要以正确的态度与人友好交往的道理。

这种角色互换的游戏在心理学上称为“心理位置互换”。心理治疗上也常用这种方法(换椅术)帮助病人正确理解他人的意图,以恢复心理上的平衡。

六、不搬弄是非的原则

中国民间以寓言故事、警句、谚语等形式流传着很多人际交往应该遵循的准则。例如,“来说是非者便是是非人”,劝导人们不要搬弄是非。还有,“善誉人者人誉之,善毁人者人毁之”“敬人者人恒敬之”等,劝导人们要自觉地尊重别人,不要在人背后诋毁别人。

美国的心理学家阿让森和林德做过这样一个实验:

> 让一个受试者同实验助手交往,每次交往之后,受试者都会“偶然”听到实验助手向他人谈论对受试者的印象。在一种条件下,实验助手每次都说他喜欢受试者,并做出赞赏的评价;在另一种条件下,实验助手总是故意用批评的语气对受试者做出否定的评价,然后询问受试者是否喜欢实验助手。结果很明显,受试者完全按照对方对自己的评价做出相应的反应,或是相互喜欢,或是相互不喜欢。

此实验说明:在通常情况下,人们总是喜欢那些喜欢自己的人,而不喜欢那些不喜欢自己的人。

在人际交往中,人们总习惯于从对方友好的态度中感到愉快,在情感上愿意“投桃报李”,愿意以同样的态度来回报对方。而对于那些故意贬低或伤害人们自尊心的人,则会情不自禁地“以牙还牙”,很少有人会喜欢那些厌恶自己的人。

马克思说过,只能用爱来交换爱,用信任来交换信任。如果用讥讽和诽谤来待人,用恶语伤人,那么换来的也必定是讥讽和诽谤。因此,我们在交往中应该以善意待人,遵循不搬弄是非的原则,不要在背后诋毁别人。

七、宽以待人的原则

一般来说,做到对等的尊重比较容易,即对于尊重自己的人给予尊重比较容易;而对于冒犯或侮辱过自己的人给予尊重就不那么容易了。换句话说,以恩报恩,以怨报怨,乃至于以直报怨都比较容易;而以德报怨就比较难了。宽以待人的原则就是鼓励人们在交往中学会宽容,达到一种更高的人生境界。

《韩诗外传》中有这样一个故事:

> 楚庄王与群臣饮宴,在日暮酒酣,左右皆醉之时,忽然灯灭,这时有人乘混乱之际,牵王后的衣服。王后把这人的帽带扯断,并将此事报告了楚王,要求立即点灯,看谁的帽带被扯断了,谁就是“作案”之人。但楚王不同意,认为没有必要,并命令群臣全部把帽带扯断,谁不扯断就不许继续参加宴会,于是大家都扯断了帽带。楚王就是用这种办法保护了那个冒犯了王后的“作案”者。后来,吴国兴兵进攻楚国,楚军中有个人非常勇敢,他冲杀在前,斩敌首领,打退了吴兵,立下了大功。楚王非常惊异地问道:“我平时对你并没有特别重用,你今日为何如此勇敢?”那人答道:“我就是那个拽王后衣服的人,您当时不计较,还好意保护了我,我早就想为您肝脑涂地,到现在才有了机会报答您。”

这个生动的故事给人的启示是深刻的。它告诉我们：在一定的条件下，宽恕冒犯我们尊严的人，甚至以德报怨，实际上并不会有损于我们的自尊，反而是一种更高水平的自尊。

高职学生的自尊心非常强，不允许别人轻易地冒犯自己，这是可以理解的，但有时也要学会忍耐。有些学生在日常生活中吃不得一点亏，一触即跳，点火就着，本来是要维护自己的自尊，但往往会适得其反。

苏轼在《留侯论》一文中谈道："匹夫见辱，拔剑而起，挺身而斗，此不足为勇也。天下有大勇者，卒然临之而不惊，无故加之而不怒，此其所挟持者甚大，而其志甚远也。"即勇敢者离不开大志，有了远大的志向，才能够忍辱负重而不致一触即跳。小不忍则乱大谋。有些人为了一两句话，为了一点儿鸡毛蒜皮的小事争吵不休，互不相让，甚至动拳头、动刀子，是匹夫之勇。像大将韩信，甘受胯下之辱，不是不勇，也不是不要自己的尊严，而是有大智大勇。

新时代的高职学生，应该有远大的志向和广阔的胸怀，应该严以律己，宽以待人，应该在与人交往中学会忍让，学会妥协，学会宽恕别人，这在某种意义上是一种更高水平的人格风范。

八、以"平常心"处己待人的原则

美国著名作家彭姆贝克曾撰文呼吁："好胜"诚可贵，"平常"价更高。他希望更多的孩子拥有一颗可爱的"平常心"。美国社会竞争激烈，家长大多都在刻意培养子女的"好胜心"和"竞争意识"。但美国儿童教育专家艾森指出，对于绝大多数孩子来说，引导他们拥有一颗"平常心"更加重要。

"平常心"并不意味着"不求上进"，而是可以让人们以正常的心态平静地看待优秀的同伴，也以正常的心态冷静地看待自己的不足，客观地分析自己的智力和能力水平，进而抛弃那些不切实际的追求及盲目的自卑感，提高成功率和幸福感。

彭姆贝克还强调，以往人们普遍认为"好胜心"强的人长大后适宜当运动员，但美国加州体育学专家杜达通过新的研究证实，那些在体育运动中一心想打赢对手的孩子，更容易半途而废，而拥有一颗"平常心"的孩子，成为体育明星的比率反而更高。

"平常心"是一种境界，这种境界最大的好处就是超然。有了这种超然的心态，才可以使人在成功的时候保持清醒，在失败的时候保持平静，潇洒、豁达、积极、乐观地面对人生。

"平常心"是人际交往的润滑剂，它可以帮助一个人正确地认识自己和他人的成功与失败。对自己，胜不骄狂，败不气馁；对他人，功成不嫉妒，名就不眼红。既正确对待他人的成败，也正确对待自己的得失。

"平常心"也是一种成熟，一种不再对别人察言观色的坦然，一种不理会周围"浮躁"与"喧闹"的"宁静"，一种不再偏激的淡漠，一种无须张扬的厚实，一种宠辱不惊的大气，一种向既定目标努力的执着。

"平常心"是需要学习的。今天，生活中的诱惑实在是太多了，生活中的压力也实在是太大了。练就一颗平常心，才可以待自己像云朵一样的轻松，待他人像大海一样的宽容。

要练就一颗"平常心"，必须对成功、幸福、名利、金钱、地位有深刻的理解和正确的态度。由于应试教育的作用以及对成功和幸福的渴望，有不少学生把成败看得太重，不允许自己有一点失误；把竞争看得太偏，不允许自己有丝毫的放松。在他们看来，分数的高低就意味着成败，名利、金钱、地位的获取就意味着幸福。其实，成功和幸福是一种品质、一种精神、一种追求、一种素质、一种智慧和一种心态。成功和幸福应该是全方位的，除了分数、名利、金钱、地位之外，健康的身体、美满的家庭、良好的人际关系、健全的人格都是必不可少的。一味地追求分数、金钱、名利、地位的成功，而牺牲健康、友谊和人格等其他成分，是成功的误区，是畸形的、不全面的成功，它给人们带来的不是真正的幸福。

美国家庭教育专家克劳蒂娅在其所著的《美国人的家庭教育——成功心态的培养》一书中指出：成功的真正内涵不在于实现了某种概念，成为外界所期望的某种人，而是遵循自身的朴素本性，按照自己独特的能力为社会带来新的财富。

综上所述，“平常心”的实质就是对成功、幸福的正确认识和把握，也是对被生活中的各种诱惑搅乱了的“浮躁”和“烦乱”的心态的一种调整。以“平常心”处己待人，既是一种精神，又是一种品质，也是一种原则。

思考与练习

1. 我们为什么需要建立良好的人际关系？建立良好的人际关系有哪些重要的意义与作用？
2. 常见的影响良好人际关系的心理障碍有哪些？怎样突破这些心理障碍？
3. 通过本章学习你掌握了哪些人际交往的一般常识？
4. 人际交往的基本原则有哪些？

知识链接

马斯洛需要层次理论应用

一、生理的需要

生理的需要是低级需要，但它们在人的需要中最重要、最有力量。

例如：当一个人很饥饿时，那么他极需要食物。如果人需要工作的薪酬来生存，可以选择用生理需要来激励。

激励措施：增加工资、改善劳动条件、给予更多的业余时间和工间休息、提高福利待遇。

二、安全的需要

安全的需要是低级需要，因为人们需要稳定、安全、受到保护、有秩序等来免除恐惧和焦虑。

例如：一个工作者居无定所，四处漂泊，那么他就有安全方面的需要。

激励措施：强调规章制度、职业保障、福利待遇，并保护员工使其不致失业，提供医疗保险、失业保险和退休福利，避免员工受到双重的指令而混乱。

三、爱与归属的需要

爱与归属的需要是因为一个人需要与其他人建立感情的联系或关系。

例如：人们积极社交，结交朋友，追求爱情。

激励措施：提供同事间社交往来机会，支持与赞许员工寻找及建立和谐温馨的人际关系，开展有组织的体育比赛和集体聚会。

四、尊重的需要

尊重的需要包括自尊和希望受到别人的尊重。

自尊的需要使人相信自己的力量和价值，使得自己更有能力，更有创造力。缺乏自尊，使人自卑，没有足够信心去处理问题。

例如：努力读书让自己成为医生、律师来证明自己在这社会的存在和价值。

激励措施：公开奖励和表扬，强调工作任务的艰巨性以及成功所需要的高超技巧，如颁发荣誉奖章、在公司内部刊物发表文章表扬、发布优秀员工光荣榜。

五、自我实现的需要

自我实现的需要是人们追求实现自己的能力或者潜能，并使之完善化。

在人生道路上，自我实现的形式是不一样的，每个人都有机会去完善自己的能力，满足自我实现的需要。

例如：运动员把自己的体能练到极致，让自己成为世界第一或是单纯只为了超越自己；一位企业家，真心认为自己所经营的事业能为社会带来价值，而为此更好地工作。

激励措施：设计工作时，给有特长的人委派特别任务；在设计工作和执行计划时为下级留有余地。

小案例

事实上，人们对你形成的某种第一印象，往往日后也很难改变。而且，人们还会寻找更多的理由去支持这种印象。有的时候，尽管你的表现并不符合原先留给别人的印象，但人们在很长一段时间仍然要坚持对你的最初评价。例如，一对结婚多年的夫妻，最清晰难忘的是初次相逢的情景：在什么地方、什么情景，站的姿势，开口说的第一句话，甚至窘态和可笑的样子。这些都记得清清楚楚，终生难忘。

首因效应对管理者的一个重要启示：先者生存。若我们在一开始的时候就做得最好，那么，就会获得捷足先登的竞争优势。

第七章

高职学生性心理发展误区的自我解惑

教学目标

1. 认知高职学生性心理发展及其影响因素；
2. 掌握高职学生性心理困扰的主要表现；
3. 掌握性心理健康的自我解惑方法。

知识导图

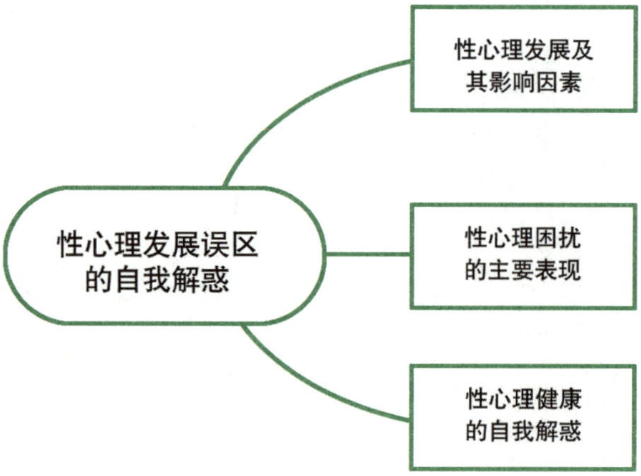

案例导入

一天，心理咨询室来了一位同学，在反复启发引导下，他说出了自己的难言之隐。

他叫小明，有一个“毛病”（自慰）已经将近4年了，以前偶尔为之，可随着年龄的增长越来越频繁，现在已经发展到无法正常上课，无法和女同学正常交往，因为和女同学交往自己就会往“歪”里想。到夜晚他无法入眠，无法控制自己的行为。这使他很自卑，觉得自己是个“坏人”。一年多来，他从不与人多讲话，与人讲话时不敢直视，眼睛躲闪，像做了亏心事。在别人眼中，他是个“怪人”。上课时他常常因为紧张，对老师所讲的内容不知所云。他哭诉说，这个怪毛病严重影响了他：腰酸背痛、失眠健忘、学习成绩下降；交往失败，同学们说他清高而疏远他。

心理辅导员告诉他，这是一种正常现象，每个人都应该被尊重和接纳，鼓励其进行情感宣泄。然后，心理辅导员向其介绍科学的性心理和卫生保健知识，让其了解青春期生长发育的一般规律和可能出现的特殊现象，正确认识自慰、性幻想等行为的合理性，它们是青春期发展中自然、客观、正常的现象。但也不能放纵自己任意所为，过度放纵会出现腰酸背痛、头晕目眩、注意力难以集中等症状。

一段时间后，小明显然没有了之前的那种慌张神情。他有些兴奋地告诉心理辅导员，他有了克服自己不恰当行为的信心，心里明朗了许多，和同寝室同学也接近了些。甚至，他还鼓足勇气在课后和女同学交流课后作业，他发现她们并没有他想象的那么讨厌自己。

从古至今，人类对性的追求都是一种正常的肉体和情感的满足，即使现代高科技使克隆等无性繁殖手段应用于生育，性爱和性行为仍然是无法取代的，它仍将伴随人类的发展。

在心理保健中，关于性的问题始终是个很重要的内容。性具有广泛性和隐藏性。也就是说，人们既普遍关心性的问题，又普遍羞于公开讨论性的问题。之所以会出现这种情况，自然与文化背景有一定的关系。对于现代人来说，能否坦然理智地面对性的问题，在某种程度上是衡量一个人是否成熟的重要标志。

第一节　高职学生性心理发展及其影响因素

一、关于性的本质

性，人人皆有。我们每一个人都是性塑造的生命；我们每一个人都伴随着性的发展而成长。性是我们生命中的一个重要组成部分。那些把性只看成人的生物本能的狭隘认识，阻碍了我们对人的生命发展的理解。当代高职学生应该建立科学的性观念，掌握全面的性知识。

(一)性的自然属性

性的自然属性是指男女在生理结构上的差异和人与生俱来的性的欲望和本能。从生物学角度的形态学和生理学上讲,性是指伴随着性生殖出现的不同性征的表达。所谓第一性征,是指两性在生殖结构方面的差异。例如,男性的主要性器官是睾丸,女性的主要性器官是卵巢,它们分别能产生精子和卵子,分泌雄性激素和雌性激素。第一性征是男性和女性的基本标志。第二性征是指男女两性除了生殖器官以外的外貌特征区别,如女性的乳房、男性的胡须等。从生物的本能看,性包括人的性欲和性活动。人的性欲来源于性激素的作用,人在性欲支配下,经过两性器官的性活动,完成人类繁衍的过程。人的性欲并不神秘,它不过是如同人的饥饿与口渴一样的生理现象。

(二)性的社会属性

性的社会属性是性的本质体现,就像人的本质是由社会关系决定的一样,性的本质也是由社会关系决定的。人的性需求,不仅包括生理需要,也包括社会性需要。例如,年轻人在选择异性配偶时,不仅要考虑个人审美的需要、爱的需要、个人生活幸福与自我发展的需要,还要考虑对方的文化、经济、职业、家庭等社会因素。人的性行为必须通过婚姻、经济、伦理、道德、法律关系的规范才能实现。随着经济的发展,社会生产力大大提高,爱情在婚姻关系中的比重越来越突出,以生育为主要目的的婚姻关系已经渐渐退出历史舞台。人们更多地把夫妻之间相互尊重、相互关爱、彼此沟通、心灵相融的高度和谐的性生活,看作一种高级的精神享受。一个人对待爱情、婚姻的态度,反映出他的世界观、人生观与价值观,归根到底还是由他所处的社会关系所决定的。

(三)性是人的自然属性与社会属性的统一

作为人的生命意义上的性,是自然属性与社会属性的统一。这说明性既要受人体发展的生物规律、自然规律的支配,又要受人类社会文化发展条件和各种社会需要的制约,这二者是有机联系、密不可分的。性的自然属性是人类生存和繁衍后代的生物基础,性的社会属性是人类文明进步发展的本质。

二、性心理发展

(一)性生理的发育成熟

从生理上看,青春期是性发展成熟的决定阶段。进入青春期后,性器官开始迅速发育,逐渐获得生殖机能。从第二性征的出现到青年中期(16～18 岁),很多青少年已经能够体验到强烈的性冲动。

1. 性器官的改变

男性生殖器大多于 13～14 岁开始发育,到了 15～20 岁发育达到成熟水平。女性生殖器一般比男性发育得早,即在身体骨骼发育的同时,就有了相应发育。

2. 遗精

伴随着性器官的成熟，男性开始出现遗精现象。男性第一次遗精一般发生在14～15岁，遗精的出现标志着生殖功能的初步形成。遗精是青少年成长过程中正常的生理发育现象。作为当代青年，对性的发展必须有一个正确的认识，这样才能保持性心理的健康。

男性进入青春期后生殖系统迅速发育，睾丸每天能制造上亿个精子。到了18～25岁，精子的产生率达到最高峰。精子顺着输精管到达精囊，当精子积聚过多时，受到刺激后精子就会随着精液流出，形成遗精。健康的青年男子，每个月遗精2～3次是正常现象，对身体毫无损伤，不必为此而羞愧不安。当然，就像人吃得过饱也会生病一样，如果长时间高频率地遗精也会损坏身体。因此，为了避免过多地遗精，青少年在日常生活中要注意以下几点：不要过分疲劳；不要酗酒；避免色情电影、电视、录像、杂志、漫画等的诱惑；保持生殖器的卫生，经常用清水清洗；睡觉前不要过多喝水；保持侧卧睡眠姿势，以免膀胱压迫精囊造成遗精等。

3. 月经

月经是青少年女性发育中的重要生理现象。进入青春期后，女性的卵巢逐渐发育成熟，具备了排卵的功能。月经形成的过程，是指卵巢排卵以后，子宫的内膜就会逐渐增厚，里面的血管膨胀充血，内膜破裂后，血管内的血液就会从子宫腔里顺阴道流出。月经一般每隔28～30天来一次，每次持续4～7天。月经结束后，子宫内膜开始复原并重新增厚，进入下一个周期。

女性月经初潮一般在13～14岁，对于初潮，女性往往充满了担心和不安，甚至情绪烦躁，影响正常学习和生活。女性在月经期间常会感到不适，如腰酸、下腹胀痛、头晕、恶心等，有些人还会出现情绪不稳、脾气烦躁等情绪反应。这些症状都是常见现象，不必大惊小怪。女性要注意经期卫生，在此期间不宜吃过冷和强刺激性食物，注意多休息，保暖，多喝开水，放松身体和情绪，这样不适感会相对减轻。经期一过，身体可以自然恢复正常，不会影响身体健康。

目前，世界上很多国家的青少年在成长发育中出现性早熟的发展趋势。在我国，随着国民经济的迅速发展，物质生活水平日益提高，青少年性发育的年龄也相对地提前了。

根据闫世蕃、陈乐琴等人的研究，我国男性无论城乡首次遗精年龄均呈逐年提前趋势。1991—2014年，我国城市男性首次遗精年龄从14.33岁提前到13.75岁，乡村男性从14.73岁提前到13.79岁（图7-1）。我国女性无论城乡月经初潮年龄均存在提前趋势。1985—2014年，我国城市女性月经初潮年龄从13.17岁提前到12.07岁，乡村女性从13.83岁提前到12.28岁（图7-2）。

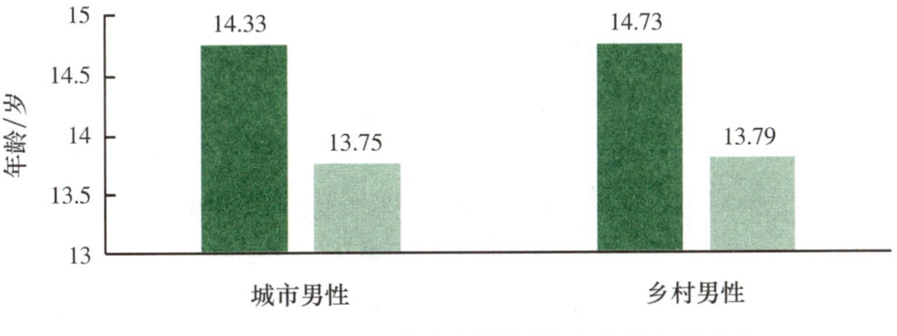

图7-1　1991—2014年我国男性首次遗精年龄变化

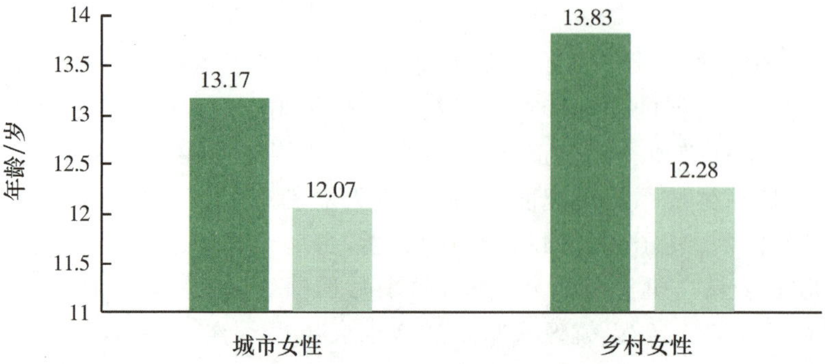

图 7-2　1985—2014 年我国女性月经初潮年龄变化

(二)性意识的发展

随着年龄、身高、体重的不断增长，性发育的逐渐成熟，进入青春期的青少年，性意识开始觉醒。

所谓性意识，是指青少年对性的理解、体验与态度。青春期男女已经开始意识到自己的性别，意识到两性之间的关系，这是儿童时代所没有的。

进入青春期后，性意识的发展加速，而且日趋强烈。此时的少男少女已经有意识地分群活动，其活动方式也越来越符合自己的性别特点，男女之间的交往逐渐拘谨起来，并伴有茫然无措或一种特殊的神秘感和冲动。某些人甚至会有罪恶感和不道德的负疚感。性意识的发展错综复杂，既充满矛盾冲突，又有一定的普遍性，各种复杂情感交织在一起，影响着青少年性意识的发展。

国内外心理学家对性意识的发展有各方面的研究，赫洛克(E. Hurlock)根据美国社会青年的情况将性意识的发展分为四个阶段：

1. 性的反感期

性的反感期即性意识萌生的初期，少男少女们的性意识往往以否定的形式表现出来。如小学高年级的学生开始关注异性，但这种关注通常不是以积极肯定的态度出现，而是以男生女生之间对抗的方式表现出来，互相排斥。甚至从小玩到大的两小无猜的异性朋友，此时也变得陌生疏远起来，有的还对异性表现出厌恶和反感。很多这个年龄段的同性之间会组成团体，与异性对抗。例如，某小学高年级学生，因为与异性关系密切，受到其他同性伙伴的嘲讽。这是由于他们身体尚未发育成熟，性别差异不明显，没有萌生真正的性意识。而进入青春期后，第二性征的出现使人明显察觉出男女的差异。他们开始对自己的身体感到不安和羞涩，对日益强烈的性冲动感到手足无措。这一时期的少男少女一般会努力抑制自己的情感要求，尽管对异性有着强烈的关心和亲近的愿望，但常以一种疏远异性的方式扭曲地表现出来，表面看起来对异性冷漠淡然或厌恶任何与“性”有关的问题。这是因为，伴随性冲动而增强的对异性的关心因社会道德的约束而受到压抑，而被压抑的性冲动只能通过对异性的不自然的攻击和与同性结为团伙来发泄。

这个阶段的主要问题是青少年萌生的性冲动给自身带来了罪恶感，即性发展与传统伦理观念的矛盾冲突。这一问题如果不及时解决，这种罪恶感可能会贯穿他们的整个青春期，影响其正常的性心理发展。受我国几千年封建思想遗存的影响，高职学生中仍然残留着一些视“性”为罪恶的禁欲主义观点，这严重阻碍了性意识的健康发展。

2. 向往年长者的“牛犊恋”期

在这一时期，青少年容易对某个同性长者产生憧憬和崇拜，这些同性长者可以是老师、明星、父母、学长等，青年男女渴望自己的一言一行像他们一样。这种憧憬和崇拜对缓解他们内心的焦虑和负罪感会产生一定作用。

这一时期，青年男女对异性的感情倾向于理想化和偶像化，因而往往对异性长者给予特别关注。他们不是把性冲动当成一种具有欲望的爱情表现，而是将异性长者当作自己的精神恋人而偶像化。

对异性长者的崇拜在某种程度上可以减轻青少年由于性冲动带来的罪恶感和内心紧张。但理想化和偶像化的性往往是完美无邪的，而人类对性的任何生理欲望都会玷污了无邪的感情，这种矛盾会加深对性的罪恶感和负疚感。因此，将性冲动转移到对异性长者的崇拜，并不能真正减轻内心焦虑，必须从崇拜异性长者期的理想化倾向过渡到正常的异性恋状态，如果不能顺利过渡，这种思想很可能造成心理负担，导致不健康的性意识和性态度。

3. 追求异性的狂热期

经过对长者的崇拜期后，青年逐渐接受并认同自己的性别角色，这个阶段的青年男女不再用排斥的方法对待异性。异性之间出现了一种微妙的态度，即愿意和异性相处，异性伙伴在一起觉得心情愉快、兴奋和舒畅。青年男女都力求在异性面前留下一个美好的印象，不仅衣着漂亮，言谈举止变得小心谨慎，而且会尽可能发挥自己的聪明才智，以至于如果在异性面前回答不出老师的提问，都觉得羞愧难当。这一时期，青年男女虽然有强烈的与异性交往的愿望，但受过去性的反感期和向往年长者的“牛犊恋”期的影响，一般不懂得如何与异性交往，显得有些笨拙。由于不能在适当的场合用适当的方式表达自己的感情，他们只好采用向对方捣乱的方式吸引异性的注意力。这个时期的异性交往有以下特点：追求的异性对象具有不确定性；大多数异性交往通过群体性的活动进行；交往的目的仅仅是为了与异性相处。这个时期的青年会有一些“初恋”，但可能很难与同一个异性朋友保持长久关系，容易更换对象。

这个时期是性意识发展的最重要阶段。青年通过与异性交往的尝试，使自己的异性观念开始形成。在交往过程中，他们学会了如何与异性保持适当的人际关系，努力发展自己的各种能力，以便能得到异性的欣赏和称赞。可见，性意识的发展实际上也是自我概念、自我认识不断完善的过程。

高等职业教育期间正是这一阶段的发展期。高职学生通过与异性的交往，了解异性，健全自我，发展自我，这对他们来说具有重要意义。与异性交往的成功与否直接影响高职学生的自信心和人际交往能力，甚至影响他们将来是否能成功地适应社会。这期间，有些人的性意识还没有完全摆脱性的反感期和向往年长者的“牛犊恋”期矛盾的影响，以至于对自己的性角色还没有完全认同。这一部分人一般很难与异性顺利交往，加之缺乏专业指导，使他们在与异性交往中常常会遭遇挫折而产生自卑感。

4. 浪漫的恋爱期

青年男女的性意识随着交往的增多会逐渐发展成明确的恋爱，即对异性的欲望集中到某一个人身上。他们开始脱离各自的群体活动而单独进行约会。青年男女在恋爱过程中，自我会得到对方承认，自我形象会不断明确，达到较高的自我同一性。此时，他们的性意识不再局限于生理需求，而是进一步追求彼此精神上的需求，二者不断统一，最终达到双方人格的相互融合。可见，恋爱的过程就是性意识与恋人双方的人格和谐统一发展的过程。此时，健全的性意识也就随之建立起来了。

以上是性意识发展的四个阶段，学校的教师和家长应该在每一个阶段进行相应的性教育，加强青少年性意识、性心理的自我调节能力，使他们的性意识能够得到健康的发展。

在性的反感期，学校的教师和家长应该帮助青少年克服朦胧的性意识在心理上造成的羞怯与不安，防止异性之间的“对立”情绪，从积极方面消除心理上的隔膜与反感；帮助青少年群体发展互帮互助的真正友谊，培养团结友爱的品德和精神。

向往年长者的“牛犊恋”期和追求异性的狂热期是青年性意识发展的过渡阶段，是否能够正常地过渡到浪漫的恋爱期取决于青年在这两个阶段的性意识是否得到了健康和谐的发展。实践证明，现实生活中一些学生的性心理早熟，性行为与正常发展模式的偏离就是在这个阶段形成的。这个阶段的性意识处于矛盾、动荡和易变的时期，在很大程度上是一种模糊的泛爱式向往，并不具备真正爱情的性质和内容。教师和家长应该正确认识和客观对待青少年这一时期的性心理，加强性健康教育，大力宣传青春期生理发育特点，以帮助成长中的青少年消除对异性的好奇心和神秘感，建立起对性的冷静、自然和科学的态度。教师和家长还应鼓励青少年积极参加健康而有意义的集体活动，引导学生将自己的智力、体力和精力投向高尚的理想追求与精神寄托，从而消除性成熟带来的心理动荡与不安；要鼓励青年男女之间建立正常的交往模式，在与异性伙伴的交往中提高自信心，学会用自己的意志冷静地驾驭自己的情感，完善并发展自身的健康人格。

进入浪漫的恋爱期后，青年人要学习建立正确的恋爱观，以消除恋爱中出现的种种心理矛盾与心理障碍。马卡连柯曾经讲过：“爱情不能简单地从单纯的动物学的性欲中培植出来，只有在非性爱的人的同情体验中才能找到爱情的动力……而且这种非性爱的范围越广泛，那么将来的性爱也就越高尚。”可见，性意识前几个阶段的健康发展，是产生真正爱情的良好基础。

以上四个阶段的发展一般依次出现，青年经历对性的生理机能、性角色和更广泛的社会心理意义的体验，形成完整的性意识。但值得注意的是，即使度过了某一个阶段，也不意味着摆脱了这个阶段矛盾的影响。例如，热恋中的青年也许还处在向往年长者的“牛犊恋”期的理想化倾向之中。在现实生活中，许多高职学生的性意识处在一种各发展阶段的矛盾彼此交织的心理状态之中，从而造成他们心理上的高度焦虑。不同家庭环境或不同的文化背景，也使高职学生性意识和性态度的发展参差不齐，这增加了性心理教育的复杂性。

三、影响性心理和谐发展的几个因素

青年期是人一生中性的能量最为旺盛的时期。从性成熟到以合法婚姻形式开始正常的性生活，一般都需要 10 年左右的时间，有人将这段时间称为“性饥饿期”。J. 米切尔在《青春论——青年期的特性》中指出：“青年的性，无论在其体验上还是在其行为上，都是一个复杂的课题。”由性问题引起的心理失调也是多重的，其中生理、个性、文化等因素都起着举足轻重的作用。

中国性学会青少年性健康教育专委会主任张玫玫表示，青春期是幼年走向成年的关键期，青春期性心理发展往往表现出矛盾性的特征。

(一)传统性道德及文化教育的影响

性话题在中国文化里一直是一个“禁区”，长久以来，很多人“谈性色变”。许多青年人在正常的性生理需求与社会传统道德约束之间产生强烈的心理冲突，并引起心理失调。视性为不道德的传统观念妨碍了青年性意识的发展，也进一步影响了他们正常人格的形成。

从家庭教育方面来看，当孩子问到性问题时，许多家长总是躲躲闪闪。有些家长不了解孩子青春期的性心理变化，对于他们渴望与异性交往的心理不理解，一律视为“不正当”。从学校教育方面看，面对青少年性意识的产生，男女生之间出现相互仰慕、相互吸引、渴望交往的现象，许多教师视之为“不可思议”“不能接受”“早恋的苗头”，要么动辄点名批评、请家长，要么施禁令、给处分，却不能提供有效的指导。与日益开放的性文化和青年日益发展的性意识相比，家庭和学校的性教育观念相对封闭和落后，远远不能满足青年性心理发展的要求。这使得青少年的性观念混乱，他们感到无所适从、迷茫困惑，以至于造成性心理的冲突与紧张，严重影响了其身心健康。

高职学生在性问题上基本处于双重的边缘状态。一方面，青年期性生理成熟与性意识发展滞后的矛盾造成了他们对性的困惑和性态度的冲突混乱；另一方面，文化层次较高的高职学生群体比同年龄非学生群体更敏感，更有意识地发展健全的自我与人格，这又使他们的性活动较多地受社会文化与心理的控制。

(二)性冲动

性冲动是在性激素和内外环境刺激的共同作用下所产生的，它既是一种正常的生理反应，也是一种正常的心理反应。有相当多的人对性冲动不能持正确的接受态度。一项调查显示，在高职学生中，平时有性冲动的占 87%，其中男生为 96%，女生为 69%(图 7-3)。对性冲动感到羞愧的占 36%，感到自责的占 33%，感到苦恼的占 26%，感到困惑的占 22%，感到厌恶的占 17%，感到恐惧的占 12%(图 7-4)。从这个结果可以看出，一方面性冲动自然产生，另一方面很多学生对自己的性冲动持否定和批判的态度。

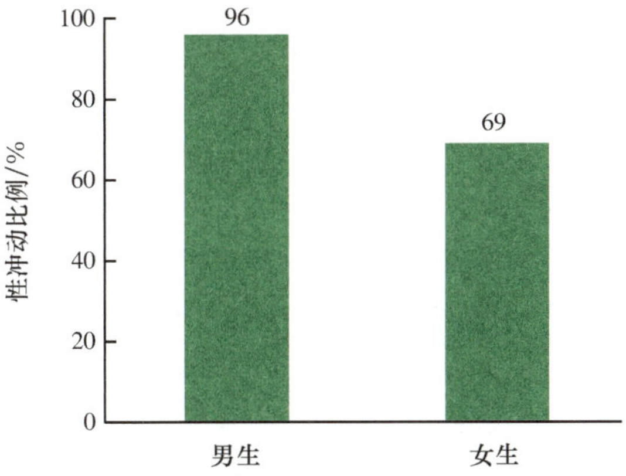

图 7-3 高职学生男女性冲动比例

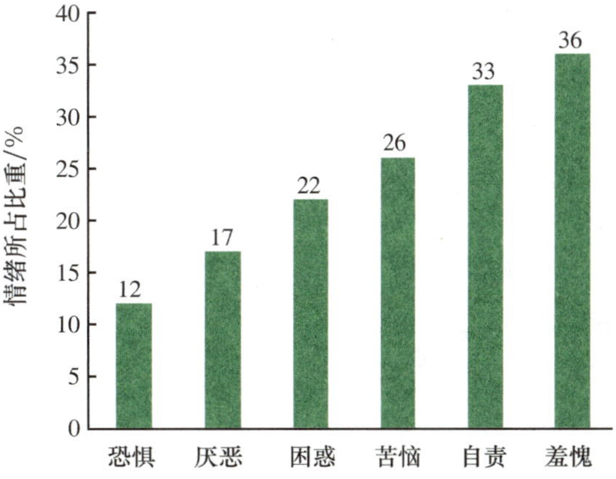

图 7-4 高职学生对性冲动的否定情绪情况

性冲动对高职学生的性发展的影响是明显的。这种矛盾心理很容易使青年人陷入困惑不安之中，它可能在两方面引起心理上的紧张和失调。一方面，生理冲动需要宣泄与限制其宣泄的社会规范之间的冲突。无论社会发展多么开放，成人社会对青年的性活动还是会有所限制的。人毕竟不是一般动物，人的社会性决定其行为必须遵守一定的社会规范。实际上，这种心理冲突一般尚未严重到影响高职学生的生活，弥散的性冲动基本上能被学生个体很好地控制。另一方面，生理冲动也造成本我与超我之间的冲突。从小到大，成人社会中的很多群体通过多种途径有意无意地传播“性是罪恶”的观念，这种社会道德随着人的成长内化成超我。弗洛伊德强调，超我的影响是在意识和潜意识两个层次上进行的，这意味着尽管通过学习人的意识能够认识到性罪恶观是错误的，但根深蒂固的潜意识却不一定会改变这种认识。这样，青年的生理冲动越强烈，负罪感越深，对本能的压抑越厉害，他们认为自己是卑下的，因为他们常常陷入赤裸裸的性欲望和充满肉欲的性幻想中，造成心理负荷严重超载。在一些高职学生身上能看到这种恶性循环的严重后果，这种情形在男生中尤甚。它是影响高职学生心理健康的原因之一。

对于第一种紧张，我们不可能消除。因为目前的社会规范不可能允许青年人自由地宣泄性的冲动。好在这种紧张的影响并不严重，真正造成当代高职学生心理失调的还是第二种紧张。只有加强性教育，端正性认识和性态度，才能发挥高职学生自身心理调节的作用，尽量消除性罪恶观的不良影响。

(三)性的同一性

性的同一性是指个体在性意识的发展上与他人相区别及自身独特性的身份感。青春期青年男女生理上的变化会引起他们的自我陌生感和茫然无措的感觉，他们不知怎样去对待自己身体的这些变化。体验到性冲动又给青年早期的心理加上一层负疚感。如何正确看待这些生理变化，重新修复自我概念，建立对性别角色的完全认同就显得非常重要。

性的同一性要求青年人在自己身体的基础上表现出男性或女性的魅力，这会使许多青年人产生紧张和焦虑。在青年早期，很多人对自己的身体感到过羞愧和自卑。他们对他人如何看待自己的身体感到担心，害怕同伴或成人对自己身体进行嘲笑和讽刺。到青年中期，这些人会因自己在身高、相貌等身体特征方面缺乏吸引力或受过嘲讽而缺乏自信。这会给青年造成很大的心理压力。许多人担心自己没有强烈的男性或女性气质，担心没有魅力，不能吸引异性。高等职业院校的校园中集中了相近年龄的青年男女，他们都具有较高的知识层次，校园环境为他们提供了众多异性交往的机会，同时也提供了验证性魅力的场合。那些认为自己缺乏性魅力的学生在这种环境中的自我概念必然会受到很大打击。如果在与异性交往过程中偶然出现几次失败，就会进一步认为自己缺乏性魅力。这种错误认识会使他们对交往产生恐惧，不愿再尝试新的异性交往，以至于自暴自弃，不再努力提高自身的吸引力。这种心理障碍不仅会导致性的同一性混乱，也不利于高职学生人际交往能力的提高。

(四)异性交往

进入青春期后，青年人一般都会有比较强烈的想与异性交往的生理需求。从某种角度讲，建立良好的异性人际关系是人格健康成长的需要，也是保持心理健康的重要途径。

为何与异性交往是异性交往观的直接体现，处于青春期的学生价值观和世界观尚未定型，处理问题时往往理性不足、感性有余，对异性交往动机进行分析很有必要。吴莹、赵昌木 2015 年对 343 个中学生进行调查，主要以叛逆心理、攀比心理、从众心理等方面为题设，了解中学生异性交往的动机，具体结果见表 7-1。

表 7-1　中学生异性交往的动机

动机选项	所占比例/%
为补偿与同性同学交往的失败而与异性相处	17.3
与异性相处感觉很舒服，能体会到和同性相处不同的感觉	34.5
寻求依赖或安全感（女）或是为了寻求保护他人的成就感（男）	21.3
有异性朋友，说明我很有吸引力	16.1
别人都有异性朋友，所以我也应该有	11.5
为了对老师和家长在这方面的压制表示不满与反抗	3.7
其他	11.4

在现实生活中，很多高职学生感到与异性交往不自在，出现脸红、心跳加快、语无伦次、手足无措等症状。在与异性交往的过程中，行为表现的矛盾性比较明显。例如，心里对异性很感兴趣，但表面上却显得无动于衷，甚至采取回避的态度；在内心深处很想体验异性之间的亲昵行为，但表面上似乎又很讨厌这种亲昵。

在高等职业院校的校园中，我们经常看到一些正在“热恋”中的男女，他们成双成对出现在校园各处，形成一股高职学生中的“恋爱风”。这种校园“恋情”实际上是高职学生两性交往状况不够理想的表现。一些人急于确立恋爱关系，把这种所谓的“恋爱关系”作为了解异性的最主要手段，而实际上并不能充分获得两性健康交往带给人的益处。

（五）性态度

所谓性态度是指人们对于性的各方面的看法。性态度与性意识不同，性态度偏向认知方面，性意识着重于体验。人的性意识往往相同，但性态度则完全不同。这是因为性态度的形成受各种因素影响，如自身性意识的体验、社会道德规范、同辈群体的性观念等。

由于受传统封建性禁锢观念影响，高职学生的性态度容易波动，也充满着矛盾。随着社会的进步和发展，特别是实行对外开放政策以来，西方一些开放的性观念进入我国，对年轻人产生了很大的影响，并改变着他们的性态度。性态度的开放也带来了婚前性行为的增多。对于许多心理还不够成熟、不能妥善处理其后果的青年人来说，婚前性行为可能会引起各种矛盾冲突而危害心理健康，也为日后美满的婚姻生活投下阴影。高等职业院校低年级学生的性态度还未定型，尚处于矛盾、冲突和困惑之中。但到了高年级，大部分人已经能够把性作为一种正常的生理现象来看待，这时他们的性态度已经趋于稳定。

第二节　高职学生性心理困扰的主要表现

高等职业院校阶段是一个人性意识发展的旺盛期。此时的高职学生，性生理已发育成熟，而性心理还不稳定，对性的渴望与对性的恐惧交织在一起，形成一种很复杂的心理活动。尤其在与异性交往过程中，心理紧张感经常困扰着年轻的学子。其中，自慰焦虑、遗精焦虑、性梦、性幻想、性倒错是困扰高职学生性意识发展的主要表现。

一、自慰焦虑

自慰作为性释放途径的一种，是指对自己的生殖器官进行性刺激以获得性唤起或其他快感的刺激行为。生物学家认为，人类的性行为有两个作用：一是繁衍后代；二是获得快感，以满足生理和心理的需求。很显然，自慰的作用是后者。

研究表明，自慰时所产生的生理变化，相当于性交时的生理变化。换句话说，自慰是消除性饥渴和性烦恼的一种手段。通过自慰可获得性欲的满足，缓解性的冲动和性的张力。

自慰的问题一直是让许多青年人备受困扰的问题。由于对自慰缺乏正确的认识，加之受到一些错误看法的影响（如将自慰看作一种道德败坏的行为，认为自慰会损失大量精液，自慰会大伤元气，等于慢性自杀等），有些人背上了沉重的精神包袱，内心矛盾重重，每次自慰后总是又后悔又害怕，精神备受折磨，严重影响了其身体健康、工作和学习。

还有一些人不注意性心理卫生，对自慰现象不加节制，结果导致身体疲劳过度，经常感到腰酸、腿软、头昏、眼花等不适症状，严重者甚至会造成暂时性阳痿。

二、遗精焦虑

男性对遗精感到焦虑和不安主要有以下三个原因：

（1）男性遗精一般都在睡梦中，但是如果在时间上恰好发生在生病前后、考试前后、劳累前后、较大事件发生前后，当事人就会不由自主地把前后的事情跟遗精联系在一起，并认为那件事是遗精的原因或后果。如果那件事是好事还不要紧，但如果恰巧是坏事或让他不能理解的事，他就会感到恐惧、焦虑和不安。

（2）我国民间有些传统观念是不正确的，如“一滴精，十滴血”“失精伤身”“精液是身体元气”等，还有些人认为遗精是“浪费性能量”，遗精会导致结婚以后因“性衰竭”而阳痿等。这些错误的认识和观念会让人感到遗精伤害了自己的身体，由此产生焦虑和不安。于是有的人大吃补品补药；有的人在日历上做标记，严格规定自己“大约多少天才可以遗精一次”；还有的人去练气功甚至求神拜佛寻偏方。

（3）年龄相仿的同伴所提供的错误信息也是导致焦虑和不安的原因。对于遗精，很少有人在同伴中公开提及。如果有一个男性透露此事，很多人就会为了遮羞而回避或生气，结果就会使这个男性无地自容，内心感到无比羞愧或气恼，却又无从发泄。他会把所受的心理伤害归于遗精本身，因而对遗精感到焦虑和不安。

三、性梦

性梦是指人在睡眠状态中所做的以性内容为主的梦。青春期开始前后，人体内的性激素迅速增加，大脑中调节性活动的神经中枢日渐成熟，性梦就是伴随着此时性心理活动的增多而产生的。人的第一次性梦大多始于青春期刚刚开始时。

2016 年，杨兰丽和段德金为探究适合学生的性教育方式，对 1 139 名高职学生的性观念展开调查。调查结果显示，在男生中，75%认为性梦是正常需求，6.5%对性梦产生了羞愧自责的心理，18.5%则感到恐惧困惑（图 7-5）；而在女生中，65.3%认为性梦是正常需求，6.5%对性梦产生了羞愧自责的心理，28.2%则感到恐惧困惑（图 7-6）。

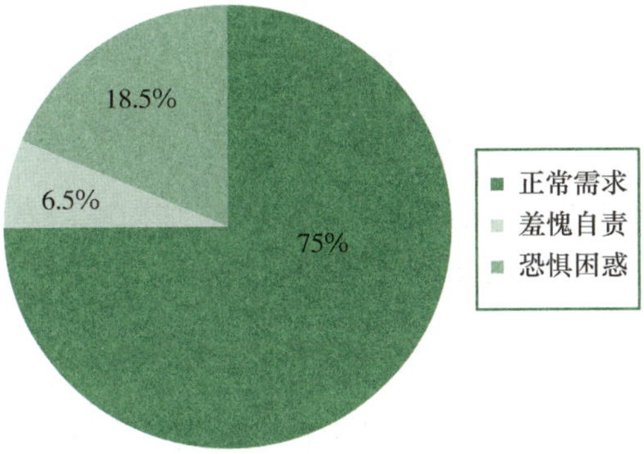

图 7-5 高职男生对性梦的认识

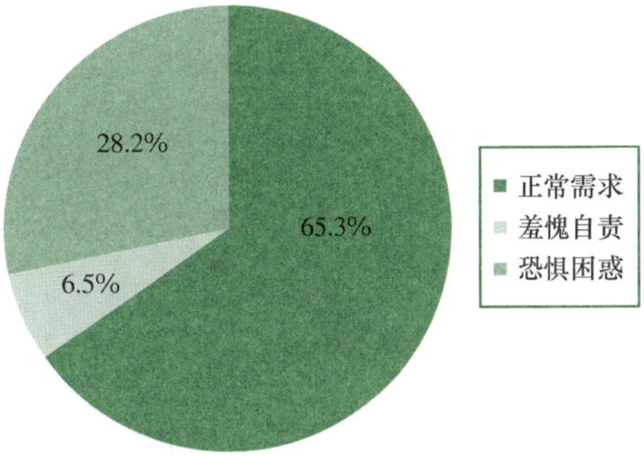

图 7-6 高职女生对性梦的认识

2015 年，仲恺农业工程学院和广东工业大学的心理咨询中心为了分析广东省大学生性知识、性观念、性行为的现状及其性别特征，采用自制问卷对广东省整群抽样的 12 所高校的 928 名大学生进行调查。调查显示，约有 56.9%的大学生有过性梦。

性梦涉及他人和自己内心的道德生活，难以启齿，更难以找到明确的答案。性梦的内容十分广泛和直露，包括当众裸体、乱伦，以及其他种种清醒时在精神和肉体两方面都做不出来的性行为。年轻男性如果初次梦到这些性内容，自然要困惑不解。尤其是乱伦梦，如果年轻男性梦到自己与女性亲人在一起，醒来时很可能感到恐惧、内疚、烦恼，他们不敢相信自己怎么会“想做”这样的“坏事”。还有些人错把性梦当成自己的愿望。有些人会想：“我都梦见她了，这不是爱上她了吗？”也有人反过来想：“我这么爱她，可怎么就梦不见她呢？”还有人甚至认为：“既然她能来到我的梦中，那么意味着她一定是对我有意的。”于是一些人开始执着地寻找性梦中的她，直至结婚；也有的人因此而盲目地埋下了早恋的种子。

四、性幻想

性幻想是指人在某种特定因素诱导下，自编、自导、自演与性交往内容有关的心理活动过程。在青春期，性成熟使得某些青少年对异性的爱慕十分强烈，但又无法与异性发生性行为，这样他们便把自己曾在文艺作品中看到或听到的性爱镜头，经过大脑的重新组合和加工，编成由自己表演的性过程。当事人既是编剧、导演，又是主角，这种“性表演”的内容可以不受任何限制，当事人可以虚构出自己与任何爱慕的异性在一起进行约会、接吻、拥抱、性交等情景。性幻想在入睡前及睡醒后卧床的这段时间，以及在闲暇时出现较多。例如，某高中女生对一位年轻男教师暗恋已久，每当这位教师站在讲台上，该女生便会产生强烈的感情冲动，不能自已。该女生性格内向，不善于向他人诉说自己的心事，只能把对年轻男教师的爱恋之情深深地埋在自己内心深处，稍有闲暇便在脑海里想象与老师亲密在一起的情景，通过这种想象，满足自己的情感需求，并以此作为自己情感的依托，成为生活的一部分。时间一长，该女生出现了上课注意力不集中、走神、发呆的现象，严重影响了其正常的学习和生活。可见，如果过分沉溺于性幻想之中，很可能会导致性心理和行为的异常，给身心健康带来不良后果。

五、性倒错

性倒错，一般指性变态，包括性心理方面的变态与性行为方面的异常。在一定的约束条件下，性倒错可能会有所收敛或缓和，但在某些情况下又可能表现出来。性倒错的表现形式多种多样，包括同性恋、恋物癖、异装恋、虐待狂、露阴癖、窥淫癖等。

在高职学生中，性倒错的比例并不高，但这不意味着对这一问题可以忽视。下面介绍两种高职学生中较常见的性倒错现象。

(一)同性恋

所谓同性恋，又称同性爱，是性取向之一，是指只对同性产生爱情和性欲的人，具有这种性取向的个体被称为同性恋者。据不完全统计，2014 年中国的同性恋人数可达 7 000 万，其中男女同性恋者各占一半。

长久以来，国内外对同性恋问题有许多争论。近年来，越来越多的学者把同性恋看成人们对自己生活方式的一种选择，认为同性恋与道德无关。我国社会学家李银河也认为：同性恋是一种属于人类中的一小部分人的自然和正常的性取向，不是一种变态行为，社会应对其采取宽容态度。到目前为止，对于同性恋的争论还没有一个统一的结论。

同性恋一般可分为三种情况：

(1)真性同性恋　他们中的大多数具有较多的异性特征。比如，有些男性平日爱搽脂抹粉，说话女声女气，喜欢挽着同性的胳膊等；有的女性举止粗犷，喜欢穿男装。真性同性恋者的性生活不仅是感情之间的相互吸引和依恋，而且还包括肉体上的性行为。

(2)假性同性恋　通常指由于长期生活在与异性隔离的生活环境中(如军队、监狱、护士学校、运动训练队等地方)，长期没有合适的异性伙伴，而把同性作为满足自己性欲的同性恋者。假性同性恋者主要是由生活情境造成的，一旦生活情境改变，他们就会改变自己的情欲对象，与异性正常恋爱结婚。

(3)精神性同性恋　这种同性恋只表现在个人精神上，把对同性的欲望存于心底、幻想和梦境之中。

同性恋产生的原因是多种多样的，包括生理、遗传、环境、幼年教育、童年创伤等。一部分由特殊环境（如军队、监狱等）造成的假性同性恋者，当他们接触异性后可能会逐渐恢复正常。但许多真性同性恋者即使结婚也不能改变其同性恋的心理和欲望。

同性恋者大多感到强烈的心理失调。当社会文化还不允许违反一般习俗下的性关系时，同性恋者常常受到人们的嘲笑和鄙视，这使他们感到生活痛苦、压抑、自卑、耻辱，有人甚至因此而自杀。他们应该得到心理专家的帮助，进行有效的心理治疗。

（二）恋物癖

恋物癖是指通过接触异性穿戴和使用过的服装、饰物等来唤起性兴奋，以获得性满足的行为。恋物癖者以男性为多。他们对异性本身或异性的性器官没有兴趣，而把兴趣集中在女性贴身使用的并具有特殊气味的一些无生命的物品上，如内衣、内裤、乳罩、头巾、衣服、袜子、手套、鞋、发卡、项链等，也有人收集女性的头发。他们常常通过对这些物品的抚摸、玩弄等方式来取代正常的性活动，以激起性高潮，获得性满足。

对物品的特殊依恋本身并不影响他人的正常生活。但恋物癖者为了获取这些物品经常用偷窃的手段，因为偷窃的冒险和隐秘给他们带来很大的性快感。

大多数恋物癖者的内心也是极其痛苦和焦虑的。他们知道自己的行为是不道德不健康的，但却控制不了自己的性冲动。由于经常通过偷窃获取女性的衣物，在不了解其变态心理的情况下，他们一旦被发现，一般都会受到公众谴责，有的被送至派出所，严重者被判刑劳教。但许多恋物癖者并不能因此而改变，要改变其异常行为，需要进行专业的心理治疗。

维护性心理健康是人类身心健康发展的重要保证。高等职业教育时期，学生的性心理发展尚未完全成熟，他们在成长过程中必须克服由于性困惑带来的种种心理矛盾与障碍。保持性心理健康，不仅要了解和学习健康的性知识，还要在与异性的交往中不断地完善自身人格，端正性态度，重视性道德，为以后的恋爱、婚姻做好充分的心理准备。

第三节　性心理健康的自我解惑

一、走出性误区

性的发育同人身高的增长、体重的增加一样，是一种正常的生理发育现象。青年高职学生学习必要的性知识，正确认识性发育中的心理和生理现象，对其健康成长是非常有益的。

（一）合理的控制与宣泄

性冲动是一种生理本能。青年的性冲动并不一定会强烈到必须要用性冲动的行为来加以解决，通过适当的方法，性冲动也能得到合理的控制。

1. 性能量的转移和宣泄

恰当的作息制度和紧张的生活节奏能降低个体对性问题的注意力。同时，参加适度的体育活动则能使人的性能量得以转移并宣泄。例如，有些男生通过体育活动来表现自己的男性魅力，这无疑有利于性同一性的发展，也有助于提高个人的自信心。

2. 加强异性交往

如果没有正常的异性交往，禁欲主义的态度便会在性意识发展的过程中产生不利的影响。研究表明，正常的异性交往和进一步发展成恋爱关系能够使高职学生释放性能量。同时，正常的异性交往有助于提高性的同一性，减缓性焦虑。

3. 合理运用性发泄手段

人与动物在性方面的一个显著不同就是：人能够通过特定的替代形式来满足性冲动。例如，个体可通过幻想与某异性相会来满足性冲动，这种方式比较普遍；此外，还有性谈论方式的广泛运用，很多高职学生以议论性问题（包括谈论异性）来宣泄一部分性能量，最常见的就是高职学生宿舍熄灯后的卧谈会，异性几乎是必谈的内容。这将有助于缓解青年的性紧张、性饥渴和性烦恼。

（二）自慰不是一种恶习

自慰是性机能发育成熟后满足性欲、缓解性冲动、消除性饥渴和性烦恼的一种有效手段，它是正常性行为的一种方式，并不是一种恶习。那些认为自慰会伤元气的说法并没有科学的根据。实际上对青年有害的并不是自慰本身，而是对自慰的错误认识和由此造成的心理压力。《美国精神病手册》中写道：自慰是标准的性行为的一种，只不过人在自慰时常伴有一种罪恶感和心理焦虑，才造成了种种后果。当然，同其他生理功能一样，自慰过度也会造成身体不适。

事实证明，适当的自慰既不会导致生理上的适应不良，也不会引起心理危机。只要对青年给予适当的性教育，引导大家正确地认识和看待性冲动，让大家了解到自慰的普遍性和原因，自慰就不会构成对健康的危害。

怎样才是对待自慰的正确态度呢？首先，不要把注意力过多地集中到性的问题上。要培养自己广泛的兴趣，多参加各种有益的活动，注意锻炼身体，多进行跑步、游泳、爬山等运动。最重要的是，一旦发生自慰行为，不要过于关注和焦虑，要把它看成是同吃饭、喝水一样的正常行为，这样才能卸掉思想负担，身体放松、精神愉快，工作和学习也才能更有效率。

（三）性梦不是堕落

性梦是青春期男女在发育过程中的正常现象，很多人都经历过。性梦、遗精、月经等标志着青年男女的性器官已经发育成熟了，不必为此感到羞愧、恐惧、自责和困惑。

性梦是不以人的意志为转移的，它与实际生活中一个人想干什么没有必然的联系。那些平时一本正经、心无杂念、目不斜视的人，可能做的性梦并不比别人少，梦的内容也差不多。这并不是说他们是伪君子，而是说性梦本身绝不是说想有就有、想压抑就能消灭的。

有过性梦的青年男女，不要把性梦错当成思想道德品质问题，尤其是做过“乱伦梦”的人，没有必要觉得自己下流无耻，应顺其自然，把主要精力放在学习和工作上，避免接受各种错误的性信息和性干扰。

二、端正性态度

婚前性行为增多，其本身并不会造成心理紧张，但对于许多心理还不够成熟，不能妥善处理由婚前性行为造成不良后果的人，就可能会引起各种矛盾和心理冲突，以至于危害身心健康。

性态度开放到极端就是所谓的性解放。在我国，宣扬性解放的只是极少数人，而且有些人不见得真正持有这样的性态度。他们可能为其他的原因而宣传它，如为了表现自己的独特性，为了反抗父母、学校和成人社会等。这些人宣传的性解放还仅仅停留在表层行为上。尽管如此，这对于高职学生，尤其是低年级高职学生有很大的危害。因为低年级高职学生的认识水平、分辨能力等都不成熟，容易在性的认识和态度上分不清楚是非。对一些“性自由”的理论观点，高职学生容易在并不理解的情况下盲目仿效。加之这个年龄的学生情绪不够稳定，意志力薄弱，动机欲望强烈，容易受社会不良刺激的影响。所以应该对大家加强性教育，帮助大家提高自身对性冲动的认识和自我控制的能力。同时还要加强法制观念教育，引导大家自觉遵守法律法规，自觉约束自己的情绪行为，保持自尊、自爱，以免造成无法挽回的后果。

三、拒绝“黄色诱惑”，预防性传播疾病

（一）拒绝“黄色诱惑”

人们常把淫秽书刊、录像对青少年的腐蚀和毒害比喻成“精神毒品”和“杀人不见血的软刀子”。在淫秽书刊、录像的诱惑面前，不仅天真无邪的青少年会遭到严重侵袭，就是庄重沉稳的成年人也往往难以抵御。司法部门曾对某监狱 91 名成年罪犯进行调查，发现属于受淫秽物品腐蚀而犯罪的占 13%，这说明淫秽物品对人的精神毒害是很厉害的。

有关专家认为，淫秽物品之所以导致人的堕落和犯罪，是因为它能够摧毁人的心理防卫机制，这种防卫机制主要由社会的思想观念、道德观念、法制观念构成。由于建立在性禁锢的基础之上，在各种“黄色诱惑”下，人的心理防卫机制就显得非常脆弱，极易被摧毁。几乎所有的淫秽物品，都是在直接或间接地宣扬性自由、性开放的主张，并通过活生生的形象表现这种开放的毫无节制、自由放纵。淫秽物品极大地满足和刺激了人们的性欲，诱惑人因此而忘记社会的规范，为了满足性欲，变得疯狂和不择手段，最后可能会一步一步走向犯罪的深渊。因此，正在成长中的高职学生应自觉地抵制淫秽物品的侵蚀，防止受到“精神毒品”的伤害。

（二）预防性传播疾病

性病和艾滋病都属于世界范围的性传播疾病，流传深广，对人类的健康构成了巨大的威胁。

1975 年，世界卫生组织把性病的范围从过去的 5 种疾病扩展到各种通过性接触、类似性

行为及间接接触传播的疾病，统称为性传播疾病。目前性传播疾病的涵盖范围已扩展至包括最少 50 种致病微生物感染所致的疾病，其中包括传统的 5 种性病——梅毒、淋病、软下疳、性病性淋巴肉芽肿和腹股沟淋巴肉芽肿，以及非淋菌性尿道炎、尖锐湿疣、生殖器疱疹、艾滋病、细菌性阴道病、外阴阴道念珠菌病、阴道毛滴虫病、疥疮、阴虱等。我国目前要求重点防治的性传播疾病是梅毒、淋病、性病性淋巴肉芽肿、尖锐湿疣、生殖器疱疹及艾滋病。

在医学高度发展的今天，强有力的抗菌手段及药物使许多传染病的发病率和死亡率都明显下降，但性传播疾病的发病率却仍然呈不断上升的趋势。这是因为，性传播疾病不仅是一种生理上的疾病，还是一种社会性疾病，它和人们的性生活不检点以及吸毒、卖淫、嫖娼等行为密切相关。正在成长和发展中的高职学生应该加强道德自律，杜绝上述不良行为，这样才能远离性传播疾病，保持身心的健康，也为将来的幸福生活奠定美好的基础。

1. 预防性病

常见的性传播疾病有梅毒、淋病、软下疳、性病性淋巴肉芽肿、非淋菌性尿道炎、尖锐湿疣、生殖器疱疹和滴虫病。

(1)梅毒　梅毒是由苍白螺旋体即梅毒螺旋体引起的一种全身性慢性性传播疾病。

梅毒的传播源是梅毒患者，传染途径主要是性交传播、胎传和接触传播。性交传播是梅毒的主要传播途径，占 95%以上。感染梅毒的早期传染性最强，随着病期的延长，传染性越来越小，一般认为感染后 4 年以上性交传播的传染性十分微弱。梅毒螺旋体的传播速度非常之快，进入人体内，很快就可以遍及全身。胎传是指患有梅毒的孕妇通过胎盘使胎儿感染，所以又叫先天梅毒。接触传播是由于日常生活中接触了污染了梅毒螺旋体的物品，这些物品包括衣物、被褥、床单、毛巾、剃刀、餐具、烟嘴、坐便器等。

梅毒根据传染途径的不同可以分为后天梅毒和先天梅毒(胎传)，根据其有无传染性分为早期梅毒和晚期梅毒。早期梅毒经彻底治疗可临床痊愈，消除传染性。

(2)淋病　淋病是淋菌性尿道炎的简称，是一种古老而又常见的性病。它是由致病菌革兰氏阴性奈瑟氏双球菌引起的一种以泌尿生殖系统黏膜病变为主的急性或慢性炎症性的性传播疾病。引起淋病的病原体被称为淋球菌。

性交传播是淋病的主要传播方式，偶尔也有通过接触淋病病人的含有淋球菌分泌物污染的衣裤、被褥、床单、浴盆、便桶、毛巾等感染的，这种感染对象主要是儿童，尤其多见于女孩。

发现淋病患者应及时就医，还要对患者使用过的器具进行彻底消毒。淋病患者应禁止与小孩，特别是女孩同床、共用浴盆和浴巾等。淋病患者虽经治疗可以痊愈，但机体并没有产生对淋病的免疫力，即使痊愈了还可能再次被感染。所以要定期复查和进行必要的复诊，以求根治，防止复发。

(3)软下疳　软下疳是由杜克雷嗜血杆菌感染引起，主要症状为生殖器部位出现多个痛性溃疡，多伴有腹股沟淋巴结化脓性病变。本病由性交传播，临床上男性患者多于女性，在我国比较少见。本病是世界性分布的性传播疾病，据世界卫生组织估计，全世界每年约有 700 万例软下疳发生，主要流行于热带及亚热带地区，多见于非洲、亚洲和拉丁美洲，尤其是发展中国家。

(4)性病性淋巴肉芽肿　性病性淋巴肉芽肿又名第四性病，是传统的性病之一，其病原体是沙眼衣原体，主要通过性交传播。其主要临床表现为生殖器部位出现一过性水疱性损害，局部淋巴结肿大，如未经治疗，晚期可发生象皮肿和直肠狭窄，对组织的破坏性强。现在本病在我国较为罕见，在热带及亚热带的南非、西印度群岛、东西非、东南亚、北美加勒比海地区多见。

本病主要通过性交传播，也可因接触患者分泌物间接传播。主要表现为腹股沟淋巴结肿胀、化脓，发展至晚期，可产生许多严重的并发症。其中以直肠狭窄最为多见，尤其是女性。如病变发生在尿道，可伴有尿道狭窄；如发生在阴道，可造成阴道狭窄，甚至发生直肠阴道瘘、阴道穿孔或外阴毁损等严重破坏性损害，在破损的生殖器上还可发生癌变。

(5)非淋菌性尿道炎　非淋菌性尿道炎是指由淋菌以外的其他病原体，主要是沙眼衣原体和支原体等引起的一种性传播疾病。本病在临床上有尿道炎的表现，但在分泌物中查不到淋球菌，细菌培养也无淋球菌生长。女性患者常合并宫颈炎等生殖道炎症。本病目前在欧美国家已超过淋病而跃居性传播疾病的首位，在我国也日益增多，成为常见的性传播疾病之一。

(6)尖锐湿疣　尖锐湿疣是由人乳头瘤病毒(HPV)感染所致的以肛门生殖器部位增生性损害为主要表现的性传播疾病。本病大多发生于 18～50 岁的中青年人。潜伏期为半个月至 8 个月，平均为 3 个月。

尖锐湿疣的传播方式有三种。性接触传播为最主要的传播途径。故本病在性关系紊乱的人群中易发生。少部分患者可因接触病人使用过的物品传播而发病，这些物品如内衣、内裤、浴巾、澡盆、马桶圈等，此方式为间接接触传播。本病还可以通过母婴进行传播，分娩过程中通过产道传播而发生婴儿的喉乳头瘤病等。

(7)生殖器疱疹　生殖器疱疹又称阴部疱疹，是由单纯性疱疹病毒引起的发生在泌尿生殖器官的一种性传播疾病，是常见的性病之一。

生殖器疱疹可反复发作，对病人的健康和心理影响较大；还可通过胎盘及产道感染新生儿，导致新生儿先天性感染。因此本病也是较为严重的公共卫生问题之一，应对其进行有效的防治。

(8)滴虫病　滴虫病是由鞭毛原虫——阴道毛滴虫引起的一种性传播疾病，主要侵犯女性阴道，也可感染男性泌尿系统。滴虫病是一种主要通过性交传播的寄生虫疾病，具有传染性。

滴虫病的传播途径也是两种，一种是性接触传播，一种是间接接触传播。要预防此病的传播：一是要加强自律意识，遵守性道德；二是要讲究卫生，杜绝传染途径。后者具体包括严格实施环境卫生管理制度，禁止滴虫病患者及带虫者进入游泳池；废除公共浴池，提倡淋浴；废除出租泳衣及浴巾等。

2. 预防艾滋病

艾滋病全称为“获得性免疫缺陷综合征”(AIDS)，是一种危害性极大的传染病，由感染艾滋病病毒(HIV)引起。HIV 是一种能攻击人体免疫系统的病毒。它把人体免疫系统中最重要的 CD4T 淋巴细胞作为主要攻击目标，大量破坏该细胞，使人体丧失免疫功能。因此，艾滋病感染者易于感染各种疾病，并可发生恶性肿瘤，病死率较高。

虽然全世界众多医学研究人员付出了巨大的努力，但至今尚未研制出根治艾滋病的特效药物，也还没有可用于预防的有效疫苗。艾滋病已被我国列入乙类法定传染病，并被列为国境卫生监测传染病之一。

HIV 在人体内的潜伏期为 8～9 年。艾滋病的主要传播途径有：性接触传播；血液和器械传播;母婴垂直传播;皮肤或黏膜破损伤口受感染等其他传播途径。

性接触传播是艾滋病传播的主要途径。性接触传播是在没有采取任何安全措施的情况下,与艾滋病病毒感染者直接进行性交(包括阴道、肛门、口腔)而传播。国家卫健委发布的数据显示,截至2021年10月底,全国报告现存艾滋病感染者114万例,2021年1到10月份报告的感染者是11.1万例,其中异性性传播占到了71%,同性性传播占到了26%,二者共占97%,性传播是目前我国艾滋病的主要传播途径。

到目前为止,艾滋病还没有特效药,怎样才能最终停止艾滋病的流行呢?一位美国学者在回顾了美国20多年同艾滋病斗争的痛苦经历后深深地感受到,人类最后遏制艾滋病流行的有效途径既不是特效药和疫苗,也不是避孕套,而是进行人格教育和建立健康的家庭。青年人感染率上升是全世界共同面临的艾滋病防治挑战。中国疾控中心发布的数据显示,我国每年有3 000例左右15~24岁的青年学生感染艾滋病。专家指出,青年学生感染主要是经过性传播途径,所以要在他们当中倡导健康生活方式,鼓励学生积极参与艾滋病的防治活动。

思考与练习

1. 性的本质是什么?
2. 影响高职学生性心理和谐发展的因素有哪些?
3. 高职学生性心理困扰的主要表现有哪些?
4. 高职学生如何进行性心理健康的自我解惑?

知识链接

经期保健饮食原则

1. 饮食温热,不要食用生冷食物

在中医学中认为,食用温热食物有助于血液运行通畅,而食用生冷寒性食物,则不利于消化,并且还会损伤人体阳气,导致血液流通不畅,易出现月经不调、经血量少,还易出现痛经、闭经等经期问题。

2. 饮食清淡,不要食用辛辣食物

饮食以清淡为好,特别是在经期中食用清淡的饮食,有助于消化和吸收。清淡的饮食要少盐,防止食用盐分过多造成的体内盐分和水分的积聚增加,避免月经来潮初期出现头疼、易激怒的情况。另外,刺激性大的辛辣食物最好不要吃,这类食物会刺激血管扩张,易导致经血量过多或痛经。

3. 多食用高纤维食物

纤维素丰富的食物有助于调理经期。高纤维食物包括新鲜水果、蔬菜、燕麦、糙米等,这类食物具有润肠道改善便秘的作用,所以推荐适量食用。此外,纤维素丰富的食物可以起到促进雌激素分泌的作用,可增加血液中的镁含量,能改善月经不调的情况,还可维持稳定的情绪。

4.摄取优质蛋白质

优质蛋白质指的是含有人体必需的各种氨基酸，并且数量多、人体利用率高的蛋白质。蛋类、瘦肉、奶制品、大豆中的大豆蛋白都属于优质蛋白质，所以可以经常食用这类食物补充优质蛋白质。如果经期经血过多，造成血红蛋白流失，那么可以适当补充含优质蛋白质的食物，来及时补充经期中流失掉的养分。

5.避免喝浓茶

经期中不适合喝浓茶，浓茶含有大量咖啡因，对神经和心血管的刺激很大，容易增加焦虑不安的负面情绪，还很容易加重痛经和经血量，并会延长经期。另外，浓茶中含有的鞣酸会影响人体对铁的吸收，易造成缺铁性贫血。

6.不要过量食用甜食

食用过多蛋糕、糖果、饮料等甜品，会导致糖分摄入过多，而出现血糖不稳定的情况，比如头晕、疲劳、心跳加快、情绪不稳定等，还会加重经期不适症状。

小案例

我是一名高职女生，最近放假了，我的作息时间也没有规律了。我有时候睡不着，躺在床上总想着性问题，学习的时候也总是走神，会想这个问题，怎么办呢？我很烦躁。

这个年龄性激素旺盛分泌，是容易激发性欲望的。但是如果影响正常的学习和生活，就应当想办法转移注意力：培养广泛的爱好和兴趣，减少不良性刺激，将注意力从性问题转移到健康的日常生活和社交活动；注意生活调节，避免穿紧身衣服，按时上床睡觉；睡觉时，床上用品不应太热或太重，睡眠不应仰卧或俯卧；避免在晚餐期间食用刺激性饮食（如烟草、酒精、咖啡、辛辣食物等）；养成良好的卫生习惯，勤洗手，保持外阴清洁等。

第八章

高职学生健康恋爱心理的自我培养

教学目标

1. 认知爱情的本质属性、爱情的心理结构、爱情形成的三要素、爱情的七大特征和爱情的发展阶段；

2. 熟悉学生恋爱的意义及影响因素；

3. 学会自我培养健康的恋爱心理和行为。

知识导图

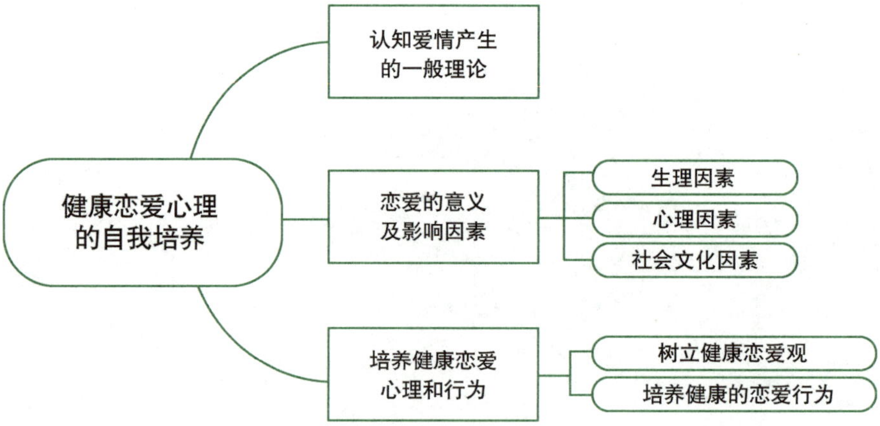

案例导入

有个男孩刚步入大学，遇到一个喜欢的女孩，女孩对他的印象也很好。慢慢地，两个人走到了一起。因为两人都是第一次恋爱，甜蜜的爱情几乎占据了两个人所有的生活。

每天的幸福生活从两人互道早安开始，下课以后也在一起，晚上一起散步到很晚。渐渐地，男孩的心里只有女孩，眼里只有女孩，生活里也只有女孩，他脱离了宿舍、班级的集体社交。

由于男孩太过于在乎这段感情，为了爱情放弃了自己几乎所有的私人生活，爱情反而变成了"枷锁"。大学的光彩生活，对女孩也有很大的吸引力，女孩在融入大学生活之后，逐渐地把感情生活和社团活动保持在一个平衡状态。男孩心里开始接受不了，还因此产生了争执，女孩开始对男孩产生了不满。女孩劝告男孩："我们的感情生活和大学的集体生活并不矛盾，我也要有朋友，我也要参加社团活动，我们同学也有集体活动，我们并不是要每时每刻都腻在一起，互相之间也要给予对方一定的空间。"男孩不理解，他之前的生活全部是女孩，现在女孩有一部分时间参加了集体活动，男孩不知所措，他迷茫、紧张、担忧，这些负面情绪严重影响了他的学习和生活。

结局可想而知，女孩主动提出了分手，男孩很伤心，他完全没想到因为自己太过于在意而造成了严重的后果。

爱情是人类永恒的主题，也是最具有冲击力的人类情感。爱情让人获得新的生命，使人体会到人生的美丽，令人的精神生活丰富多彩，但有时爱情也会让人痛不欲生。爱情既可让人学会宽容，也会让人变得苛求。健康成功的爱情使人充实、快乐；扭曲的爱情令人痛苦、消沉。如何赢得真正的爱情，挖掘内心的潜能，升腾起无穷的生命力和创造力，如何面对爱的冲动，对待爱的酸、甜、苦、辣，如何将爱转换为人生的巨大能量，这些都是摆在高职学生面前的重要课题。

第一节 爱情的特征与发展

爱情是人类特有的精神活动，是包含了生理、心理和社会诸多因素的复杂现象。人类通过清醒的自我意识和无限的想象力，构成了复杂深刻的精神活动和人类生存的主旋律，在此基础上产生了令人魂牵梦绕的爱情。

一、爱情的本质属性

爱情既具有生物属性又具有社会属性。爱情是高尚而圣洁的人类情感，有其原始和质朴的渊源。人虽是具有高度发达大脑的智慧生物，但并不能消除自身的动物本性。爱情是以性爱为生理基础的，性爱来自动物的本能。而社会属性是人的本质属性，所以爱情又体现了人的社会性。

(一)爱情的生物属性

爱情的生物属性实际上是指生物的那种原始的性的冲动性。

性爱是自然赋予生物的天性,是生命赖以繁衍的手段,也是生命活力的重要体现。按达尔文的说法,动物世界也存在着道德、爱、美、性和情感,有性生殖远在人类及其文化出现之前就构成了爱情的成分。自然界中配偶的结合必然使情感的运动和深刻的心理体验有广阔的发展余地。动物的交配,至少是高等动物的交配,总是伴有性的本能冲动和能量的消耗,并具有愉悦的感受,如调情、选择、美感,乃至竞争、嫉妒等构成爱情的诸多要素,人类也不例外。

动物身上形成了伴随着性交而出现的心理成分的复合体,它达到了美感和道德关系的高度。动物的求爱并不是一件简单、短暂的事情。雌性动物愿意选择比较漂亮的雄性,或者有悦耳的歌喉,或者有矫捷的身手。此外,很可能它们还愿意选择最强有力的、最富有生命力的雄性。

作为高等动物的人,在爱情的表达、求偶、性交、忠于爱情等方面都与动物有相似性,这就是爱情的生物属性。同时我们也应看到,人和动物的根本区别在于人是具有社会性的,是有思想、有理智,并受社会道德约束的。所以,人类的爱情还具有社会属性。

(二)爱情的社会属性

人是一种高度社会化的动物,有发达的智慧和文明。所以,探讨人类的爱情,不能脱离人的社会属性。

每个人都是社会性的人,人的行为必然受家庭环境、社会文化和伦理道德的制约。爱情的社会属性首先会受到家庭的经济状况、父母的素养和自身社会角色的影响;其次会受一个人受教育程度的影响。人的一生是受教育的一生,一般来说,要受到家庭、学校和社会三方面的教育。学校教育对于个人的社会属性有重要影响,因为这种教育具有系统性和科学性。一个人受教育的程度,诸如学历、学位、毕业学校等背景,往往自然而然地成为公众或团体推测或评价其行为的主要参考因素。一个人对待爱情与性的态度也常常反映出他受教育的程度。同时,对人类爱情的社会属性造成影响的,还有社会流行的性观念和伦理道德。性观念是社会文化锻造的性心理,它具有系统性、稳定性和群体性等特点。与社会文化的多元化相对应,性观念也是多元化的。不同的时代、不同的阶层,性观念是大不相同的。性观念的习俗化构成了性道德,它成为人类性关系的准则。在远古洪荒时期,人类祖先的性行为是不受约束的。几千年来,在人类社会性约束的基础上,人类的性道德逐渐形成和巩固,成为人人必须遵守的性行为准则。这种严格的性道德保证了人类文明的发展。正是性道德的重要作用,使人类爱情表现出了统一的人性,即人类之爱不仅出于生物学动机,而且伴随着深刻的情感体验,同时还要受到社会伦理道德的严格约束。

二、爱情的心理结构

社会心理学认为,两性之间的人际影响和吸引、亲密关系等发展到顶峰就是爱情。心理学家对人际吸引研究得很透彻,但直到最近,爱情才变成科研课题。爱情的神秘性给相关研究带来较大的困难,因此,心理学在爱情领域的建树还不多。

对爱情研究贡献较大的社会心理学家沃尔斯特夫妇通过大量实例分析提出，爱情有两种基本形式，一种是情欲支配的浪漫爱，另一种则是伴侣爱。前者指的是“热切倾心于另一个人的一种状态。有时，爱人们是那些能够为自己的伴侣，为满足自己的需要长时间交往的人。有时，爱人们则是一些着迷于最终得到其伴侣的爱情，并为满足自己的情欲冲动奋斗的人”。这种强烈的爱情表现为紧张的生理唤起状态。后者指的是“我们为那些与我们的生活密不可分的人体验到的一种钟爱之情”。这种伴侣爱与短暂的浪漫爱相比更牢固持久。在伴侣爱的爱情关系中，恋人的行为往往建立在对双方利益的考虑之上，甚至把伴侣利益置于自己之上。

沃尔斯特认为爱情是由于浪漫爱伴随强烈的生理唤醒状态，即情绪状态是由认知过程(愿望)、生理状态和环境因素在大脑皮层中整合的结果。情绪唤醒模型的核心是认知，认知对生理唤醒的评价是情绪产生的关键。沃尔斯特指出，爱情也会因对生理唤醒的解释而增强。例如，在暴风雨中的恋人会感到两人间的爱情更加强烈，其原因是暴风雨引起强烈的生理状态变化，恋人知觉到这种生理变化，并认为生理变化是由爱情引起的。认知的作用使爱情的经验发生变化，对身体生理状态改变的认知性解释是浪漫爱的组成部分。

我国心理学家高玉祥认为，爱情可以理解为由一些相互关联、各具功能的要素组成的特殊情感系统。这个情感系统就是建立在性欲之上的对异性具有倾慕怜惜之情的性爱，以及由异性间的依恋感和理想、情操、个性追求(义务感、道德)等复杂因素混合而成的情爱。

社会心理学家对爱情的解释并不完善。用生理变化的解释来说明爱情是不可能全面的，但至少它证明爱情包括两个基本结构成分：性爱与情爱。

(一)性爱的特点

性爱的性欲基础使爱情具有排他性、冲动性和直觉性。

1. 排他性

性活动一般是两人之间的隐秘事件，这样恋爱双方就会排斥第三者进入隐秘的二人世界，干预其最亲密的恋爱关系。排他性分为“外排他”和“内排他”。“外排他”指反对自己的恋人与其他异性发生感情关系；“内排他”则是一种自律，即不让其他异性爱上自己而干扰甜蜜的爱情。

排他性对维持爱情的稳定起到帮助的作用，爱情专一是恋人间的基本要求，但发展到极端的排他倾向就成了一种病态。例如，热恋中有的人出于嫉妒，不允许恋人与其他异性正常交往，严重者甚至会因对方多看几眼其他异性就“醋意”大发，这会给恋爱双方带来高度的心理紧张；还有的人在恋爱期间拒绝一切其他活动和交往，完全将自己置身于二人世界之中，这也会导致其生活脱离社会现实。

2. 冲动性

冲动性更是性爱的重要特点。性爱的产生来自生理冲动的基本需要，因此恋人们常常会感觉到对爱情的激动兴奋和与对方更进一步发生亲密关系的需求。性爱的冲动性使爱情充满活力，生机勃勃。热恋中的男女常为一些小事而高度兴奋，也具有比平时更高的创造热情。但冲动的不可遏止也会造成性欲需要的增强，在热恋中的双方如果不加以克制，就很容易发生婚前性行为。

3. 直觉性

性爱注重身体外表的吸引力、气质相投等感觉因素，因此爱情也具有直觉性的特点。高职学生恋爱也时常注重第一次见面的感觉和印象，所谓一见钟情就是感受到对方的外在美而产生的情感。社会心理学的研究表明，在人际交往中第一印象往往起着决定性的作用。恋爱也是一种人际交往，当然也不例外。不过，恋爱涉及两个人以后的婚姻和长时间的相处，如果过于依赖直觉，往往后患无穷。例如，有些高职学生在选择恋人时，过多地注重相貌，而不注重内在的因素，结果接触时间一长，才发现对方有许多不足，与自己的理想配偶存在差异，最后只好选择分手。

（二）情爱的作用

性爱和情爱都是爱情的基本成分。情爱是人类社会发展的结果，更强调精神的重要性。很多社会舆论和文学作品都过于赞颂情爱而有意无意地贬低性爱，其中最有代表性的是哲学家柏拉图宣扬的精神之恋，但这种做法是片面的。性爱与情爱同等重要。恋爱的一个根本目的是释放性能量、发展性意识。性欲是人类诞生以来就存在的本能冲动，而情爱必须在自我意识的基础上产生。以情爱压抑性爱是病态的表现，完全只谈性不谈情也不叫爱。只有二者并重，才构成完整爱情的心理结构。

三、爱情形成的三要素

1. 激情

当我们发现了自己所钟情的异性之后，就会出现一种强烈的接近愿望，进而出现相应的行为。如果对方也给予积极的回应，我们的情感反应则会受到最大的激发。钟情于异性往往最先表现于眼神。通常情况下，我们看别人的时候，别人也会看我们。当双方目光相对时，立即会出现将目光移至别处的反应。在这之后，我们的目光会随着观察对象的变化发生自然转移。若目光移至别处后，又很快回视特定对象，或目光停留于特定对象的时间过长，很可能是钟情的标志；若对方也面带笑容地出现同样的反应，则可称之为“眉目传情”或“秋波传送”，预示着进一步发展关系的可能性。一般情况下，青年男女都会在“眉目传情”或“秋波传送”的激励下，相互接近并加强交往。

2. 亲密

钟情于异性之后，双方都急欲缩短两人之间的空间距离，希望单独接触。即使没有恰当的理由，也要千方百计地找借口见面、攀谈。一旦不能相见，人就感到寂寞异常，内心极为不安，日思夜想，食不甘味，夜不能寐，甚至梦中相见。正如古人所说，一日不见，如隔三秋。钟情于异性将会产生缠绵悱恻的体验，两人在一起的时候，感到时间飞逝；每一次分别都依依不舍、若有所失；分别后，经常回忆两人在一起的情景，回味对方的每一句话，每一个表情，并盼望下一次的接触机会。恋人在亲密交往中表现出强烈的排他性，双方十分在意对方的言行，见到对方与其他异性往来，往往会心生嫉妒。恋人之间的亲密交往还表现在交往的距离上，两人在共同的活动中距离相当接近，经常发生似乎是自然而然的身体接触。随着交往时间的延长，双方还可能出现更为亲密的行为。

3. 承诺

伴随着钟情男女实质性交往的建立，“自我暴露”的程度将会大大提高，与对方倾心交谈成为一种美妙的享受。天南地北、人生社会无话不谈，甚至隐私也可以毫无保留地向对方倾吐。他们尽可能地让对方了解自己，也希望最大限度地了解对方。为此目的，双方都极力提高言语组织和表达能力，表述更加形象生动。钟情者关心对方胜过关心自己，愿意为对方负责并对此做出承诺。他们经常惦念对方的一切，安危冷暖、喜怒哀乐，无不挂在心上。他们会送衣着、用品给对方，或在节日、纪念日赠送礼物。有的人为对方遇到学习或生活的困难而苦恼，全力相助。有的人在经济上也混合在一起，你我不分。在激情驱动下，他们还会山盟海誓承诺忠于对方，始终不渝，为对方终生的幸福负责。

一般每个人都有朋友，可能是同性朋友，也可能是异性朋友。有的高职学生在与异性交往时，对于交往的性质属于友谊还是爱情往往感到难以把握。一般说来，如果青年男女的交往伴有激情、亲密和承诺，说明这种交往已经是较成熟的爱情了。

四、爱情的七大特征

爱情是一种异性之间强烈的吸引状态，这种状态与关怀、依恋、信任和“自我暴露”以及性欲等特征联系在一起。所以爱不是目标，而是一种体验，是一个连续的过程。爱情生活对人类精神活动有重大影响，人们的困惑、烦恼、痛苦、沮丧大多来自情感领域。人们置身于爱情中，有时可以原谅对方严重的不谨慎，但却不能饶恕一点点不忠诚。爱情以相互信任为前提，没有平等和相互信任就没有爱情。有人归纳了爱情的七项特征，列举如下：

1. 依恋

爱情是一种强烈的依恋状态，相爱的人一日不见如隔三秋，有的人因与恋人分离而寝食不安、坐卧不宁，甚至抑郁成疾。一些热恋中的高职学生，哪怕与恋人只有短暂的分离，也表现出极大的不安，出现上课精神不集中、走神儿、夜不能寐、不能全身心去学习的情况。

2. 关怀

在爱情关系中，人们表达着更多的关怀，恋人的一举一动、一颦一笑都会让自己牵肠挂肚。许多高职学生在恋爱时发现，自己不知何时变得会关心体贴对方了。以前在家里都是自己处处受父母关爱，现在自己也开始关爱别人了；以前凡事都是父母叮咛、挂念、操心，现在自己总在担心对方是否穿得合适，是否吃上热饭，是否昨天熬夜……

3. 义务

在爱情关系中，人们往往不求回报，恋人交往时一般不计较得失、不考虑公平，对方的需要就是自己的义务。许多热恋中的年轻人不惜花费时间劳累奔波，不惜倾尽所有，只是为了给对方买一件满意的礼物。

4. 信任

在爱情关系中，人们往往对恋人极为信任，几乎完全不设防，很少考虑后果。俗话说，热恋中的男女都是“弱智者”。这表现在许多恋爱者对自己的恋人投入全部的情感，做事也全是感情用事，很少客观理智地思考；同时，在心里已完全把对方当成自己的亲人，因此极为信任，不仅自己信任，也不允许任何人怀疑对方。但如果他们的恋爱关系破裂，当事人便痛苦不堪，大有上当受骗之感。

5. 宽容

爱情带有更多的宽容，即使对方有些毛病或有自己反感的行为，也会宽容对待。我们常说“热恋中的人看对方都是完美的”。的确，由于感情的主导作用，对方的优点被夸大，缺点也变得可爱。爱情使人变得固执，也变得宽容。

6. 排他

爱情具有很强的排他性，不能容忍他人介入，也容不得对方移情别恋。这种排他性走入极端就会演变为狭隘和自私，严重者会出现报复行为。

7. “自我暴露”

爱情带有更多的“自我暴露”的特点，恋爱双方会袒露真实的自己，包括思想、感情、学识、能力等。“自我暴露”是爱情深度的指标，爱情越深，双方“自我暴露”的深度和广度越大。

爱情的七大特征给我们许多线索与启示，有助于判别自己是否置身于爱情之中。

五、爱情的发展阶段

1. 选择求爱阶段

选择求爱是恋爱成功与否的关键。选择一个适合自己的伴侣并不容易。当青年觉得自己已找到了那个心中的他（她）时，求爱就开始了。有人把求爱细分成醉我、疑我、非我、化我四个阶段。

（1）醉我　是指为所追求的对象迷住而陶醉，一想到对方就会如醉如痴，勾起无限遐想。

（2）疑我　是怀疑对方是不是爱上了我，他（她）今天对我多说了几句话，是不是想表露和我的亲密？他（她）的眼神是不是告诉我他（她）的心意？

（3）非我　即开始了实质的求爱，为对方抛弃自己的兴趣爱好等，以求适应对方，即“只要你喜欢的，我都喜欢！”

（4）化我　指恋爱对象基本固定，恋人把对方利益置于自身之上，即“为了支持他，我什么都可以舍去！”

2. 进入热恋阶段

选择求爱阶段结束之后就进入热恋阶段。热恋中的双方感情起伏波动，时而达到高峰，时而进入低谷甚至破裂。热恋对青年来说是一个证实、发现、判断的时期。证实自己在求爱阶段对恋人的一些理想化看法，发现另一些在求爱中自己并没有注意的优缺点。热恋阶段两人几乎朝夕相处，优缺点较求爱阶段更容易表露出来。恋爱双方根据这些优缺点的综合印象做出判断，看这段感情值不值得延续下去。

3. 家庭角色扮演阶段

如果在热恋阶段做出肯定的判断，恋爱就慢慢发展到家庭角色扮演阶段。恋人从浪漫的迷雾中落回现实，开始考虑柴米油盐，谋生途径。这种家庭角色扮演为以后的婚姻生活打下现实的基础，做好必要的铺垫。

第二节　高职学生恋爱及其影响因素

恋爱现象在高等职业院校校园里已十分普遍。如今的高职学生早已不再以恋爱为羞耻或认为恋爱是见不得人的事了。虽然也有许多人因各种原因不去恋爱，但他们对别人的恋爱大多持肯定态度。

一、高职学生恋爱的意义

从个体发展的角度来看，恋爱对高职学生心理的成熟健全有很大的促进作用。首先，恋爱是青年释放日益强烈的性冲动的重要途径。通过恋爱接触异性，青年不再感觉到性的压抑紧张。其次，性意识的发展必须经过恋爱阶段才能完善，性同一性的建立也要通过恋爱，而且恋爱对高职学生的意义还不止于此。因为恋爱是两个人人格的深层接触，在此过程中，青年的自我概念受到对方的影响而发展，可以真正懂得如何在保持独立性的前提下调整自身缺陷以适应对方。也就是说，经过了恋爱，青年可以建立起完整的自我同一性，发展出健康的自我概念。恋爱对一个人的个性完善和社会情感的发展也具有重大意义，而且恋爱中双方的深层交往也为提高高职学生的交际能力、适应以后的社会生活打下了基础。有些心理学家甚至认为，恋爱是青春晚期和成年早期最重要的事件，只有经过了恋爱，人才会真正成熟起来。

高等职业院校的校园环境有它的独特性。对于高职学生来说，大学在他们走入社会的过程中提供了一个缓冲环境。有了这个缓冲，他们能更从容地完成社会化，更完善地发展自我概念，而不至于感受到从青春中期直接落入社会的强大反差和心理不适。从这个角度看，高职学生的恋爱并不是件坏事情，它对青年的成熟很有帮助。再加上高职学生普遍认为自己已不再是幼稚的少年，理解的爱情更是他们追求的目标。

不过，高职学生的恋爱也具有两重性，积极性和消极性并存，如果处理不当也会危害其身心健康。首先，热恋与婚姻、失去配偶等生活大事是在心理紧张量表上分值很高的事件。过度的兴奋和悲痛都会加剧心理紧张，恋爱正是使人时而高兴时而痛苦的事情。处在热恋中的高职学生，会为一些微不足道的小事而高兴不已或烦恼不止。因此，恋爱会带来高度的心理紧张。恋爱的进一步发展还可能会带来一些社会问题，如发生婚前性行为等，这也是影响高职学生心理平衡的重要因素，可能造成高职学生心理负担超重。

热恋中的男女虽然感觉到强烈的心理紧张，但双方的共处和抚慰、爱情的甜蜜又会降低他们的焦虑感。那些遭受恋爱挫折的人就没这么幸运了。有些失恋的青年会失魂落魄，觉得人生意义不复存在，生活下去只有苦难和折磨，甚至走向了绝路。如果没有恰当的心理指导或较强的自我调控能力，失恋对青年的心理打击是巨大的。

二、高职学生恋爱的影响因素

从前面所讲的爱情心理结构的分析可以看到，生理需要、依恋、个性追求等都是促使高职学生开始恋爱的因素，其中对高职学生心理健康影响较大的因素主要有以下几方面。

（一）生理因素

满足性冲动的生理因素是促使高职学生投入恋爱活动的重要诱因。

性意识的发展有一个从萌生、疏远异性、向往异性到恋爱的过程。随着性意识的发展，性欲需求会日益强烈，性意识发展过程中弥散化的性冲动会集中投射到选定的特殊对象上。由于性冲动的驱使，青年开始脱离群体化的两性活动而单独约会，这就是恋爱。

由此可见，生理需要对恋爱中的青年十分重要。性爱与情爱应该并重，忽略任何一个因素都是不应该的。

（二）心理因素

1. 向往年长者的“牛犊恋”的影响

性意识的发展要经过崇拜长者的“牛犊恋”阶段。此阶段的青年常常把某个异性长者当作终生恋人并理想化、偶像化，只敢远远地看而不敢真正接近。此时的相思是一种纯粹精神的向往，性成分被压抑。崇拜长者阶段在青年身上留下深刻印象，直到以后的正常恋爱，往往也要经过这样一段理想化的相思。在恋爱的开始，许多青年不追求性欲的满足，而是着重于精神上的向往，在对方面前觉得自己渺小，不敢用生理的低级需要去亵渎恋人的神圣伟大。这本来是一个正常阶段，但如果长久陷于这个阶段，致力于用精神去压抑性冲动就不正常了。有些人在整个恋爱阶段坚持认为爱情是神圣纯洁的，从而不愿意承认自己对恋人的性需求。性冲动是生理现象，它不会随压抑而消除，长久的压抑会造成强烈的心理紧张、焦虑和抑郁。

2. 亲密关系的需要

亲密关系对每个人来说都是不可缺少的，即使是羁留荒岛的鲁宾孙，也要培养出一个忠实仆人“星期五”来满足他的人际交往需要。完全没有与自己关系密切的人交流往来所带来的孤独，是一般人很难忍受的。

（1）亲密关系的需要在青年前期开始显露。处于青年前期的青年不再像儿时那样满足于血缘带来的亲近，而是要有意识地结交一些个人密友。处于此阶段的青年正处在发展迅速的关口，有许多烦恼不能也不愿向长辈倾诉。于是大多数人发现，如果没有一个可相互吐露心声的亲密知己，日子将会很难过。到了青年中、晚期，亲密关系的需要进一步发展，此时的朋友已不仅仅是倾诉对象。人格的交流，背景的融会，对青年的交友影响都很大。进入大学校园，对大多数人意味着脱离以前的群体进入新环境。青年必须重新建立各种关系。不过，由亲密关系需要导致情爱可能会出现一种危险，即把亲密关系需要与爱情混为一谈。青年（尤其是刚进校门的大学新生）对亲密关系的需要很强烈。当他（她）极其缺乏亲密关系时，某个异性与他（她）交往便满足了他（她）的愿望。这时的青年不一定能分清亲密关系与爱情的区别。友谊一类的亲密关系表现为亲近、信任和互惠，爱情亦如是。虽然心理学家发现友情量表和爱情量表得分的相关性并不高，两者确有差别，但清楚地分辨它们并不容易，尤其是当一方有强烈错觉时，更可能把另一方的友谊信号误认为是爱情。混淆爱情与友情之间的差异是造成单相思的重要原因之一。

(2)亲密关系发展的顶点就是爱情。除了父母，很多青年人恐怕不会承认有比恋人更亲密的人，而且恋人间的亲密在某些方面是父母子女间关系所无法替代的。因此，对亲密关系的追求把孤独的青年引向恋爱是极其自然的事。心理学家沙利文指出，亲密关系和性冲动最终结合成人类的情爱。

亲密关系的需要吸引青年参与恋爱，但有时青年不去恋爱却是由于对亲密关系的恐惧。为什么会产生这种双重而相互抵触的作用呢？因为亲密关系是成熟的表现，它“要求亲近、信任和互惠，而且只有在双方具有处理这些需求的力量和成熟时才能实现。真正的亲密关系培养起来之时，会将双方的弱点带进这种关系。这些弱点在以前单独或假亲密时不会注意到。这些已有的弱点会造成双方关系的紧张，有时甚至会产生毁坏性的作用。即使在青年最有意义的体验中，亲密关系也会暴露出成长中的个体最弱和最不想被看到的一些方面”。对于那些自我概念发展不成熟的青年，暴露自己的弱点是致命的。他们宁愿蜷缩在自己的圈子里，出于暴露缺点的恐惧不去涉足亲密关系的较高层次。

因为对亲密关系的惧怕而不去恋爱，给高职学生的正常心理发育带来很大缺陷。亲密关系体验在自我力量形成方面是必不可少的。自我同一性需要经过与他人深层的接触交流才能建立起来；自我概念要完善，也需要接受另一个自我的评价干预。对于那些自我发展还不成熟的高职学生来说，恋爱对他们可以产生有利的影响。当高职学生为了爱情的甜蜜而解除对亲密关系的恐惧时，他们的自我就会在恋爱中得到有益的锻炼而成熟起来。

3. 归属和服从的需要

归属和服从的需要是作为社会存在物的人的最重要的需要之一。人从属于社会，总要归属于某个群体，得到他人的承认。即使完全脱离社会，一段时间内不能与社会交流的人，也会在自我认识中保持某种归属感。例如，在鲁宾孙的十年荒岛生涯中，他就是在把自己看作白人社会中的一位英雄而度过的。他甚至在那儿建立起模拟白人社会的小天地。马斯洛把归属感和爱摆在一起，认为它是在人的安全需要之后的精神层面的高一层次需要，由此可知其重要性。

归属需要促使青年向群体认同。群体活动增加了男女青年的交往机会，对群体的共同归属(尤其是一些很小的群体)又增强了两人之间的人际吸引力，进一步的发展便可能导致爱情的产生。归属和服从也会使青年直接导向恋爱。因为恋爱双方是一个亲密关系极强的小圈子。在恋爱中，恋人能感觉到自己属于另一个人和被另一个人爱抚关心的滋味。两人共同分享所有的东西，如财产、感情、秘密。恋爱能直接满足归属和服从的需要。

有时候，对群体的归属需要也会对恋爱产生破坏作用。因为归属需要要求青年得到群体的认同，仅仅在恋爱的二人世界里是不能满足的，于是恋爱中的青年男女还需要投入各种群体活动之中。但恋爱具有排他性，恋人要求对方只属于自己。如果双方归属的群体不一样(这在男女之间很容易出现，两人的爱好不可能完全一致)，就可能会产生矛盾，引起一方的不满而危害两人关系。

(三)社会文化因素

1. 文学作品的影响

许多人投入恋爱的目的是尝试一下早已向往的被诗歌小说歌颂的甜蜜爱情。文学作品经常渲染爱情的纯洁神圣,加强了青年把爱情理想化的倾向。他们从诗歌小说中得出,纯粹的精神追求比低级的肉欲重要百倍,于是他们追求高尚的精神,贬低肮脏的肉欲。

2. 社会道德规范、教育方式的作用

禁欲主义性教育的一个重要特点是提供精神力量压抑肉欲。例如,哲学提供理性,成人社会又总是向青年灌输性有罪的观念,这些都不可避免地影响青年的恋爱观。

如何处理恋爱与其他事务的关系是大多数恋人的艰巨任务,处理不当会造成严重的心理紧张和压力。此时,求助于长辈或咨询心理医生是很必要也很有益处的。

第三节　健康恋爱心理和行为的自我培养

一、树立健康恋爱观

(一)爱情形态的划分

加拿大社会学家约翰·艾伦·李(J. A. Lee)把爱情分为情欲之爱、游戏之爱、友谊之爱、狂爱、现实之爱、利他主义之爱六种。

(1)情欲之爱　指集中在外形美需要基础之上,想占有对方的爱。

(2)游戏之爱　指把追求异性当成有趣的游戏的爱。恋爱者不会有自我感情的真实投入,常喜欢变换恋爱对象。

(3)友谊之爱　指由于长期相处自然形成的亲如兄妹好友的恋爱关系,所谓“青梅竹马”就是此类爱情的例子。

(4)狂爱　指恋人对感情需要达到癫狂程度,这是一种病态的爱。

(5)现实之爱　这种爱比较理性化,人们根据自己的需要(如自尊、金钱、地位)来选择可使其满足的对象。

(6)利他主义之爱　这种爱也略带病态。此类恋人认为爱是一种感情奉献,如果有第三者对自己的恋人产生感情,就采取退出的办法,认为这样才能使恋人更加幸福。

以上几种爱情形态在高职学生恋爱的各个阶段都有所表现,并严重影响高职学生的择偶标准。约翰指出,只有友谊之爱和现实之爱才真正牢固持久,过于浪漫或过于游戏都会使爱情短命。

(二)高职学生的择偶标准

择偶标准并不是一成不变的。许多高职学生也并不完全按照一个既定的标准去筛选自己周围的异性。但对大多数人来说，根据自己的需要对理想的恋爱对象定出粗略的主客观方面的标准还是必要的。

根据高职学生择偶的目标取向可把择偶标准分为三类。

1. 精神满足型

这类高职学生选择恋人以理想、信念、价值、事业、能力等为标准，或以气质、性格、兴趣的相投作为共处的基本要求。也就是说，他们对外貌、金钱、家庭背景等并不看重，而是以达到更高层次的精神满足为标准。这种择偶标准在今天的高职学生中占很大比重。徐州工业职业技术学院教授刘郁 2016 年对 900 名高职学生的择偶标准进行调查，结果表明，大多数高职学生择偶主要以感情上的和谐融洽、事业上的志同道合为标准，是为了选择终身伴侣，以共同生活为目的，这个比例占全部被调查者的 62.4%。但注重精神而不在乎物质条件的择偶还要能经受住社会现实的考验，当高职学生情侣离开校园走向社会时，养家糊口的生计问题直接摆在他们面前，理想化的爱情能否继续维持还是未知。

2. 感官满足型

这类高职学生以获得纯粹感官满足为爱情的目的，是一种对“情欲之爱”的追求。择偶者着重注意恋爱对象的外表(身材、皮肤、相貌)和风度的吸引。这类爱情很难维持长久，因为天长日久的相处会使外表失去新鲜感而降低吸引力。

3. 现实满足型

这类高职学生以社会地位、经济条件等为择偶标准。这就是所谓现实之爱，其实质是一种互惠的理性考虑。现实满足型择偶标准分为以下三种类型：

(1)物质型　指以经济条件为追求目标，为满足物质需要而恋爱。

(2)虚荣型　这种类型更看重地位、职称等荣誉性的东西。

(3)利用型　这种择偶更具指向性，往往是为了达到一个明确而现实的目的，目的一旦达到，便着手将恋爱对象抛弃一旁。

(三)走出恋爱的误区

高职学生要树立健康的恋爱观念，确立正确的择偶标准，需要自觉走出恋爱的误区。

1. 不要为了消除孤独感而恋爱

所谓孤独感，是个体无法与他人建立实质性联系的心理状态。青春男女因其心理发展阶段的特点，最容易感到孤独。孤独感有时产生于一个人独处时，有时在群体活动中也会产生。有的高职学生看到别人出双入对，更感到孤独难耐，一旦爱情降临，便紧抓不放，并以此来驱赶孤独。他们要求自己的恋人时时刻刻陪伴自己，一旦不能如愿，便感到更加孤独。他们感到十分困惑，恋爱为什么不能消除孤独感呢？其实，他们的孤独感不仅仅是因为恋人不在身边而产生的，还有更深层的心理原因，那就是他们性格中的依赖性。

2. 不要把恋爱当成生活的全部内容

由于青春期的心理特点，对美好爱情的追求往往会成为青年人主要的心理需求。“爱情第一”的观点在相当一部分青年学生中流行，似乎有了爱情就有了美好的未来，否则前途就暗淡无光。于是，花前月下、卿卿我我、出双入对成为校园一景。有的学生因为谈恋爱而荒废了学业，有的学生因为失恋而产生了心理危机，原因之一就是把恋爱当成生活的全部内容。恋爱是人生的重要组成部分，但不是生活的全部，生活中还有更重要的东西。恋爱的前景如何，在很大程度上与生存状态有关。如果一个人沉溺于爱情的甜蜜，忘记了他还有更重要的事要做，就会损害他的现实状态，他的恋爱前景也就令人担忧。正确处理恋爱和学习的关系，可以形成两者相互促进的良性循环，增加恋爱的激情和学习的动力。有的学生还没有具备协调两者之间关系的能力，存在“恋爱就是一切”“恋爱第一，学业第二”的观念。那么恋爱就成了这些学生整个大学生活的主旋律，毕业就业在即才重新意识到生存的挑战。这种现象值得高职学生警惕。即使是没有紧迫学习任务的成年人，如果试图用爱情代替生存，结果只能是爱情和事业双失意。

3. 不要过高估计恋人优点

中国有句古话，“情人眼里出西施”。英国也有句古话，“爱情是盲目的”。这些都是在描述这种情况。处于热恋情绪状态中的青年人，往往感到对方什么都好，分别之后魂牵梦绕，在思念中反复回味，恋人的形象在主观想象中被加权，显得更加完美。盲目的爱情中自然潜伏着危机，因为它远离了现实的生活。随着两人接触次数的增多，了解加深，理智感日益增强，情绪性逐渐降低，想象和现实的距离就会越来越大。如果没有足够的精神准备，这种“情人眼里出西施”式的恋爱将会陷入僵局。有的同学对心理辅导的老师说：“我的爱情成了一锅夹生饭，我和女朋友分别后就想、见了面就烦。”造成这种情况的主要原因就是过高地估计了对方的优点，用想象将恋人形象加以美化。一旦现实打破这种完美的想象，就会使爱情陷入困境。

4. 不要偏爱身体的魅力

身体魅力是两性交往中的重要吸引因素，特别是在短暂接触时作用更大。但是，一个人的魅力是身心两种魅力的统一体。随着恋爱双方了解的深入和接触时间的增长，身体魅力会逐渐退居次要地位，人格魅力的作用将逐步增强。如果一个人只有身体魅力，只有外形美，是不会有长久魅力的。显而易见，偏爱身体的魅力会将恋爱引向歧路。

5. 不要将爱情视为“赌气”和“占有”

恋人在恋爱中难免会发生种种误会，双方又都比较敏感，因此容易受到伤害。受到伤害后如果不愿意给对方以解释的机会，就会出现赌气的现象。赌气的表现是：恋爱双方故意说不喜欢、不愿意、不高兴等，以致造成更多的误会和冲突，最终可能会毁掉爱情。人与人之间交往时发生误解是常见的现象，并不可怕。出现了误会后应该给对方以解释的机会，一旦陷入僵局，双方都有责任采取主动。如果一味地赌气，只会葬送爱情。另外，将爱情视为一种对对方的“占有”也会对爱情构成伤害，使爱情向畸形的方向发展。

二、培养健康的恋爱心理和行为

（一）高职学生恋爱中的心理问题

1. 正确对待爱情的排他性

爱情是由性爱与情爱构成的，性爱的特点是排他的，热恋中的男女不希望其他人介入他们的亲密关系。他们组成一个具有特殊共享物和亲密感的系统，本能地抗拒他人亲近自己的恋爱对象。这种特点对维持爱情的稳定长久是很有必要的，如果任由恋人与其他异性发展亲密关系，爱情就不可能稳固。但排他性发展到极点会引起高职学生对恋人行为的猜疑，造成严重的心理负担。高职学生具有很高的敏感性，能很好地捕捉人的心理活动轨迹，这也增强了发生猜疑的可能性。过度的猜疑甚至会使某些恋人产生无法承受的心理负担而轻生。

对恋人产生怀疑，不相信他(她)的忠诚，在很大程度上是自私心理的表现。自私心理把恋人看成自己的私有财产，是一种病态的爱情心理。自私心理过强的人不允许恋人与其他异性有任何接触，认为恋人只属于自己。自私心理包含着自卑，因为真正自信的人很少会有这种怯懦的表现。

自私、猜疑和嫉妒控制在一定范围是正常的。不去嫉妒与自己的爱慕对象关系密切的异性很难做到，但过分的猜忌就会影响爱情的发展，影响心理健康。当一个人感觉到自己的猜疑嫉妒已无法控制，自己调整不过来时，最好去寻求心理咨询工作者的帮助。对那些仅具有轻微病态心理的高职学生，只要稍加指导，一般能够治愈。

2. 避免婚前性行为的发生

婚前性行为会带来一系列社会和心理的不良后果。婚前性行为产生的原因是多种多样的：有的人是为了满足生理上的性冲动；有的人是错误地认为性行为会使爱情更稳固；有的人甚至仅仅是为了确定婚姻关系(虽然法律上不承认)。事实上，婚前性行为在使当事人得到暂时的生理满足之后，空虚、厌倦、不安和自责的感觉便随之而来，它会破坏恋人间那种新奇朦胧的审美感受，为爱情走向毁灭埋下祸根。正如一位爱情心理学家曾经告诫的那样：热恋应该是伴随着纯洁愉快的一种期待，过早得到性的满足，使得这种优美的期待消失了，爱情也就不再有激动人心的魅力。此外，婚前“偷尝禁果”时所产生的惶恐、不安、自责等复杂的心态，也使得双方的性行为不可能达到真正的完美与和谐，反而可能会为婚后的性生活留下阴影。一旦避孕失败，双方就更加被动和惶恐。因此，热恋中的高职学生一定要保持清醒，学会用理智控制婚前的性冲动。

有关专家在分析青年男女婚前的性行为时指出：“情爱和性爱有时是矛盾的，这种矛盾突出地反映在男性身上。男性在与女性交往之初，往往把性爱看得比情爱还重要。他们与之发生性关系的，不一定就是他们所爱、所追求、所向往的女性，而对他们所追求、所向往、所钟爱的女性，他们不一定会立即与之亲密，反而会更加谨慎。”对此，处于恋爱期的高职学生应该有所警觉。

(二)爱情挫折及其心理调适

爱情不是人生的目标，而是人在社会生活中的一种体验。每个人扮演的角色不同，与异性的相互关系不同，各自的体验也不相同。例如，有的人会产生单相思，有的人会体验到失恋的痛苦，有的人会品尝到爱的甘露，有的人会品味到爱的苦涩。

1. 单相思

单相思，即单恋，是指异性之间一方倾慕另一方，而另一方没有相应反响的一种现象。单相思的特点是爱慕情感的单向投注性，它仿佛是从内部烧尽了个人的精神力量，给人造成看不见的深刻伤痕，对健康有极大的损害。陷入单相思会给人带来痛苦和自卑，甚至会使人完全丧失自信。单相思的原因很多，如“门不当，户不对”，年龄、相貌相差悬殊，道德文化修养、个性特点不匹配等。青少年涉世未深、理性判断力不强，所以容易产生单相思。在青少年中单相思有两种情况：一是明知对方不喜欢自己，仍然一味追求；二是误解了对方言行的含义，错把友谊当成爱情。陷入单相思的人总是不自觉地捉摸对方的言语、表情、眼神，幻想与喜爱的人在一起的种种场景。一旦从自己营造的“空中楼阁”中清醒过来，幻想被无情的现实击碎，情感得不到满足，当事人便会陷入极度的烦恼和空虚之中。伴随着不良情绪，身体机能状态也受到影响，甚至导致疾病。受单相思困扰的人总是力图摆脱这一“怪圈”，但又总感到力不从心。

单相思严格说来不算是爱情挫折，因为连真正的爱情也没产生，又谈何挫折。不过单相思给高职学生带来的心理危害与失恋同样大。持续陷在单相思状态对本人的自尊心理、自我概念和性意识的发展都会产生消极的影响。

2. 失恋

有恋爱就可能有失恋。恋爱双方都希望爱情走向成功，这是不言而喻的。然而，事情的发展往往是不以人的意志为转移的。两个人从相识、相恋、相爱到缔结良缘，要经历曲折坎坷的过程和时间的考验。当恋人之间因为社会现实、他人干预、情意不和等因素而感情破裂时，失恋的挫折就会严重影响他们的心理、生活和正常的学习活动。如何结束一场不恰当的恋情，是需要认真对待的问题。一般来讲，双方一致同意分手，处理起来容易些。但就其本质来说，仍然是一次失恋。如果只是一方决定分手，另一方苦苦追求，就会给失恋方很大的打击。其实，世界上万事万物都处于不断的变化之中，每一位恋爱者都应做好应付失恋的思想准备。失恋可能会给当事人带来极大的精神痛苦，尤其是接受分手的一方。一下子失去与自己最亲密的人，对大多数人来说是痛苦的。失恋者经常表现为逃避现实，缩小人际交往圈，在精神生活上既折磨自己又影响旁人，有人甚至向曾经的恋人进行行为或心理上的报复。失恋的创伤有时还会带来更严重的后果，如自杀、心理变态等。给予失恋者以合理的心理指导，使其情绪得到疏导、宣泄，对于减轻其心理紧张、避免心理失调是很有帮助的。

3. 摆脱单相思、失恋的心理阴影

怎样才能从单相思、失恋的心理阴影中走出来呢？首先，要端正认识。风华正茂的青年学生应该知道爱情不是生活的唯一内容，所以何必为它耗费所有精力甚至抛弃生命呢？其次，是向朋友、亲人倾诉自己的内心烦恼，倾吐出郁积的情绪挫折会缓解心理紧张。如果上面这两种方法都不奏效，适当应用心理保护机制，产生代偿迁移效应也是行之有效的。所谓代偿迁移，就是指青年把单相思或失恋造成的心理紧张迁移到其他方面，使这种心理紧张得以缓解的过程。

代偿迁移的方法有四种：

(1)确立“天涯何处无芳草”的信念。这是一种心理保护方式。失恋或单恋者应认识到好的异性在各个阶层各个地方都会存在。不断要求自己在内心深处重复这个信念(也可以通过口头)就会在一段时间后使自己相信它。既然好的异性还很多，自己就没必要纠缠在一个人身上不放。

(2)适当运用“酸葡萄”与“甜柠檬”效应。“酸葡萄”效应指失恋或单恋者为了缓解内心痛苦，像伊索寓言里的狐狸那样说“葡萄是酸的”，即通过找出以前恋人或单恋对象的一些缺点，来打破理想化倾向，以修补心理上的创伤。“甜柠檬”效应则是罗列自己的各项优点，找出自己的美好之处，以恢复自信，减轻痛苦。

(3)环境迁移。尽量不要再去以前常与恋人待在一起的地方,睹物思人会使你更加悲伤。时过境迁,痛苦就会慢慢淡去。

(4)升华。将恋爱的挫折化为一种动力。当一个人为了减轻心理紧张而把热情投入事业中去时,他(她)就会把这种紧张慢慢地释放,变成成就一番事业的动力。贝多芬一生失恋多次而创下辉煌的乐章,就是将恋爱挫折升华为创作的力量。当少年维特失恋后,他没有沉迷于精神的失落中去怨天尤人,而是将全部精力和情感融入自己的文学创作中,于是才有了让无数后人为之动情的不朽名作——《少年维特之烦恼》。

思考与练习

1.什么是爱情的本质属性?
2.爱情形成的三要素是什么?
3.爱情的七大特征是什么?
4.高职学生恋爱的影响因素有哪些?
5.如何树立健康恋爱观?
6.如何培养健康的恋爱心理和行为?

心理测验

大学生恋爱观心理测试题(参考)

一、如果你和一个朋友在某家餐厅吃饭,巧遇另外一个朋友,你会选择哪一种做法?

A.看三人之间的关系程度如何来确定是否一起吃饭
B.还是和原来的朋友一起吃饭
C.大家都是好朋友,一起吃饭
D.陪完原来的朋友,再过去和另外那个朋友吃份甜点之类的

结果分析:

A.你是一个很现实而且很理智的人,会有选择的结交朋友。人际关系把握得很到位,会吸引各类型的人。但自己很明白最适合自己的是哪种类型,因此在选择男女朋友的时候很实际,结局令双方都满意。

B.你是一个非常有原则的人,喜欢有计划地去做每一件事。虽然突然的事情会给你带来烦恼,但你还是能处理得有条有理。你对男女朋友要求很高,一旦确定关系,就会很真诚地守护这份感情。

C.你是一个爱热闹且很有主见的人,喜欢结交朋友,没有朋友的日子你会感到寂寞。所以你通常会被男男女女的朋友包围。希望你的男女朋友都以你为中心,以你为偶像。

D.你是一个很热情且有些“花心”的人,在普通朋友眼里,你是懂得帮助别人且很义气的人,但在男女朋友眼里,你则是到处“留情”的人,所以只有外向开朗、不拘小节的男女朋友较适合你。

二、假如今天你放假，突然接到临时通知，让你送份文件回公司，你会换上什么颜色的上衣过去？

A. 纯黑色　　B. 淡蓝色　　C. 清新绿　　D. 西瓜红　　E. 米黄色

结果分析：

A. 你可能与“行动力”这三个字缘分不大。你无论做任何事都缺少那么一种冲劲，有时可能动力十足，而有时会慢下来，如果有人能够代替自己，就尽可能让别人去做，可以说，是很怕麻烦的人。在爱情方面你也很不积极，一味等待对方追求，如果能让你先行动，那是非常难得的。注意，这种个性特征有时会让你与幸运擦身而过，所以需要多多改正，调整好自己的心态。

B. 你属于行动派。无论做什么事，在思考之前，你已经付诸行动。你在恋爱上很积极，会不顾一切地追求对方。一见钟情后，就开始果断展开攻势，这在你身上经常会体现。你不仅在恋爱上，在很多行动中都喜欢大张旗鼓，必须注意的是，有时候太过于性急，反而导致失败。所以，积极追求爱情是好事，但头脑过热就容易坏事，你应该学会冷静地采取行动。

C. 基本上，你并不富有行动力。但面临困境时，你却可以激发无穷的干劲。这种干劲不仅是在自己面临困境时得到发挥，更可能解救他人的危机。所以，你在朋友之间非常受欢迎。但是，面对恋爱问题时，你会因为害羞而无法积极行动。你习惯被动地等待爱情的到来，然而就算等到了，未来也很可能被情敌击败。

D. 你虽然称不上行动派，但所采取的行动都颇为有效。你具有洞察状况的能力，不会因为漫无目的的行动而导致失败。你能够掌握时机有效地行动，这就是你的作风。但是，这种富有先见的行动用在友情和爱情上时，就会让人觉得你工于心计。所以，在面对爱情时，你采取的行动可以不必计算得那么严谨，否则会让爱情的“星星之火”被硬生生扑灭。

E. 你对自己喜欢的和认为愉快的事很富有行动力，如在个人嗜好和活动等私人时间内显得精力旺盛，但一旦面对工作，你却是拖拖拉拉。对你来说，做任何事都应该抱有乐观的心态，对自己实在提不起兴趣的事就根本不要去做。而在感情方面，只要是面对心意对象，你都非常有干劲，始终能保持积极的态度靠近对方。

知识链接

爱情的“罗密欧与朱丽叶效应”

在莎士比亚的经典名剧《罗密欧与朱丽叶》中，罗密欧与朱丽叶相爱，但由于双方家庭有世仇，他们的爱情遭到了极力反对。压迫并没有使他们分手，反而使他们爱得更深，直到殉情。

所谓“罗密欧与朱丽叶效应”，就是当出现干扰恋爱双方爱情关系的外在力量时，恋爱双方的情感反而会加强，恋爱关系也因此更加牢固。

想要爱情更加坚韧，一起去克服一些困难，或者去完成一些有难度的任务，相信这些经历会加强对彼此的珍惜。

小案例

我和男朋友是高中同学，高考时我们约定考到同一个城市。事与愿违，我们最终考到不同的城市，不过依旧保持男女朋友关系。大一时我们还经常打电话，并利用一切时间去到彼此的城市相见。大二以后我们的联系越来越少。他跟我表达了很多次，说有学校的活动需要参加，需要自己的个人空间，我却无法减少对他的依赖。我很苦恼，我该怎么办？

1. 学会独立

虽然恋爱拉近了两个人的距离，但是不代表两个人都没有自己的空间，所以女生要学会独立。尤其是异地恋的女生更需要独立，要学会自己独立处理事情。

2. 多看书

异地恋的男女在休息时间里是最寂寞孤独的，所以要养成读书的好习惯，把空闲时间拿来看看书充实一下自己，比起思恋远方的他更有意义。我们应该做的是把自己的生活过好，让自己更优秀，才能让对方安心，这也是对对方的一种爱的表现。

3. 互相理解

异地恋最基本的就是互相理解。异地恋本就无法每天见面，不像别的情侣每天都待在一起，有什么事情都会表现出来，有什么大事都会互相倾诉，异地恋的男女可能会因为一件事情不理解彼此的做法而吵架。如果两个人相爱，就应该好好沟通。

4. 欣赏自己的优点，以平常心看自己的不足

当你全然爱自己时，就透露出“我值得爱”的信号，别人才会爱你。“爱自己，就有价值。”

第九章

高职学生生命教育与危机干预

教学目标

1. 了解生命是什么，生命有哪些存在形态，生命的意义和价值，培养珍爱生命、热爱生活的积极心态；

2. 熟知高职学生心理危机；

3. 掌握心理危机的干预模式。

知识导图

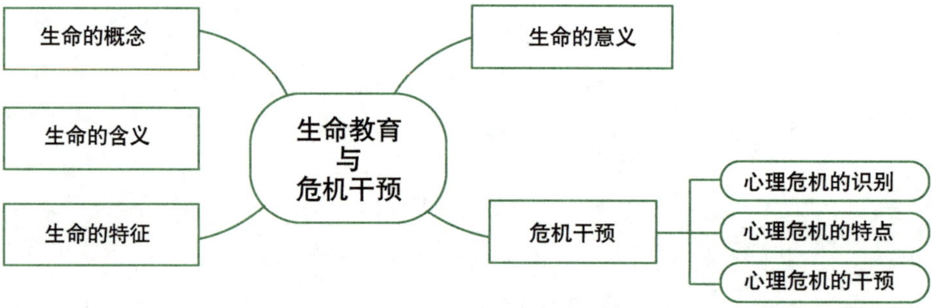

案例导入

生命值得被敬畏

王慧是一名心理辅导志愿者,叶蕾是她的朋友。一天,王慧对叶蕾说:“今天我阅读了美国作家欧·亨利所作的《最后一片叶子》的故事,很感动。”

叶蕾:“快说说,是什么故事?”

王慧:“病房里,一个生命垂危的病人从房间里看到窗外的一棵树,树叶在秋风中一片一片地掉落下来,病人望着眼前的萧萧落叶,身体也随之每况愈下,一天不如一天,她觉得当树叶全部掉光时,她也就要死了。一位老画家得知后,用彩笔画了一片叶脉青翠的树叶挂在树枝上,这最后一片叶子始终没有掉下来。只因为生命中的这片绿叶,病人竟奇迹般地活了下来。”

叶蕾:“哈哈,我就知道你会说这个,那本书是我昨天故意放在你桌子上的,我还专门在那一页放了书签。怎么样,读完这个故事是不是对生命充满了敬畏?你在做心理辅导志愿者时,可以把这个故事讲给其他人。”

第一节　生命教育

一、生命教育概述

(一)生命的概念

人们对生命的认识经历了漫长的历史过程,不同学科给生命下了不同的定义。一般来说,生命是指由与生命相联系的各种机能的实现所显示的实在的存活状态,如新陈代谢、生殖、生长和适应环境。生命个体通常都要经历出生、成长和死亡的过程。恩格斯对生命的定义是:生命是蛋白质的存在形式,这个存在形式的基本因素在于和它周围外部自然界不断地进行新陈代谢,而且这种新陈代谢一旦停止,生命就随之停止,结果便是蛋白质的分解。

生命有广义和狭义之分。广义的生命是指具有稳定物质和新陈代谢现象、具有应激性、能进行繁殖生长的动植物和无机物;狭义的生命仅仅指人的生命。

(二)生命的形态

生命是具有与环境进行物质和能量交换、生长繁殖、遗传变异和对刺激做出反应的特性的物质系统。人的生命应当由形体、心理和社会性三个因素构成,分为以下几种形态:

1. 人的自然形态

人的自然形态是生命最初的本位形态，生命的本真。这种生命形态是未受或较少受外来文明影响的原生状态，是生命个体本身的存在，是人和动物共有的属性。它类似于弗洛伊德三重人格结构说中的“本我”，“本我”完全是无意识的，基本上由性本能组成，按“快乐原则”活动。

2. 人的社会形态

人的生命是一种社会存在，只有在社会中才能找到它的意义和价值。人的行为具有社会属性，因此，人不能随心所欲、肆意妄为地活动，每个人都必须遵循有形无形的规则，越轨将受到谴责与惩罚。它具有一定的理性，受外部的影响，满足本能需求，按现实原则活动，与弗洛伊德三重人格结构说中的“自我”相似。

3. 人的精神形态

心理分析学家荣格说过，我们生活在一个由我们自己的精神所创造的世界之中。精神属性是生命存在的核心，生命个体的精神烙印鲜明而独特，是人类发展史中最高层的产物。它存在现实个体的差别，诠释崇高与卑微、健康与病态的人格，与弗洛伊德三重人格结构说中的“超我”相似，代表社会道德准则，压抑本能冲动，按“至善原则”活动。没有精神的生命是盲目存在。

(三)生命的特征

1. 有限性

生命是一张单程车票，从生到死的过程是有限的，这种有限性主要表现在：第一，人的自然寿命的有限性。目前普遍的研究认为，人的自然寿命为120岁左右；第二，生命的不可逆性，人的生命从一开始便遵循生长、发育、衰亡的自然规律，它绝不会逆行；第三，生命的不可预测性，人的生老病死旦夕祸福不可预测。正是因为生命的这种特征，人才应该在有限的生命里，珍惜时间，积极生活，完善自我，奉献社会，在有限的生命里创造更大的价值。

2. 创造性

生命就是不断产生新内容的创造性运动。人通过创造去把握生活的变化，通过创造去发现生命的意义，通过创造来实现对自己生命的认识、把握和超越。

3. 完整性

个体的生命是一个整体。生命作为人的内在的一种系统，是若干个子系统、若干元素相互关联、共同生长的复杂统一体。生命的内部诸要素构成了生命整体，一旦离开生命整体，这些要素就失去了存在的意义。此外，在社会意义上，人的生命存在是自然人和社会人的统一体。人都是以一个完整的生命体形式参与满足生命需要的各种活动。人们既有躯体，也有思想；既有物质需要，也有精神追求。另外，在纵向上，生命是一个延绵不断融合前进的过程。

4. 独特性

正如世界上没有两片完全相同的树叶一样，世界上也没有两个完全相同的人，每个人的生命都是一种独特的存在。每个人的独特生命、独特个性、独特人生价值构成了人世间生命色彩的不同。

二、生命的意义与生活的艺术

(一)生命的意义

什么是生命的意义呢?不同的学者对此有不同的理解。

有学者认为生命的意义因人而异,因时而变,是一个人在某一特定时间内生活的特定意义,每个人在他的生活里都拥有需要完成的特定的事业和使命。也有学者将生命的意义分为两个层次。一是终极意义,是指宇宙中有一个超越人类且无法被验证的规则,有人称之为“神”,有人称之为“道”。对于这一规则,我们一般较注重追求的过程,而不是能否达成。二是此刻的意义,是指在生命的每一瞬间皆有一个有待实现的使命,个人只能以负责的态度来回应。还有人认为人们满足几个基本的需求会让自己觉得富有意义。这些基本需求概括为对目的的需求、对自我效能感的需求、对公平的需求和对自我价值的需求。

我们认为生命的意义是一种赋予我们个体存在有方向感和价值感的目标,并且,借此目标我们可获得一种有价值的认同感。

(二)生活的艺术

生活是一门艺术,但至今还没有谁敢自称为生活的艺术大师。鲁迅先生有言,“做人处世的法子,恐怕要自己斟酌,许多别人开来的良方往往不过是废纸。”的确,生活的真谛是靠自己在生活中亲自实践慢慢体会出来的。

我应该怎样活着?下面提及的四个方面,都传达了一种积极的直面人生的态度,能帮助高职学生对抗人生的虚无感,更好地追求美好生活。

(1)惜时　人生百年,若白驹过隙,忽然而已。这样短暂的人生究竟应该怎样度过呢?珍惜时间,不要等到“垂垂老矣”再来后悔自己虚度了光阴。珍惜时间,就等于变相延长了生命,增加了生命更多的可能性。

(2)创造　德国诗人里尔克在《给一个青年诗人的十封信》中这样写道:如果你的日常生活是贫乏的,你怪不得它。你应该怪自己还不够像一个合格的诗人那样,唤醒它的财富。因为对于创造者来说,世界上没有贫乏,没有贫乏而无关紧要的地方。他谈的虽然是诗歌创作的问题,但同样适用于解读人类普遍的生活,能启发人们反思自己的生活方式。

在创造者眼中,没有平庸的生活,没有无聊的人生。创造者面对世界犹如初生,时刻沉浸在发现的惊喜中,时刻沉浸在尝试的新鲜感中,时刻沉浸在改造生活的喜悦中。有创造才会有活力,有创造才会有进步。创造是拥有美好生活的必备素质。

(3)充实　生活在这样的时代,人们需要积极主动地去学习,通过学习,充实人生。学习的形式有很多种,不仅要学习各种知识、各种技能,还要学习各种生活的艺术。人们不仅可以从书本课堂中学习,还可以从生活实践中学习。阅读是学习的重要方式。

读史使人明智,读诗使人聪慧。阅读是一把打开人类思想宝库的钥匙。通过阅读,人们不仅可以与古今中外的伟大心灵对话,还可以与历史长河中的普通人沟通。通过阅读,人们能感受到他人的生活方式、生命历程,感悟到人生的丰富多彩和人类心灵的深邃广袤,从而突破自己生命的局限,看到自己生命的各种可能性。

(4)快乐　追求快乐是人的本能。叔本华虽然开创了现代悲观主义哲学,但这并不妨碍他向人们传授人生的智慧:如何尽量愉快幸福地度过一生。

每个人都渴望快乐的人生,但快乐并不是随意能买来的商品,它也要靠付出努力才能拥有,尤其是深层次的快乐。快乐是在积极创造生活、充实自我之后,生活给予自己的一种馈赠。快乐也是一种心态。你对世界微笑,世界也会对你微笑。一个穷人与一个富人相比,很难说谁更快乐。快乐与财富无关,只与一个人对生活和快乐的理解有关。

第二节　高职学生心理危机识别与应对

一、高职学生心理危机识别

(一)心理危机的含义

心理危机指的是当个体遇到重大事件时,表现出一种无法自我控制、自我调节情绪与行为的严重失衡状态。

简单地说,心理危机就是个体内部一种心理稳定的破坏。而危机干预就是从心理上解决迫在眉睫的危机,使症状得到立即缓解和持久的消失,使心理功能恢复到危机前水平,并获得新的应付技能,以预防将来心理危机的发生。

美国心理学家卡普兰认为,心理危机是当一个人在面临困难情况时,他之前处理问题的方式和惯常的支持体系不足以应对当前的处境,即他必须面对的困难超过了他的能力后表现出来的心理失衡状态。

心理危机实际上包含了三方面的内容。

(1)危机事件的发生。

(2)对危机事件的感知导致当事人的主观痛苦。

(3)惯常的应对方式失败,导致当事人心理、情感以及行为等方面的功能水平较突发事件发生前降低。

(二)心理危机的识别

识别高职学生的心理危机并及时进行有效调解,使其从危机情境中解脱出来,积极应对学习和生活,是教育的使命。当一个人处在心理危机的状态,也就是心理失衡状态时,其特征表现如下:

(1)直接表露自己处于痛苦、抑郁、无望或者无价值感中,用语言表达出活得没有意思,觉得老天对自己不公平。

(2)情绪不稳定,容易流泪、抑郁,注意力不集中,易被激怒或者过分依赖。从人际交往方面可以看到，明显不愿意和别人交往，故意逃避别人，显得孤僻、孤单，无缘无故地生气、跟人作对，借酒消愁，还可能过度依赖一些药物。

(3)一些特殊的行为表现，比如睡眠出现问题，早起或者入睡困难，或者睡眠浅，多梦，虽然睡着了，可是身心并没有得到放松。如果一个人处在心理危机状态，只要他能踏踏实实地睡觉，问题就不会太大。如果他一个星期以上翻来覆去睡不着觉，白天没有精神，就要特别注意了。比如，吃东西没有胃口，没有吃的欲望或者吃什么东西都味同嚼蜡，体重明显增加或者明显降低，时常感觉疲劳、疲惫。一个人内心痛苦可能不愿意跟别人说，但其一日三餐是否正常是可以看见的，要学会观察其饮食，以此为依据去判断。此外，在日记、微信等一些表达中会透露出一些信息，如感觉生活无望，活着太痛苦，不如死了算了，再有就是自伤、自虐等行为。

(三)心理危机的特点

心理危机通常具有自限性，大多在1～4周消失。在危机期，个人会发出需要帮助的信号，并更愿意接受外部的帮助或干预。

(1)易察性　高职学生生活在大学校园环境当中，学习、生活相对有序和单一。他(她)们大部分时间是在教室、食堂、宿舍、运动场等场所，接触的对象主要是同学、老师，同时受到学校各种纪律的约束，一旦有异常现象，较容易被同学、老师发现。因此，高职学生心理危机具有易察性。

(2)突发性　危机是突如其来的，常常是出人意料的，而且具有不可控制性。如此次新冠疫情，就给高职学生造成极大的影响。学校正常的教育教学秩序的破坏、校园的封控管理等都可能使高职学生产生严重的心理危机。

(3)无助性　心理危机的降临，常常使高职学生觉得无所适从，使他(她)们的未来计划受到威胁和破坏。如果应对方式无效，社会支持系统又不完善，学生就会感到无助、绝望。

(4)危险性　危机之中隐含着危险，这也是我们必须注意到的一个重要方面。这种危险可能影响到学生的日常学习与人际交往等，严重的还会危及学生生命。正常人一般都处于身心平衡的状态，也就是其思维、意志、情感体验与生理参数指标等都处于某种程度的和谐状态。当有不适当的应激发生时，人的原有平衡状态就会受到破坏，这时人就会处在危机状态，会出现思维不清、意志失控、情感紊乱等情况。学生自杀、杀人等极端危机表现形式当属此类。

(5)潜在性　高职学生心理危机常常并非以直接爆发的方式体现，而是潜藏于个体内心，当遭遇特定应激事件时，就容易引发心理危机。例如马加爵杀人事件，由于马加爵的不良情绪长期没有得到宣泄，最终打牌这件小事成为导火索，导致其心理危机的爆发。

二、心理危机干预的模式

1. 哀伤辅导模式

哀伤辅导模式强调，在强烈的悲痛面前，求助者不能深陷于内心的痛苦，而要让自己感受和经历痛苦，发泄情感(哀号或哭泣)，否则容易产生不良后果。哀伤辅导包括对丧亲的哀痛，体验哀痛，接受现实，在失去亲人的情景下调整生活，恢复信心，重新树立生活目标。

2. 平衡模式

平衡模式认为，危机状态下的当事人通常处于一种心理情绪失衡状态，他们原有的应对机制和解决问题的方法不能满足当前的需要。平衡模式的目的在于帮助人们重新获得危机前的平衡状态。平衡模式最适合对求助者的早期干预，这时求助者失去了对自己的控制，分不清解决问题的方向，且不能做出适当的选择。除非个人又获得了一些应付的能力，否则主要精力应集中在稳定病人心理和情绪方面。在病人重新达到某种程度的稳定之前，不能也不应采取其他措施。

3. 认知模式

认知模式认为，危机导致心理伤害的主要原因在于当事人对危机事件进行了错误思考，而不在于事件本身或与事件有关的事实。该模式主要是指通过改变思维方式，尤其是通过认识其认知中的非理性和自我否定部分，通过获得理性和强化思维中的理性和自强的成分，人们能够获得对自己生活中危机的控制。认知模式最适合于危机稳定下来并回到接近危机前平衡状态的求助者。

4. 心理社会转变模式

心理社会转变模式认为人是先天遗传和后天环境学习的产物，因此，危机可能与内部和外部的困难有关，而不是一种单纯的内部状态。心理社会转变模式干预的目的在于与求助者合作，以测定与危机有关的内部和外部困难，帮助他们选择替代他们现有行为、态度和使用环境资源的方法。结合适当的内部应付方式、社会支持和环境资源，以帮助他们获得对自己生活的（非危机的）自主控制。

三、心理危机干预的技能与要求

当高职学生自己遇到心理危机时，应该做到以下几点。

1. 加强自我心理调节

自我心理调节的核心内容包括调整认识结构、情绪状态，锻炼意志品质，改善适应能力，等等。当自己遭遇不幸时，要学会面对现实，学会宽容自己，多进行自我安慰，对自己实行心理自救。同时，可通过深呼吸消除过分紧张，通过哭泣、呐喊宣泄缓解压力。

2. 培养良好的人格品质

培养良好的人格品质首先应该正确认识自我，培养悦纳自我的态度，扬长避短，不断完善自己。其次应该提高自己对挫折的承受能力，对挫折有正确的认识，在挫折面前不惊慌失措，采取理智的应对方法，化消极因素为积极因素。

3. 养成科学的生活方式

生活方式对心理健康的影响已为科学研究所证明。生活有规律、劳逸结合、科学用脑、坚持体育锻炼、少饮酒、不吸烟、讲究卫生等对减轻学生的心理压力具有很大的作用。

思考与练习

1. 你怎样看待生命？生命的特征是什么？
2. 心理危机是什么？应该如何识别心理危机？心理危机有哪些干预方式？
3. 在白纸上画一棵大树代表自己的一生，以树根为生命的起点，树冠是现在的位置。然后，想一下过往的生命历程中值得感恩的人和事，在相应的时间节点上画个树枝，并用几个关键词表示一下。画完之后，与其他成员分享你的感恩树。
4. 假设现在全班同学坐在一架飞机上，但是飞机却突然开始摇晃，很有可能坠机。此时，作为飞机上的一员，你会做些什么？心理活动如何？请尝试记录下来。接着机长告诉所有人，为了预防最危急的情况，要写下自己的遗言。请你用最简单的话来表述你想留下的话。

心理测验

突发事件处理能力测试

这是一个应对突发事件处理能力的测试，假设你遇到如下情景，根据自身的实际情况，按你将来会处理那些问题时的方法去选择。

1. 你书房的书被水管漏水浸坏了（　　）

 A. 你非常不快，不停地抱怨。

 B. 你想借此不交物业管理费，并写了批评信。

 C. 你自己擦洗、清理、烤晒图书，并修理水管。

2. 节假日里，你和爱人总会为去看望谁的父母发生争执（　　）

 A. 你认为最好的办法就是谁的父母都不去看望，减少麻烦。

 B. 制订个计划，这次看望爱人的父母，下次看望你的父母，轮流看望。

 C. 决定在重要的节假日里，和你的家人团聚，而在其他节假日里与爱人的家人共度。

3. 如果某个朋友要结婚了，你去参加婚礼，当然得送红包，这时（　　）

 A. 事先对对方说你有事不能参加，事实上你并没有什么事情，你只是为了不送红包。

 B. 对那些你认为重要的朋友，你才愿意参加其婚礼并送红包。

 C. 你不送红包，但经常收集一些小的或比较奇特的礼物来应付朋友结婚这类事情。

4. 当你感觉身体不舒服时（　　）

 A. 你会拖延着不去就诊，认为慢慢会好的。

 B. 自己诊断一下，去药房买药。

 C. 把这种情况及时告诉家人，然后去医院检查。

5. 生活中的各种压力使你变得容易和家人发怒时（　　）

 A. 你会想办法向朋友倾诉。

 B. 你设法避免和家人争吵。

 C. 你和家人一起讨论，研究解决的办法。

6. 你的亲友在事故中受了重伤，你得知消息时（　　）

 A. 失声痛哭，不知该如何是好。

 B. 叫来医生，要求服镇静剂来度过以后的几小时。

C. 抑制自己的感情，因为你还要告诉其他亲友。

7. 你的能力得到承认，并得到了承担一份重要工作的机会(　　)

A. 你会放弃这个机会，因为这项工作的要求太高。

B. 你怀疑自己能否承担起这项工作。

C. 你仔细分析这项工作的要求，做好准备设法把它做好。

8. 一位好朋友将要结婚了，在你看来，他们的结合不会幸福(　　)

A. 你会认真地规劝那位朋友，请他慎重考虑。

B. 努力说服你自己，让自己相信时间还允许朋友改变计划。

C. 你不着急，因为你相信一切都会好起来。

9. 当你和别人发生纠纷，不得不去法庭诉讼时(　　)

A. 你会因为焦虑和不安而失眠。

B. 你不去想这件事，出庭时再设法应付。

C. 你把这件事看得很平常。

10. 当你和邻居发生争执，却没有争出结果时(　　)

A. 你借酒消愁，想把这件不快的事忘掉。

B. 请教律师如何与邻居打官司。

C. 外出散步或消遣，以平息心中的愤怒。

结果解释：

选择 A 得 1 分，选择 B 得 2 分，选择 C 得 3 分。

测验分析：

分数为 15 分以下：在突发事件面前束手无策，应变能力很差。

分数为 15～25 分：在突发事件面前应变处理问题稍有点迟疑，所以不要做出那些会使你以后为难的决定，从一开始就要面对现实。

分数为 25 分以上：在突发事件面前应变处理问题能力很强，所以做出的决定是从实际情况出发的。

知识链接

我遇到危机该怎么做

(1)主动寻求帮助，不要等待。

(2)相信有人愿意帮助你，但是你得将自己真实的困难与痛苦告诉你信任的人，否则他们将对此一无所知。

(3)可以向学校的心理咨询中心寻求帮助。

(4)可以向心理热线或校外的心理咨询人员寻求帮助。

(5)解决心理危机通常需要一个过程，可能你得反复多次去见咨询人员或心理医生。

(6)如果医生开药，就按医嘱坚持服用。

(7)避免用酒精或毒品麻痹自己以减轻痛苦。

(8)不要冲动行事，强烈的痛苦会使你更难做出合理的决定。

小案例

高职院校大二学生秦立，在某天突然获知自己的父母因为一场事故失去了生命。从那天之后，秦立每天都不和周围人说话。室友们感觉他不太正常，还发现他桌子上刻了一些消极的文字。一个室友赶紧给辅导员打电话，最后经过沟通才了解到他竟然想离开这个世界。

秦立由于有限的人生经验以及心理承受能力，在遇到突发的重大意外事件时不能正确应对，差点儿陷入危机。高职学生要正确认识心理危机，并且学习识别和应对心理危机的方法。

第十章

高职学生心理调适相关领域

教学目标

1. 区分心理调适、心理辅导、心理健康教育、心理咨询、心理治疗的概念；
2. 能够识别常见心理障碍；
3. 掌握心理咨询的途径和适用范围。

知识导图

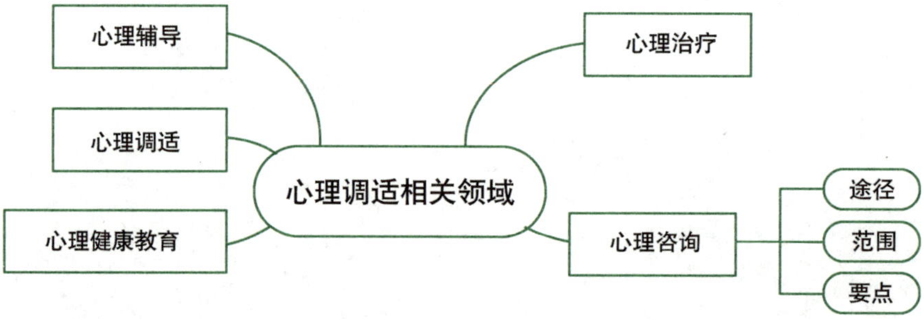

案例导入

"老师，我肯定心理有问题了。"小雯在心理辅导室与老师沟通道。

"能说说你的问题吗？"

"自从上次失恋后，我就像变了一个人。周围的同学还有我的家人都在帮助我，带我出去旅游散心也没有多大效果，我现在不愿意与其他人交往。"

"你自己变得独来独往了，是吗？"

"对，我现在只有嘉欣这个闺蜜，在班里，我没有一个朋友。老师，我还有救吗？我感到非常苦恼，有时候真的想一觉睡过去，不再醒来，但是又怕周围人伤心。"

"现在你来了，就说明你是知道自己有一些问题的，也就说明你有救。"

"你做事提不起劲，记忆力减退，反应迟钝，无缘无故感到沮丧，甚至对生命的价值感到怀疑，对生活缺乏信心，身体瘦弱、睡觉经常失眠。结合你的表达，我初步认为你是有抑郁的倾向，但这问题来源于你本身，你必须学会应付生活中各种诱发忧郁的事件，如失恋，必须学会如何通过自己的行动增加和强化生活的满意度，这样才能治好你的心病。"

"当然了，这些都需要时间，绝非一两天的事情。"

经过近一学期的咨询帮助，小雯的抑郁情绪已经完全消失了，她又能和朋友谈笑自如，进行正常的学习和生活了。一朵灿烂的青春之花又重新绽放在美丽的校园里。

第一节　高职学生心理调适相关领域及其差异

高职学生心理调适、辅导、教育、咨询、治疗是几个既相互区别又相互联系的概念。它们的共同之处就在于其目的都是为了促进人心理的健康、和谐与发展，但它们在概念、工作的主体、工作的客体以及工作的模式等方面均有差异。

一、高职学生心理调适、辅导、教育、咨询、治疗的含义

（一）心理调适

心理调适是指用心理技巧改变个体心理活动绝对强度，降低或加强心理力量，改变心理状态性质的过程。在这里，进行调适的主体和客体是同一的，即高职学生自己对自己进行心理调适。

那么，高职学生有没有自我心理调适的能力呢？当然有。因为高职学生是一个智力发展正常、文化素质较高的群体，一般情况下，也都是悟性很高的年轻人。他们在接受了心理健康教育，掌握了心理调适的知识、原理和方法之后，对处于浅灰色区（第一章中曾对此有专门论

述)的一般心理问题,如轻度的学习困扰、情绪不佳,以及交友、失恋等方面出现的一般情绪困扰等,应该可以通过心理调适自行加以解决。

如此说来,心理调适是心理健康教育必然的和自然的结果,高职学生有进行心理健康自我调适的能力,这一点是毋庸置疑的,学生们应该对自己充满信心。但需要强调的是,心理调适是有条件的,如同一个人身体健康的自我诊治一样,如果身体只是有点小毛病,尚可以吃点家庭备用的药品自行加以处置,但如果问题比较严重,自己诊治不了,就必须马上去医院请医生处理。心理健康的自我调适也是同样的道理,对于浅灰色区的一般心理困扰,可以自我调适,但如果问题比较严重,就必须接受专业心理咨询人员的指导或接受专门的心理治疗,千万不要讳疾忌医。

(二)心理辅导

心理辅导是由心理学专业人员和具有较高心理学素养的人员,对需要得到心理学指导的个体或群体提供心理帮助的过程。

心理辅导和心理咨询在一段时间内曾被认为是一回事,辅导就是咨询,咨询就是辅导,只是说法不同罢了。但后来有专家对此提出了质疑,认为心理辅导不同于心理咨询,有其特定的含义。

心理辅导与心理咨询有许多共同点,如都是由经过心理学专门训练的人员对需要进行心理指导的健康者(正常人而非病人)提供心理帮助;但心理辅导比心理咨询的范围更大,内容更多、更丰富。心理辅导不仅包括对个体和群体的心理咨询,还包括心理测量、心理诊断和心理评估,同时还包括各种丰富多彩的心理健康教育活动。二者最主要的区别是,心理咨询具有被动性,它只是被动地接收来询者的求助;而心理辅导具有主动性,它既包括被动性的心理咨询活动,又包括主动地为需要接受心理指导的个体或群体开展多种多样的心理健康教育活动。因此,我们也可以说,心理辅导的概念有狭义和广义之分。在狭义上讲,当咨询员对来访者进行心理咨询时,心理咨询的过程就是心理辅导的过程,咨询就是辅导,辅导就是咨询。然而从广义上看,心理辅导又不等于心理咨询,而是包括了心理咨询,心理咨询只是心理辅导的重要形式之一。

(三)心理健康健育

心理健康教育是指教育者有目的、有计划、有组织地对受教育者普及心理学知识,引导受教育者提高认识自我心理状态、自觉进行心理健康调适的能力,保持身心健康发展,养成完美健全人格的教育活动。也有专家认为,心理健康教育就是指运用教学指导、宣传熏陶、活动体验等手段,以开发智力、完善人格、增进心理健康为目的的综合教育活动。

高职学生心理健康教育既是高职学生心理辅导的重要内容,又是高职学生素质教育的重要组成部分,同时也是高职学生思想政治工作或高等职业院校德育工作的重要补充。

心理健康教育活动可以帮助学生系统地学习心理保健的知识,提高心理健康方面的理论素养,增进心理自我保健的意识和技能,掌握心理自我保健的途径和方法,达到对学生进行心理辅导的目的。

高职学生心理健康教育也是素质教育的重要组成部分,因为高职学生的素质包括思想道德素质、文化素质、专业素质、身体素质和心理素质等。其中,心理素质是高职学生综合素质的基础，直接影响到高职学生学业的进展和全面素质的提高。近年来我国高度重视全民心理健康问题，2016 年 8 月，习近平总书记在全国卫生与健康大会上强调：要倡导健康文明的生活方式，树立大卫生、大健康的观念，把以治病为中心转变为以人民健康为中心，建立健全健康教育体系，提升全民健康素养，推动全民健身和全民健康深度融合。要加大心理健康问题基础性研究，做好心理健康知识和心理疾病科普工作，规范发展心理治疗、心理咨询等心理健康服务。高等职业院校需顺应国家发展的要求，加强对学生的心理健康教育工作，培育学生自尊自信、理性平和、积极向上的社会心态，助力实现中华民族伟大复兴的中国梦。

教育部高度重视学生的心理健康工作，在 2021 年 7 月下发的《教育部办公厅关于加强学生心理健康管理工作的通知》中强调：加强心理健康课程建设。发挥课堂教学主渠道作用，帮助学生掌握心理健康知识和技能，树立自助互助求助意识，学会理性面对挫折和困难。高校要面向本专科生开设心理健康公共必修课，原则上应设置 2 个学分(32～36 学时)，有条件的高校可开设更具针对性的心理健康选修课。同时，大力培育学生积极心理品质。充分发挥体育、美育、劳动教育以及校园文化的重要作用，全方位促进学生心理健康发展，切实培养学生珍视生命、热爱生活的心理品质，增强学生的责任感和使命感。及早分类疏导各种压力。针对学生在学习、生活、人际关系和自我意识等方面可能遇到的心理失衡问题，主动采取举措，避免因压力无法缓解而造成心理危机。还需充分利用广播、电视、网络媒体等平台和渠道，传播心理健康知识，积极营造有利于学生健康成长成才的社会环境。此外，还要做好心理健康测评工作。

(四)心理咨询

“心理咨询”是由英文 counseling 翻译而来的，有些学者将其译为“心理辅导”。counseling 一词在英文中的原意为“咨询”，含有会谈、磋商、征询、劝导、参谋、帮助、辅导的意思。“心理咨询”一词既可以表示一门学科，即咨询心理学，也可以表示一种工作，即心理咨询服务。此处，相对于心理教育、辅导、治疗等活动，我们还是把心理咨询当作一项服务性的工作来加以讨论。

心理咨询工作至今尚无统一的定义，对其内涵和外延的界定往往因理论流派及职业特点等因素的差异而不同。例如，卡尔纳对咨询的看法是：一种专门向他人提供帮助与寻求这种帮助的人们之间的关系。在这种关系中，助人者所运用的方法和创造的气氛使人们逐步学会以更加积极的方法对待自己和他人。帕特森认为：咨询是一种人际关系，在这种关系中咨询人员提供一定的心理气氛和条件，使咨询对象发生变化，做出选择，解决自己的问题，并形成一个有责任感的独立的个体，从而成为更好的自己和更好的社会成员。我国学者王登峰等认为：心理咨询是咨询者运用心理学的知识、理论和技术，通过咨询者与求询者的协商、交谈和指导过程，提供可行性建议，针对正常人及轻度心理障碍者的各种适应和发展问题，帮助求询者进行探讨和研究，从而使求询者达到自强自立、增进健康水平和提高生活质量的目的。学者钱铭怡认为：咨询是通过人际关系，运用心理学的方法，帮助来访者自强自立的过程。此处，我们将心理咨询定义为：运用心理学的理论和方法，通过面谈、书信或电话等形式给咨询对象(来访者)以帮助、启发和引导，使咨询对象(来访者)分析心理困扰的原因，寻求摆脱心理困境的条件和对策，恢复心理平衡、增进身心健康、促进个性发展和潜能开发的过程。

心理咨询有广义和狭义之分。广义的心理咨询包括心理咨询、治疗和测验三个部分，其中心理咨询和治疗是同步进行、融为一体的，而心理测验是心理咨询的一种辅助手段；狭义的心理咨询不包括心理治疗和心理测验。此节所述的心理咨询是指狭义的心理咨询，故将其同心理治疗分别讨论。

心理咨询可以是对个体咨询对象的单独咨询，也可以是个体或群体咨询员对个体或群体咨询对象的团体咨询。前者同心理治疗相结合，后者同心理教育相类似。

心理咨询有其独特的理论、职业行为规范和职业道德标准，并具有如下一些基本特征：第一，咨询是通过在咨询双方之间建立一种积极、有效、平等的人际关系而得以实现的；第二，咨询所运用的是心理学的理论和方法；第三，咨询的对象是其功能处于“正常状态”的人，具有在咨询者帮助下自己解决问题的能力和潜能；第四，咨询注重帮助来询者解决当前所面临的问题，而且更加注重咨询的教育与发展功能；第五，咨询的本质是助人自助，换句话说，咨询的目的是使来询者不需再接受咨询员的帮助而独立地解决问题，即咨询的目的是促进来询者的自立、发展与成熟。

（五）心理治疗

心理治疗（psychotherapy）是在良好的治疗关系的基础上，由经过专业训练的治疗者运用心理治疗的有关理论和技术，对在精神和情感等方面有障碍或疾患的人进行帮助，消除或缓解患者的心理疾病或障碍，促进其人格向健康、协调的方向发展的过程。心理治疗与心理咨询有很多相似之处。如二者所采取的理论和方法常常是一致的；二者进行工作的对象也常常是相似的。在强调帮助来访者成长和改变的条件方面，二者均希望在帮助者和求助者之间建立良好的人际关系，以达到使求助者改变和成长的目的。

心理咨询和心理治疗的主要区别如下。①心理咨询的对象是在日常生活中遇到某种精神压力引起心理冲突而企求帮助的正常人，是绝大多数人；心理治疗的对象则是精神和情感等方面存在障碍或疾患的病人，是极少数人。②在治疗的过程中，心理治疗更加强调重视求助者过去的经验，而不是现在的或当前的体验；更加强调领悟，而不是改变。③在与求助者的关系方面，心理咨询强调与来访者建立平等、互尊的伙伴关系；而心理治疗则要求治疗者扮演一种专家的角色。④在咨询和治疗的策略方面，心理治疗要求治疗者藏匿而不是暴露自己的情感和价值观。⑤在服务的时间方面，心理治疗常常需要较长的时间，一般要6个月到2年，为20～40个疗程，旨在对患者的行为和观念进行整体的重组和调整；心理咨询则倾向于对来询者进行短期的干预，通常只需要几个月的时间，为8～12个疗程，旨在帮助来访者解决当前面临的心理问题。不过，心理咨询和心理治疗的区别只是形式和手段上的，而非本质上的，因为二者在本质上是一致的。

二、心理调适与辅导、教育、咨询、治疗的客体差异

心理调适与辅导、教育、咨询、治疗的客体是指心理调适、辅导、教育、咨询、治疗的对象。当然，心理调适、辅导、教育、咨询、治疗的客体也具有主体性，尤其是心理调适，其主体和客体是完全合一的。但为了研究和论述的方便，此处仅讨论它们作为服务对象时的客体性之间的差异。

心理调适、辅导、教育的客体，在学校可以包括所有在校学生，如扩展到校外，则可包括所有可以接受辅导、教育的人员。因此，其数量是众多的。心理调适、辅导、教育的客体在接受心理调适、辅导、教育的过程中，主要是学习心理学的基础理论和知识，认识自身身心发展的一般

规律,改变原有的意识系统对有关人类心理的理论和知识无知的状态,提高心理状态自我认识、自我调适、自我保障的能力,促进身心的健康、潜能的开发和人格的发展。

心理咨询和心理治疗客体的差异在前面论及两者概念的差异时已经提到了。心理咨询和心理治疗的客体差异也是相对的,对于这个问题,岳晓东博士在《心理咨询治疗与测验》一书中有过专门的分析。岳晓东博士提出了灰色区的理论,认为精神正常与不正常的界限并不是黑白分明的,在精神完全正常的纯白色区域与精神不正常的黑色区域之间有一个巨大的灰色区域。根据他的分析,心理咨询的对象应处于浅灰色区,即只有心理冲突而无病态人格的人,如失恋、丧亲、夫妻纠纷、家庭不和、工作不顺心、人际关系紧张等各种矛盾带来的心理不平衡与精神压抑的来访者。而心理治疗的对象则处于深灰色区,即有种种异常人格和神经症,如强迫症、恐惧症的患者。

心理咨询的客体在心理咨询的过程中,主要目的不是接受心理教育、学习心理咨询的知识,而是希望排除心理上的郁闷、烦恼和痛苦,解决心理的冲突和危机。在进行咨询的过程中,更多涉及的还是客体自身意识层面的问题,采取什么对策、创造什么条件来解决问题的决断权也掌握在自己手里。因此,心理咨询的客体在接受咨询的过程中具有更强的主体性特征。

心理治疗的客体在接受治疗的过程中,既不是为了学习心理学的知识,也不是仅仅解决意识清醒状态下的认识问题,其更多的是要触及内心深处无意识状态的病态人格和心理障碍,还要通过治疗,改变自身的病态行为。在接受心理治疗的过程中,他们采取什么手段、方法和途径来解决问题不能自行选择,要遵循心理医生的指导和要求。

三、心理调适与辅导、教育、咨询、治疗的主体差异

心理调适与辅导、教育、咨询、治疗的主体是相对于他们的客体——心理调适、辅导、教育、咨询、治疗的对象而言的。如前所述,心理调适的主体和客体是合一的,即调适者个体自己运用心理调适的知识和方法对自己的心理进行调适;而心理辅导的概念也有广义和狭义之分,广义的心理辅导涵盖心理教育和心理咨询,狭义的心理辅导等同于心理咨询。因此,为了便于讨论,此处心理调适、辅导、教育、咨询、治疗的主体差异比较,主要在心理教育、咨询和治疗三者之间进行。

心理教育的主体和客体的关系,相当于教育者和受教育者之间的关系。在心理教育的过程中,更多的是遵循教育的一般模式。所以,热心于学校心理健康教育事业,关心学生的心理健康成长,了解学生身心发展的特点,掌握教育学、心理学以及心理咨询、心理调适的基础理论和知识,并具有教育技能和技巧的教师,经过若干年的教育实践之后,就可成为合格的心理健康教育的主体。

心理咨询的主体应是经过专门训练,掌握心理咨询的理论、知识、技能、技巧,并能够准确分析和判断咨询对象心理障碍的症结、掌握仲裁心理危机的本领、胜任心理咨询工作的专兼职心理咨询人员。

心理咨询人员不同于心理教育的教师。在心理教育的过程中,教育者可以有计划、有组织、主动地对受教育者进行各种丰富多彩的心理健康教育活动,心理健康教育主体和客体的关系是一种教育者和受教育者之间的师生关系。而心理咨询过程中,心理咨询人员只能被动地坐等来访者上门求助。在咨询过程中,咨询人员的职责是帮助来访者分析问题,提出可供来访

者参考的解决问题的方案,但不参与决断和解决问题。心理咨询的主体和客体的关系是一种彼此平等、相互磋商、共同讨论、互为主客体的互动的伙伴关系。心理咨询的过程虽然也含有对咨询对象的教育内容,但更多的是遵循心理咨询的咨询模式,而不是心理教育的教育模式。心理咨询是一门专业,有一套系统的理论、方法和技术、技巧,所以心理咨询的主体——心理咨询人员应该接受严格的专业学习和技术培训,并应取得相关的资格认证,否则不能上岗。

心理治疗的主体应该是经过心理学和医学专门训练的临床心理学工作者和医生。心理治疗的对象是患有精神、情感障碍的特定群体。在心理治疗的过程中,心理医生遵循的是临床心理学模式或一般的医学模式,始终处于医疗的主导地位,视病人所患的心理疾病的症状,采取有针对性的治疗方法,使病人恢复健康。

由于心理教育、心理咨询、心理治疗的对象越来越复杂,所需要的专业理论、专业技术、技能、技巧的水平越来越高,对心理教育、心理咨询、心理治疗的主体的要求也就越来越高。一般情况下,心理教育的教师在掌握心理学基础理论知识之外,还应该接受咨询心理学的学习和训练。而进行心理治疗的医生,除了应该具备上述要求以外,还必须掌握医学、精神病学等方面的知识,并接受医学心理的训练。所以,工作在心理教育、心理咨询、心理治疗领域的专家、学者、教师、医生等,应该相互学习、协同合作、互为补充。

当然,心理健康教育、咨询、治疗的客体(对象)也具有主体性,只是出于论述的方便,此处未予提及。

以上对心理调适、辅导、教育、咨询、治疗的差异分析,主要是为了帮助高职学生学习心理健康方面的理论和知识,明确概念,澄清认识,以便于高职学生在进行心理调适的过程中减少失误,及时有效地进行心理危机的干预,防止不良及恶性事件的发生;同时也是为了帮助高职学生能够更好地提高心理健康自我调适的能力和水平,促进其心理素质的提高和人格的健康发展,为其学业的顺利完成和综合素质的全面提高奠定良好的心理素质基础。

心理调适与心理辅导、教育、咨询、治疗除了在概念、主体、客体三个方面有差别以外,在目的、任务、手段、方法、途径、内容等方面也有差别。当然,差别是相对的,联系是绝对的,几者在本质上也是一致的。

申荷永和高岚夫妇所著的《心理教育》一书中讲了一个通俗的故事,生动形象地揭示了心理辅导、教育、咨询和治疗之间的区别和本质联系。故事是这样的:

> 有三个打鱼人,聚在一个河潭边钓鱼,他们发现有人在上游被冲进水潭挣扎着求救。于是,有一个打鱼人便跳进水中把落水者救了上来,并用人工呼吸等方法予以抢救。但几乎在同时,他们又见到另一个被水冲下来的落水者,另一个打鱼人又跳入水中把他救了上来……可是,他们几乎又在同时发现了第三个、第四个和第五个落水者,这三个打鱼人已经是手忙脚乱,显得有些招架不住了。此时,有一个打鱼人似乎想到了什么,他离开现场去了上游,想去做一件性质不同但目的一致的工作,即劝说人们不要在这里游泳,并且想在人们的入水处插上一块木牌以示警告。他这样做了。可是,仍然有人无视警告而被冲入水中,三个打鱼人身处其中,仍然要忙着从水中救人的工作。后来,其中一个打鱼人似乎最终领悟了,他说这样仍然不能从根本上解决问题,他要去做另一件工作——去教人们游泳。这似乎是问题的关键,因为有了好水性,像他们三个打鱼人自己那样,即使是被冲下深水或激流之中,也都能够独立应对,不至于深陷危急甚至付出生命。

如果以上述故事来比喻心理辅导、教育、咨询和治疗几者的关系，那么第一个跳入水中抢救落水者的工作就好比“心理治疗”，是一项艰巨而充满意义的工作，心理治疗往往需要花费相当多的时间和精力，“被治疗者”也往往感受着深刻的痛苦和不安。后来，有一个打鱼人去上游劝说，这就好比“心理咨询与辅导”，也是一件充满意义的工作，但一般说来，它也只是对“来询者”或接受咨询者才能够发挥作用和影响。再后来，那位最终领悟了道理的打鱼人，即那位立志要去教人们学会游泳的打鱼人所做的工作，就好比“心理教育”了。他找到了“落水者”需要被抢救的根本原因——水性不好，并致力于从教会人们游泳这一根本方法解决问题。

但愿这“三个打鱼人”的故事，能给我们以深刻的启迪。心理调适就是一项心理健康自我教育的工作，是一种学会了游泳之后在水中的自救，它对于我们预防心理危机、保持良好心态、提高心理素质、培养完善的人格具有非常积极而现实的意义和作用。

第二节　高职学生常见的心理障碍

一、心理障碍概念

所谓心理障碍，就是指个体无法有效地按社会规范或适宜的方式去适应环境要求，从而表现出心理活动的异常状态。人的心理活动是由各个心理过程和个性心理特征组成的，包括人的感知、记忆、情感、意志、人格等。它是一个完整的整体，当心理活动的某一部分出现障碍时，就可能导致整体的异常。

二、高职学生常见的心理障碍

1. 神经衰弱

神经衰弱是高职学生常见的一种心理障碍，其特点是易兴奋、易疲倦，并且身体有明显不舒适感，睡眠质量差。长期的学习与生活压力、不和谐的人际关系以及其他因素引起大脑机能活动过度紧张，会使精神活动的能力减弱，有易感素质和不良性格特征的人更易患神经衰弱。神经衰弱的学生应该做到：合理安排学习和生活的时间；适当参加娱乐活动和体育锻炼；进行必要的心理治疗。

2. 心境障碍

心境障碍又称为情感性精神障碍，是以明显而持久的情绪高涨或情绪低落为主的一组精神障碍。病程为发作性，间歇期精神状态是正常的，不遗留明显的人格障碍。心境障碍的发病由多种因素叠加而成，具体的因素有遗传因素、生物因素与社会心理因素。心境障碍常见的类型及其识别如下。①季节性情感障碍，又称为季节性情绪失调，是因天气变化而产生的一种情感情绪变化，冬季发病。②重度抑郁症，是一种较为常见的心境障碍，以显著而持久的情绪低落为主要特征，且情绪低落与处境不相称，其行为表现可从闷闷不乐到悲痛欲绝，甚至发生木僵行为；部分病例有明显的焦虑、躯体不适和睡眠障碍等，严重的出现幻觉、妄想等精神病样症状。③双向情感障碍，主要表现为情绪高涨与情绪低落交错发作。

心境障碍的干预方法：临床上多采用认知疗法、艺术疗法等心理疏导手段配合抗抑郁药物治疗。

3. 焦虑性神经症(焦虑症)

焦虑症是指一种无明显原因的内心紧张不安，预感到将要发生某种不利的情况而又难以应付的不愉快的情绪，伴有植物神经功能的紊乱和运动性紧张。其焦虑并非由实际威胁所导致，焦虑的程度也与显示时间不相符合。

焦虑性神经症具体可分为惊恐障碍和广泛性焦虑障碍。惊恐障碍又称急性焦虑发作、惊恐发作。鉴别特征为：反复发作的严重焦虑，且发作不限定某一特殊场合与情境；常伴有突发的植物神经紊乱的症状(眩晕、心慌、出汗、震颤等)。广泛性焦虑障碍又称为慢性焦虑，其基本特征为广泛和持续的焦虑。

4. 人际交往障碍

一些高职学生交往能力较弱，对复杂的局面难以应付或缺乏心理准备，不知怎样交往或交往失败，感受到强烈的“人际危机”，因而封闭自己的心理，导致性格孤僻和心理焦虑。有些高职学生在人际交往中还存在认知偏见、情绪冲动、不合群、孤傲、不能换位思考等问题。

5. 不完全社会化

高职学生在求学时期处于“边缘人”的地位，即虽已脱离孩子的群体，但尚不能履行成人的责任和义务，因此常被排斥于成人行列之外。由于这种不完全社会化，高职学生典型的心理表现是内心矛盾和易采取极端措施。

6. 强迫症

强迫症是指患者在主观上感到某种不可抗拒和被迫无奈的观念、情绪、意向或行为存在。患有强迫症的人，明知某种行为或观念不合理却无法摆脱，因而非常痛苦。这种症状大多是由强烈而持久的精神因素及情绪体验诱发的，与患者以往的生活经历、精神创伤或幼年时期的遭遇有一定的联系。患强迫症的高职学生多与其性格缺陷有关，如缺乏自信，遇事过分谨慎，生活习惯呆板，墨守成规，常怕出现不幸，活动能力差，主动性不足。强迫症的根治是比较困难的。行为疗法对强迫症有一定的效果。精神分析疗法或者催眠疗法，通过修复患者潜意识里的创伤，达到对强迫症状的治疗。同时，向患者解释精神生活中的各种知识，增强他们的自信心，让他们不要因为自己的强迫行为或强迫思维而滋生更多焦虑情绪，积极面对每天的生活，远离使自己产生强迫行为的情景，对缓解症状也有一定的效果。

三、心理障碍的识别方法

患者心理障碍的早期表现症状轻、不典型，往往不易被亲人或同事发现，以致耽误治疗，带来不利的后果。有病早医是治疗疾病的一条基本原则，早期识别心理障碍可以从以下几个方面来进行：

(1)脾气改变　脾气改变是许多心理障碍的早期症状之一，如原先热情合群的人变得沉默寡言，孤僻不合群，待亲友冷淡甚至避而不见，与父母、配偶和孩子不谈家事，很少关心家人的生活和工作，或原来很有礼貌的人变得出言不逊，对人无礼。

(2)生活规律改变 如以前很讲究个人卫生、注意清洁的人，突然间变得不知更换衣褥、不愿理发、不愿洗澡甚至满面污垢，物品随手乱放，工作拖拉，劳动纪律松懈，经常旷工、迟到，或原来生活节约的人变得挥霍无度。

(3)记忆力下降 丢三落四，工作效率降低，这种情况如发生在中青年身上，应引起高度重视。

(4)情绪变化 当一个人的情绪突然有较大改变时，就要留意其最近是否有什么重要事情发生，以便及时干预。

第三节 心理咨询的途径和适用范围

一、心理咨询的途径

当前高职学生在寻求心理帮助时有多条途径，常用的心理咨询的方式有以下几种：

1. 门诊心理咨询

在综合医院、精神卫生中心、心理咨询机构和高校均可设置心理咨询门诊，接待来访者。这种形式的咨询可与来访者直接见面，能进行面对面的对话，故咨询较深入，是心理咨询中最常见、最主要，也是最有效的形式。在高校中，心理咨询可在学校的咨询或心理健康中心开展，学生可按学校的咨询工作制度进行预约，或联系学校的心理老师进行咨询。咨询形式除了个体咨询外，还包括家庭心理咨询、团体心理咨询等。

2. 信函心理咨询

外地心理咨询者，或本地出于暂时保密、试探心理或涉及问题较为隐私，不方便当面诉说的心理咨询者，可以以信函形式进行心理咨询。通过这种形式，咨询师只能初步了解情况，对咨询者进行安抚和稳定情绪，却无法面对面深入磋商，无法观察到来访者状态，也很难做到及时回应，因此不便于咨询工作的开展。信函心理咨询一般只适用于不影响社会功能的一般心理问题的咨询或倾诉心事。

3. 电话心理咨询

电话心理咨询是咨询者通过电话给来访者提供劝慰、帮助的一种较方便、迅速的咨询形式。

这种形式一般用于处于急性情绪危象，濒于精神崩溃或企图自杀的人，拨专用电话向心理咨询门诊告急，诉苦和求援，即危机事件的处理，也常用于一些日常问题的咨询，或者门诊咨询前的状况问询或咨询预约。对一些不愿面谈和怕暴露身份的人，电话咨询也比较方便。目前，在国内高校的咨询中心大多设有咨询热线，可进行电话咨询、危机干预或咨询师预约。

4. 专题心理咨询

专题心理咨询是指针对公众关心的心理问题，在报纸、杂志、电台、电视台进行专题讨论和答疑。国内有些报刊、公众号平台已经开辟了心理咨询专栏，进行系列讨论和答疑。高校一般针对学生常见的心理问题展开专题讲座，或利用公众号平台进行心理科普。

5. 互联网心理咨询

互联网心理咨询可以突破地域的限制，还可以凭借行之有效的软件程序进行心理问题的评估与测量，同时将心理咨询过程全程记录，以便深入分析求助者的问题以及进行案例讨论等。该咨询方式在高校中也较为常见。

二、心理咨询的适用范围

(一)心理咨询的服务对象

在国内，心理咨询还是一个比较新鲜的领域，许多人以为来做心理咨询的人都是心理不正常的人。事实上，心理咨询的来访者中，虽然有一部分人确实是有心理疾病，但大多数咨询对象都是正常人。正常人在日常生活中遇到的心理困扰，如择业、学业、人际、恋爱、适应、婚姻等都是心理咨询的范围。

在现实生活中，我们很难找到心理绝对健康的人，大多数人都有这样那样的心理问题，有些可以自己调整摆脱，也有很多需要求助别人才能得到解决。心理困扰出现的时候，你可以找朋友、同学倾诉，也可以放在心里，等待时间的消化与淡忘，当然也可以找心理咨询师倾诉，这是一种更有效率的解决方法，也能避免走弯路。有了心理困扰求助于心理咨询，这本身就是一种改善和勇敢的表现，说明你敢于直视自己的困扰，期望通过科学有效的途径解决问题，这也反映了你的生活态度和人生态度是积极健康的，值得赞赏。

按照心理活动是否正常，人的心理分为两种状态：常态心理和异常心理。常态心理又可分为健康心理和不健康心理。心理咨询的对象包括心理健康人群、心理不健康人群，也包括一部分心理异常人群，分别对应下述三类人群。

首先是心理正常、心理健康，但遇到了和心理有关的现实问题，如择业迷茫、学习动力不足、学习压力过大、恋爱失败、人际失调、适应不良等，产生心理困扰，需要帮助的人群。针对这类人群开展的心理咨询属于发展性心理咨询，主要帮助他们做出理想的选择，顺利完成发展任务，度过人生的某个阶段。

其次是心理正常，但心理健康出现问题，长期处于心理困扰、心理冲突之中，或者遭到比较严重的精神创伤而失去心理平衡，心理健康遭到严重破坏，精神虽然正常，但心理健康水平严重下降的人群。这类人群的问题包括一般心理问题、严重心理问题、神经症性心理问题。针对这类人群开展的心理咨询属于障碍性心理咨询，主要帮助他们缓解冲突、消除心理症状，恢复良好的心理功能。

最后是特殊对象。神经症和精神病患者经过精神医学临床治疗之后，心理活动基本恢复了正常，基本转为心理正常的人。这时心理咨询和心理治疗是可以介入的，可以起到辅助治疗的目的，帮助患者尽快好转。

(二)高职学生心理咨询的内容

高职学生心理咨询的内容主要涉及适应问题、学习问题、人际关系问题、恋爱问题、情绪问题及职业发展问题等，概括起来主要有以下两大方面。

1. 以发展性心理咨询为主要内容

发展性心理咨询是根据个体身心发展的一般规律和特点，帮助来访学生更好地认识自己和外在世界，充分开发潜能，提高心理弹性，形成良好的心理素质，促进个性人格的发展。这方面的内容包括新生入学适应的心理问题，学生能力训练、情绪指导、个性塑造等，学生学习的心理机制与帮助策略、考试焦虑的分析与排解，正常的异性交往，人际交往的技巧及人际冲突的妥善处理，能力性格与职业兴趣的评估，毕业求职的技能技巧等。

2. 以心理问题处理为主要内容

对有心理问题困扰的学生提供心理援助、支持与治疗，以消除他们的心理困扰，促进他们的心理朝着健康的方向发展。这方面的问题包括行为问题，如不良生活习惯、品行障碍等的心理干预；神经症倾向的心理干预；人格缺陷的辅助心理干预等。

思考与练习

1. 什么是心理调适、心理辅导、心理健康教育、心理咨询、心理治疗？它们之间有何差异？
2. 高职学生常见的心理障碍有哪些？怎样识别心理障碍？
3. 阅读案例，回答问题：

一名高职学生很长一段时间总怀疑周围的同学都在议论他、指责他、骂他、看不起他、说他笨，因而被精神科专家确诊为“妄想症”。由于他随时可能会产生“攻击性”行为，专家建议他住院接受药物治疗。可这名学生不但不想去医院看病，还一再地对学校的心理辅导老师说：“老师，我不想去医院，您给我调理一下吧！”

问：这位被求助的老师能够接受该同学的求助吗？请说明理由。

心理测验

自我焦虑状况测试

这是一套关于自我焦虑状况的测试题（表 10-1），请根据自己的实际情况，每道题以“是”或“否”回答，在相应选项下打“√”。

表 10-1　自我焦虑状况测试

序号	问题	是	否	得分
1	你如果独自在黑暗中是否感到有一些害怕？			
2	你是否经常觉得自己责任太重而想减轻一点？			

续表 10-1

序号	问题	是	否	得分
3	你是否在意别人如何对待你？			
4	你是否常被突如其来的电话铃声吓一跳？			
5	你操心生活中的琐事吗？			
6	你关心钱的问题吗？			
7	旅行时，如果你与其他人走散了，你会害怕吗？			
8	你是否常需要服用安眠药方可入睡？			
9	到了该入睡的时间，你是否仍然会躺在床上反复考虑一些事？			
10	为使自己平静下来，你是否常常服用一些镇静安神药物？			
11	你是不是十分自我主义？			
12	在你十分生气或紧张时，声音会不会出现颤抖的情况呢？			
13	你是否很容易害羞、脸红？			
14	你能不能很快地让自己放松下来？			
15	你是否比其他人更容易感到烦恼？			
16	你是否总是对某种事放心不下？			
17	你是否很容易感到坐立不安？			
18	你是否经常会觉得恐慌？			
19	你是否将身边的重要文件及财物都收拾妥当，一旦有危险便可以从容离去？			
20	你是否常被一些毛病，如消化不良、发疹之类所困扰，并且因此感到很烦恼？			
21	你是否不太能忍受噪声？			
22	你是否会因为小事而常常被激怒？			
23	有了差错或遇到挫折时，你会感到十分不安和忧虑吗？			
24	如果别人取笑你，你心中会惶惶不安吗？			
25	外出或睡前，你是否都要好几次查看门窗有没有真的锁好了？			
26	在外出赴宴、开会等社交活动前，你是不是会感到有些紧张？			
27	如果朋友们要到你家来聚会，你是否会为此准备上好几个小时？			
28	在社交场合中，你是否常会面红耳赤？			
总分				

计分方法：

每个小题选择"是"得 1 分，选择"否"得 0 分，把各题分数相加得总分，根据总分进行分析。

结果分析：

10 分及以上：看得出你为生活操心。分数越高，你越容易焦虑，容易承受各方面的精神压力。因此你常为一些不值得担心的事而放心不下，甚至被激怒、无故发脾气、烦躁不安。

4～9 分：这表明你一般可以好好地控制自己的情绪，但依然有少许焦虑。

3 分及以下：你的心境平和如镜。在面对诸多问题时，你阵脚不乱，应付自如，带着微笑与必胜的信念迎接生活。

知识链接

心理咨询应注意的问题

1. 接受心理咨询的人不等于心理障碍者

当面对心理咨询师时，你不要觉得面子上不好看，而是要正视问题的存在。勇于与咨询师商讨是自信的表现，求助动机较强者效果会比较好。

2. 开门见山是最好的方式

不要羞于开口、含糊其词或有太多的顾虑，或许你的问题是人性共同的弱点，咨询师关注的是你叙述的内容而不是其他。

3. 不要期望咨询师为你决策什么

心理咨询师最终不会为你拿主意，对此你要有所准备。他们能做的事情是帮助你澄清事实，分析利弊，开阔和转变思路，疏导不良情绪，使你发现自己的优势和潜能。

4. 在心绪较平静的时候约见咨询师效果好

你是否渴望在心情特别糟糕的时候去见咨询师？这样做效果未必好，因为波动的情绪定会影响你对事物的看法，使判断缺乏客观性，且此时你也不一定能听得进他人的建议。

5. 急于求成的态度不可取

心理问题是长久"积蓄"的结果，解决它需要时间和过程，更需要求助者个人的耐心和努力及与咨询师的积极配合。

6. 倾诉不要占时过多

倾诉是心理咨询所必需的，但注意不要纠缠于细枝末节。咨询师在了解你的一般情况后，更关注你对问题的感受和看法，不会就事论事给你一个结论。

7. 咨询切勿浅尝辄止、蜻蜓点水

咨询者到处奔波，渴望寻求一位优秀的心理咨询师相助，其心情可以理解。但问题的解决最终是需要坐下来认真探讨的，切勿浅尝辄止、蜻蜓点水。

小案例

求助者，女性，18 岁，高职一年级学生。以下是一段心理咨询中的对话：

求助者：我害怕见同班的一位男同学。

心理咨询师：可以和我说说吗？

求助者：一见到他，我就感觉到脸红心跳，头也不敢抬。别人看到后问我："你怎么了？"我都不知道自己该怎么回答，真想找个地缝钻进去。所以，我总是快上课才进教室，一下课马上就走。每天我的心很乱，出现失眠、走神，学习成绩明显下滑。我该怎么办？

心理咨询师：那你可以和我说说那位同学的情况吗？

求助者：人长得帅气，爱帮助别人，其他的我也不清楚。

心理咨询师：你觉得你喜欢他吗？

求助者：喜欢吧，其实我也不清楚。

心理咨询师：你对他的感觉和其他异性相比有区别吗？

求助者：应该不一样吧，但是也不清楚。

思考：该女同学有心理疾病吗？

该女同学的问题属于一般心理问题。对于异性朦胧的爱，是这个年龄段青年正常的心理特征，但该同学的状态已经影响了自身的学习和睡眠，因此最好寻求心理专业人员的帮助，进行心理咨询可有效缓解该心理问题。

参考文献

[1] 埃里克森.同一性：青少年与危机[M].孙名之，译.北京：中央编译出版社，2015.

[2] 格莱因.儿童心理发展的理论[M].计文莹，等译.长沙：湖南教育出版社，1983.

[3] 叶运生.西方素质教育的精华[M].重庆：重庆出版社，2000.

[4] 刘战雄."互联网+教育"背景下高职学生个性化学习途径设计要素[J].教育界，2020(7)：59-60.

[5] 蒙艳花，韦建琨，陆钰莹，等.大学生课外时间分配管理现状的调查研究：以右江民族医学院为例[J].大学教育，2019(3)：186-188.

[6] 张晔，戴文静，李洪军，等.高职生的学习心理状况调查研究[J].教育现代化，2019，6(6)：154-156.

[7] 李自璋.高职学生心理调适与发展[M].北京：科学出版社，2015.

[8] 高良武久.森田心理疗法实践：顺应自然的人生学[M].康成俊，商斌，译.北京：人民卫生出版社，1989.

[9] 纪忠红，李稚琳，王进.高职学生身心健康与人际关系调查及分析[J].沙洲职业工学院学报，2019，22(1)：38-41.

[10] 张小乔.心理咨询治疗与测验[M].北京：中国人民大学出版社，1993.

[11] 黄希庭，徐凤姝.大学生心理学[M].上海：上海人民出版社，1988.

[12] 朱智贤.心理学大词典[M].北京：北京师范大学出版社，1991.

[13] 吕秋芳，齐力.大学生心理健康与调适[M].北京：华文出版社，2002.

[14] 王登峰，张伯源.大学生心理卫生与咨询[M].北京：北京大学出版社，1992.

[15] 郭亨杰.大学生适应心理指导[M].北京：高等教育出版社，1992.

[16] 杨琴珠，朱苓，魏锦绣，等.大学生心态调节[M].合肥：安徽教育出版社，1993.

[17] 郁景祖.大学学生心理与调适[M].上海：复旦大学出版社，1995.

[18] 韦彦凌.大学生心理健康与咨询[M].北京：中国经济出版社，1995.

[19] 杨眉.青春期集体心理咨询与治疗的理论和实践：一种解决社交焦虑的模式[M].北京：文津出版社，1995.

[20] 樊富珉.大学生心理健康与发展[M].北京：清华大学出版社，1997.

[21] 林毓锜.大学学习学：学生成才学习理论[M].西安：西安交通大学出版社，1999.

[22] 孔燕，江立成，兰文敏，等.大学生心理健康教育(修订版)[M].合肥：安徽人民出版社，2005.

[23] 王玲，刘学兰.心理咨询[M].广州：暨南大学出版社，1998.

[24] 申荷永，高岚.心理教育[M].广州：暨南大学出版社，1995.

[25] 李百珍.青少年心理卫生与心理咨询[M].北京:北京师范大学出版社,1997.
[26] 海云明.情感智商[M].北京:中国城市出版社,1997.
[27] 贺淑曼.人际交往与人才发展[M].北京:世界图书出版公司,1999.
[28] 黄希庭.当代中国大学生心理特点与教育[M].上海:上海教育出版社,1999.
[29] 周冠生.素质心理学[M].上海:上海人民出版社,2000.
[30] 于鲁文.心理咨询导论[M].北京:清华大学出版社,2000.
[31] 郑日昌.大学生心理辅导[M].北京:团结出版社,2001.
[32] 姜宪明.大学生心理自我保健[M].北京:北京出版社,2001.
[33] 项新求,高桥.大学生心理与心理健康[M].北京:中国建材工业出版社,2004.
[34] 田书义.性教育学[M].北京:首都师范大学出版社,1998.
[35] 毛晓光.人的成长与发展[M].北京:社会科学文献出版社,1997.
[36] 郑日昌.大学生心理诊断[M].济南:山东教育出版社,1999.
[37] 蔺桂瑞,杨凤池,贺淑曼,等.性心理与人才发展[M].北京:世界图书出版公司,2001.
[38] 马绍斌.心理保健[M].广州:暨南大学出版社,1995.